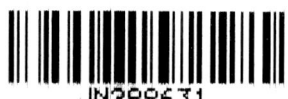

手縫いで作る 革のカバン

野谷久仁子

NHK出版

目次

作品の紹介

※初めて革の手縫いに挑戦する方は、本書を順に読み進めてください。
まず「基本のテクニック」をご覧いただき、手縫いの大まかな手順を頭に入れたら、「練習作品の作り方」で実作しながら、革の手縫いを体で覚えましょう。
また、「アレンジに役立つテクニック」では、自分のほしいカバンにカスタマイズする応用テクニックを選び出して紹介しています。

はじめに

「革のカバンを作る」。しかも「手縫い」と聞くと、「そんなことが素人の自分にできるのだろうか？」と疑問に思う人も多いようです。

たしかに、熟練のカバン職人さんたちの技術は卓越したもので、やすやすと素人に真似のできるようなものではありません。カバン職人の父自らの手ほどきを受けた私も、カバン作りを始めて約20年を経た今でも、折に触れて自分の技術の未熟を思い知らされ、日々精進、と肝に銘じています。

でも、それはあくまでプロの世界での話です。自分が使うために楽しんでカバンを作るなら、商品のような完成度は必要ありません。そもそも、革の手縫いはあらかじめ縫い線に沿ってあけた穴に針を通して縫うもの。針を入れる場所さえ間違わなければ、お裁縫の運針が苦手な人でも、縫い目がそろわなくて不格好、という悲劇は起こらないのです。ただ、一つ一つのプロセスをていねいに、革への愛情を込めて一針一針縫い進めるだけでよいのです。どうぞ気軽にトライしてみてください。

初めて挑戦する人でも達成感を得られるように、シンプルながらカバン作りの醍醐味を味わえるような作品を念頭に置いてデザインしました。トランクなどに使われる「駒合わせ」という難しい縫い方はあえて本書では使わず、手縫いの基本、「平縫い」だけで作ることができるようにしてあります。

本書が革の手縫いの楽しさに触れるきっかけとなり、革という素材の魅力の再発見に少しでも役立てたら、望外の喜びです。

あなただけの、世界でたった一つのカバンの誕生を祈って。

野谷久仁子

4

基本のトートバッグ

（作り方41ページ/Lesson 2）胴とまちを一体化し、正面からサイドに続くカーブに革の柔らかい表情を出しました。正面に平縫いの切り替え線を配して、シンプルななかにも手縫いのステッチを効果的に見せるデザインです。

角形トートバッグ

（作り方59ページ）やさしいフォルムの基本のトートバッグとは対照的に、ハードなイメージで作りたくて少し固めの革を使い、まちを別裁ちにしました。LPレコードがすっぽり入るサイズです。

クロス縫いパッチワーク丸

（作り方79ページ）

クロス縫いパッチワーク角

（作り方78ページ）サイドの丸いトートは、角のものより正方形の1辺が1cm長いピースでできています。ピースでいえばわずかクロスの縫い目1つ分ですが、縫い合わせてみると2つの雰囲気が違ってきます。

クロス縫いのミニショルダー

(作り方47ページ/Lesson 3) シンプルな形のバッグも、クロス縫いでパッチワークすることによりカジュアルでかわいらしいイメージになります。

ウエストバッグ丸
(作り方82ページ)

カットワークのベルト
(作り方82ページ)シンプルでカジュアルな服装のときに、アクセサリー感覚で身につけられるデザインにしてみました。バッグの胴正面の切り替え線は、しっかり縫い締めるだけでカーブにほのかな丸みが出ます。こんな効果も手縫いならでは。

カットワークのバッグ

（作り方64ページ）比較的オーソドックスな形の女性用バッグ。ちょっと個性的にしたくて、アニマル柄のハラコをカットワークしました。ファンシーな革は、革屋さんの店頭にある端革のワゴンなどでよく見かけます。胴にするには小さいけれど何かに使いたい……。そんなときにいかがですか？　ちなみにこのハラコは、子牛の毛皮にプリントしたフェイクです。

10

平縫いパッチワーク四角

（作り方63ページ）パッチワークの実用面での長所は、キズが多くて大きなパーツが取れない革でも、よい部分をピックアップして活用できること。同じ正方形をパッチワークしたバッグでも、平縫いとクロス縫いではまったく雰囲気が異なります。平縫いの端正な印象を生かし、黒と赤の配色でシックに。

平縫いパッチワーク六角

（作り方60ページ）底が亀甲形の小ぶりなバッグ。
ふだん使いにはもちろん、パーティー用にも使えます。

目打ち形キーホルダー

（作り方65ページ）手になじむ形を考えて作ったら、偶然、革の手縫いに使う菱目打ちのような形になりました。ベルトや持ち手に通して使ってもよいと思って、手に持つ部分を輪にしてあります。

名刺入れ

（作り方84ページ）

パスポートケース

（作り方34ページ/Lesson1）旅程表と乗車券、保険証と診察券、預金通帳とキャッシュカードなど、財布や手帳に収めきれないチケット類や貴重品をまとめて携帯するのに便利なものを、と思って作りました。用途に応じてサイズを変えられるのもハンドメイドならではです。同じ革でペアの名刺入れを。

ウエストバッグ角

（作り方80ページ）

ステッチ入りのベルト

（作り方80ページ）手作りの革小物を「着こなす」のも楽しいもの。洋服とコーディネートしやすいシンプルなベルトとウエストバッグのセットです。ベルトは半裁革から裁ち出してもよいのですが、ベルト用に裁断して市販されている革を使うと手軽です。

かぶせつきショルダー

（作り方74ページ）肩ひもに綿テープを、止め具には樹脂製のものを使ってスポーティーに仕上げました。ステッチの入っている部分は革を2枚はり合わせて重みを出し、かぶせを落ち着かせています。

端革のバッグ

（作り方76ページ）カバンの本体には、牛の背中など伸びにくい部分を使うのが一般的ですが、あえて「ふつう」のカバンをとった後に残った端革を縫い合わせて作りました。足やおなかの端などの絶妙なラインには、いつも心ひかれます。一枚革を買ったら、ぜひ端まで大切に革を活用してください。

めがね入れ

（作り方77ページ）レンズをキズつけないよう、裏革にはすべりのよい革や、スエードなど柔らかい起毛革を使いましょう。

バッグ形キーケース

（作り方86ページ）バッグの中に、バッグの形をしたキーケースが入っていたら面白いかも。そんな思いつきから、底の丸いかわいらしいキーケースができました。

名刺入れ
（作り方84ページ）

書類封筒
（作り方84ページ）無味乾燥な紙の書類封筒を革で作ってみたら、とても格好いいビジネス・アイテムになりました。ブリーフケースにぴったり入る大きさです。表革のワイン色と、裏にはった豚革の飴《あめ》色のコンビネーションが気に入っています。

ブリーフケース

（作り方66ページ）ブリーフケースは、トランクと並んで難易度の高いアイテムですが、この本では楽しく作ることを重視して難しいテクニックを避けました。パーツも多く、制作時間もかかりますが、一つ一つの工程をていねいに追って、カバン職人の気分を味わってみてください。

革について

革は人間にとって、昔からとてもなじみの深い天然素材です。
複雑に絡み合った動物の筋繊維そのものである革は、
ほかの天然素材にはないしなやかさ、弾力性を備えています。
手縫いのカバンを制作するのに私が最も良く使う牛のヌメ革をはじめ
主な革の種類や購入のしかたなどを紹介します。

革のいろいろ

1 動物による分類

皮革はもともと人間が食べる動物の肉の副産物です。肉を取った後に残る「皮」は、なめす（脂肪や汚れなどの不要物を取り除き、防腐性、耐熱性や柔軟性を持たせる一連の作業）ことで初めて実用的な「革」となります。

✲牛革

きめが細かく丈夫でコシがあり、カバン、靴、衣料品など、最も身近に使われている革。原皮（なめす前の皮）の大半がアメリカなどから輸入されている。国産品は生産量こそ少ないが品質はよい。
一般に牛革といえば成牛（ステア。月齢3〜6か月以内に去勢された雄牛※）のこと。年齢が低くなるにつれ中牛（キップ。生後6か月〜2年）、仔牛（カーフ。生後3〜6か月）と呼ばれ、柔らかくてきめが細かくなる。仔牛は成牛の半分以下の大きさで、主に婦人靴などに用いられる。
革の表皮側を「銀面」、内側（裏側）を「床面」と呼ぶ。この本で使った成牛ヌメ革の厚さはカバンで2.2〜2.4mm、小物は1.5mm。

※雌の成牛革（カウ）もあるが、きめが粗く通常カバンには使わない。

✲豚革

国内で原皮がまかなえる唯一の革。日本産の豚革は品質が高く、欧米でも高く評価されている。3つ並んだ毛穴が特徴で、通気性がよく丈夫で安価。
タンニンなめしの豚革の一種である「アメ豚」は、その名のとおり飴色をした独特のつやがあり、私の好きな革の1つ。色移りしにくいので裏革として良く使う。

●アメ豚

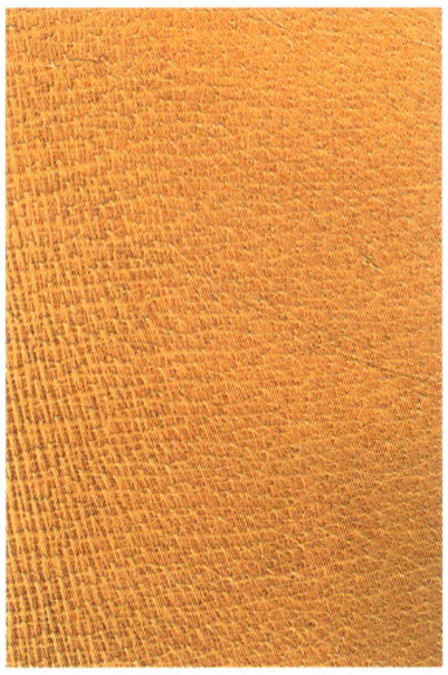

✲その他

羊革は柔らかくて軽く、衣料などに用いられる。その他武具で日本人になじみ深い鹿、山羊、馬、ファッション性の高い爬虫類、ダチョウ（オーストリッチ）など、さまざまな動物の革が実用に供されている。

●ヘアカーフプリント2種

2 なめし方による分類

原皮を洗い、毛や脂肪を取り除いた後、なめし剤に浸して防腐性や柔軟性を持たせますが、使用するなめし剤の種類によって革の性質が違ってきます。主なものにはタンニンなめしとクロムなめしがあり、それぞれの長所を生かすため併用する方法もとられます。

✻タンニンなめし

植物由来のタンニン（渋）を使うなめし方で、古くから行われている方法。タンニンなめしの革は、一般に「渋革」または「ヌメ革」と呼ばれる。比較的固くてコシ、ハリがあり、染色前はタンニンの淡褐色をしている。油分を吸収しやすく、使ううちに酸化や日やけなどにより飴色に変色する。燃やしても有害な物質が出る心配がない。

●クロムなめし

●タンニンなめし

✻クロムなめし

クロムを主剤としてなめす。時間もコストもタンニンなめしほどかからないので量産に向く。柔らかいのでミシンで縫え、伸縮性に富むので衣料や袋物に適している。染色前は青白い色をしている。染色すると発色がよくて変色しにくい。燃やすと有害な六価クロムを生じる場合があるので、処分の際には注意を。

3 仕上げ加工による分類

私は、特別な仕上げ加工を施した革をあまりカバンの本体には使いませんが、アクセントとして部分的に使うことはあります。使い方を工夫すれば、個性的な作品が作れます。

✻起毛革

床面を起毛させた「スエード」、スエードより毛足の長い「ベロア」、銀面を起毛させる「バックスキン」「ヌバック」など。

✻毛皮

牛の胎児の毛皮「ハラコ」は稀少価値が高い。ゼブラ柄、ヒョウ柄などのアニマル模様をプリントしたフェイクの毛皮は、馬皮にプリントしたものが多い。この本のカットワークに使ったプリント皮は、短く毛足を残した仔牛皮を使った「ヘアカーフプリント」。

✻その他

光沢のある「エナメル」、もんでしわを寄せる「シボもみ」、「型押し」など。

column

染色について

市販されている革の着色法には、大きく分けて、水に溶ける染料を革にしみこませる「染料染め」（水染め）と、水や油に溶けない性質の顔料を樹脂などに混ぜて革の表面に塗る「顔料仕上げ」があります。着色のしかたによって、革の表情はずいぶん変わるものです。

染料染めは革の素肌の表情を生かした自然な仕上がりが魅力ですが、雨や汗、摩擦によって色落ちしやすい傾向があります。

一方、顔料仕上げは、革表面のキズやムラをコーティングするため、色落ちの心配が少ないのですが、天然素材本来の味わいを隠してしまうという面もあります。

いちばん好きな革「ヌメ革」

私がカバンを作るのに好んで使うのは、成牛のヌメ革です。成牛は適度なコシと厚みがあり、縫い締めたときに縫い目がふっくらと、なんともいえない表情に仕上がります。また、私はカバンを仕立てるときに革の裁ち端を折り返さないので、切り口(コバ)の風合いも大切にしています。コシのあるヌメ革はコバに美しいつやを出すことができますが、クロムなめしの革は柔らかくてコバの磨きがきかないのです。
染料染めのヌメ革は革本来の肌合いを生かしたナチュラルな革。数ある革のなかでも、使えば使うほど味が出るという点ではいちばんだと思います。初めは固く感じられるほどの強いコシが、使い込むほどに繊維がほぐれて柔らかくなり、手になじむほどにつやが出て、もともとあったキズやムラも気にならなくなります。一針一針大切に縫うのですから、使えば使うほど味の出る革、長く使える革を選びたいですね。

●成牛ヌメ革半裁
256デシ（長さ約270cm）

革の買い方

✲一枚革(半裁革)買いのすすめ

日本の製革工場では、なめす過程で背から半分に裁って作業します。通常革材料店では「一枚」といえばこの半裁革のことを指します。革は面積で計量され、デシ(DS)で表示されます。1デシは10×10cm。成牛の一枚革が約200〜300デシ、豚で約100〜150デシの大きさです。
一枚革ならじっくりと自分の気に入る革を探せますし、革の部位ごとの性質も理解したうえで裁断できます。大きめのカバンのほかにおそろいの小物数点を作るなら、端革をそろえるより効果的です。本書を読んで何点か作ろうと思われたら、ぜひ半裁革の購入をおすすめします。購入時、気に入った革が目的の厚みより厚い場合は、お店の人に相談のうえすいてもらいましょう(p.94参照)。

✲一枚一枚に個性がある

人間の顔が一人一人違うように、牛一頭一頭の個性もいろいろです。仲間同士で角を突き合ったり、木の枝や柵の鉄線に引っ掛かったりしてキズを負うのは生き物だからこそ。牧場でつけられた焼印も革に残ります。私は、そんな自然に受けたキズは欠点というよりそれこそ一頭だけの「個性」と受け取って、なるべく生かすようなデザインを心がけています。ただ、すくと切れてしまうような、明らかに深いキズがある部分からはカバンのパーツは取れないので、購入時に確認しておきましょう。

✲部位による特徴がある

牛も人間と同じように、背中の皮は伸びにくく、おなかはたるみやすい、といったように部位によって伸縮性や固さ、厚さに差があります。23ページの図を参考に、どの部分でどのパーツを取るか検討してから無駄のないように裁ちましょう。キズのある部分も、しんや裏側など表に出ないところに使えます。デシで表示した面積があっても、革の形やキズによってはすべてのパーツが取れないことがあります。それを防ぐためには、革を買うときに、作りたい作品の型紙や製図を持参するとよいでしょう。

＊半裁革パーツ取りの目安

きれいで伸びにくい部分は主要なパーツに、
キズやスジの目立つ箇所は、しんや裏側などに使うとよい

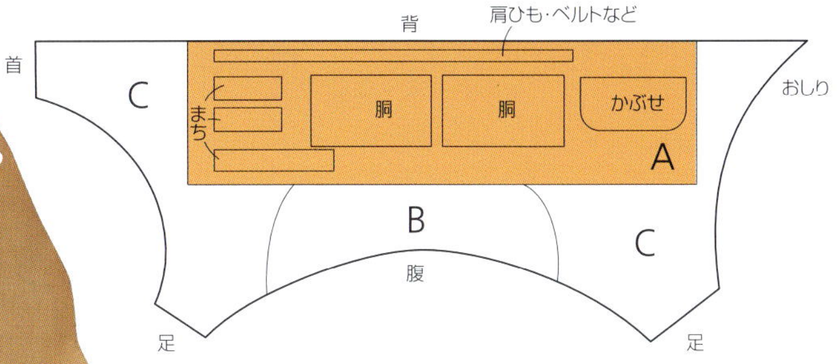

A…背。伸びにくく、最も良質な革が取れる部位。胴、まちなど丈夫さと美しさが要求されるパーツを優先して取る。肩ひも、ベルトなど長さが必要で、伸びては困るパーツは、背筋に沿って取る。

B…腹。筋繊維が粗く、柔らかくて伸びやすい。ポケットや見返しなどあまり力のかからない小さなパーツを取ったり、裏革用に薄くすいて用いる。

C…首、足、おしり。スジが多く、繊維が粗くて厚さも一定でない。力のかからないかぶせなどなら、焼印やシワ、キズを生かしてデザインしても面白い。

＊カバンの構造

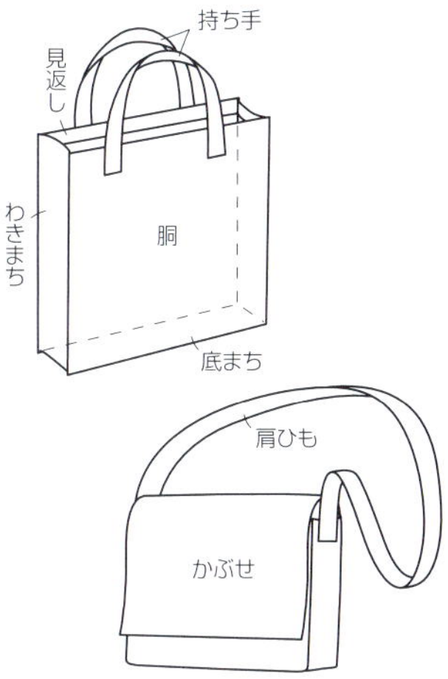

革の手入れ

革は、使うほどに柔らかくなり光沢が出てくるため、使うのがいちばんの手入れといえます。ていねいに愛情を持って使っていれば、特別な手入れをする必要はありません。
ふだんは柔らかい布でからぶきし、ほこりや汚れを落とすだけで十分。
スエードなど起毛タイプの革は、ブラッシングをしてほこりを落としましょう。

✻保管をするとき

保管時に最も気をつけたいのがカビ。カビは汚れ、湿気、適度な温度、この3つの条件がそろうと繁殖しやすくなる。保管前には必ず汚れを落とし、しっかり陰干しして乾かす。型崩れしないように詰め物をし、キズがつかないように不織布などで包み、風通しがよく、光の当たらない乾燥した場所に保管すること。ビニール袋に入れると、密着して表面がはがれたりするので注意。時々は取り出して陰干しを。

✻カビが生えてしまったら

カビが生えてしまったら、固く絞った布でカビをふきとり、天日干しして殺菌する。カビの根が革の繊維の中に入り込んでしまうと、表面をふいても取れなくなるので、できるだけ早く発見して対処することが大事。

✻ぬらしてしまったら

革の中でもヌメ革は、特に水分を吸収しやすくしみになりやすいので、水ぬれには十分気をつけること。ぬらしてしまったら、きれいな乾いた布や紙で水分を吸い取り、中に新聞紙を詰めて形を整え、風通しのよいところで陰干しする。天日干しやドライヤーなど、急速な高温乾燥は、収縮、硬化、変形して革の風合いが損なわれるので避けること。

✻汚れがついたら

汚れが革の繊維に入り込むと取ることが難しくなるので、汚れたときはすぐにふきとることが肝心。ボールペンなどの油性の汚れは基本的に落とすことはできない。ベンジンやシンナー、除光液は、革の表面を傷めてしまうので絶対に使わないこと。革用クリーナーを使用する場合も、しみや色ムラになる可能性があるので、目立たない場所で試すなど細心の注意を払って。いずれにせよ深追いをせず革専門店に相談するほうがよい。

用具・材料について

この本で使う、手縫いのカバン作りに必要な用具・材料です。

裁断

1 ビニ板　厚いビニールの板。裁断時の下敷きや、革の反りを正すのに使う。カッティングマットでも代用可。
2 重し　ジャム瓶など重みのあるものならなんでも代用可。ただし表面が革を傷つけないような材質のもの。
3 ステンレス定規
4 丸ぎり　印つけのほか、すでに糸の通っている穴の位置の確認に使う(p.46参照)。
5 革包丁　革の裁断専用の包丁。はり合わせ部分など小さな部分の革すきにも使う。購入時にはすぐに使える状態かどうか(刃が研がれているか)を確認すること。研ぐ必要のないナイフで代用可(p.26参照)。
6 革すき器　小さな部分の革すきに使う(p.57参照)。包丁ですくのが難しい人には便利。もとは足のタコを取るための道具。

穴あけ

7 ねじネン　縫い線や飾り線を引くのに使う。ねじで幅を調節する。
8 菱目打ち　手縫いは、あらかじめ革に菱目打ちであけた穴に糸を通して縫う。1寸(約3.3cm)の幅に何本の歯がついているかによって縫い目の間隔も違う。この本では、縫い目を目立たせるために比較的太い糸で縫うので7本歯(約0.5cm間隔)の目打ちを使用。本書では、7本歯間隔で歯が7本あるもの(7-7)を便宜上「7本目打ち」、同じ7本歯間隔で歯が2本のもの(7-2)を「2本目打ち」と呼ぶ。直線上に続けて穴をあけるときは7本目打ち、曲線や短い距離に穴をあけるときは2本目打ちを使う。
9 木づち　ある程度頭に重さのあるものが使いやすい。重みのある木材、プラスチックハンマーでも代用可。
10 打ち台　家庭ではゴム板が手軽。私の工房では樫の切り株を使っている。

接着

11 ゴムのり　縫い合わせる部分の両面につけて接着する。半乾きで接着すると後ではがすことができるので、まちなどを慣れない人が接着するときに微調整がきいて便利。
12 ボンド　革専用のもの。ゴムのりより接着力が強く、一度乾くと取れない。
13 のりベラ
14 クリップ　接着剤が完全に乾くまで押さえておく。革を傷つけないよう薄い革や布を挟んで使う。

縫う

15 メリケン針　裁縫用の針でよいが、力がかかるため針穴の丈夫なものを選ぶ。写真はメリケン針1番。革に引っ掛からないよう、針先を紙やすりで丸くして使う。
16 麻糸　丈夫な天然繊維でハリがある麻が手縫いに適する。この本では16番手の5本より(16-5)を使用。好みの色に染める場合は必ずろう引き前に。
17 蜜ろう　糸のけばだちを抑え、よりが戻らないようにするために引く。針穴で糸が交差するときに縫い目がゆるまないようになる。防水、防汚にも役立つ。
18 やっとこ　まちの縫い合わせなど、針を抜くのに力がいるときに使う。
19 菱ぎり　縫い進めながら穴を貫通させたり、穴の位置の確認に使う(p.46参照)。

仕上げ

20 やすり　耐水性の紙やすりをホルダーや適当な木ぎれにつけて使う。
21仕上げ剤　床面(裏面)のけばだちを抑えたり、コバ(切り口)を磨くのに使う。本書では無色のものを使う。

金具つけ

22 カシメ打ち棒
23 カシメ打ち台
24 ハトメ抜き(22〜24はp.65参照)
25 尾錠抜き　尾錠を通す穴をあけるためのもの。使い方はハトメ抜きと同様。

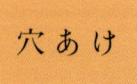

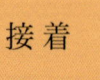

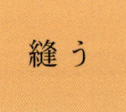

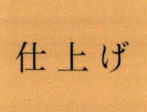

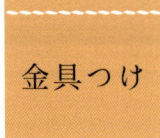

11
ブルドック印
ゴムのり
Rubber
Cement
(株)市川ゴム製作所
16
17
21
トコノール
SEIWA
12
皮革用ボンド
(ホワイト)
ひうちや商店
600
東京都台東区浅草6-1-16
1
2
5
6
14
4
19
18
7
13
10
22
23
25
24
15
8
3

基本のテクニック

この本に掲載されている作品を作るために
最低限必要な基本テクニックです。

革を裁つ

革に裁ち線を丸ぎりでしるし(p.35参照)、その線に沿って革包丁(以下「包丁」)やカッターナイフで裁ちます。ビニ板やカッティングボードを敷き、面積が大きい場合は立って裁断します。

○

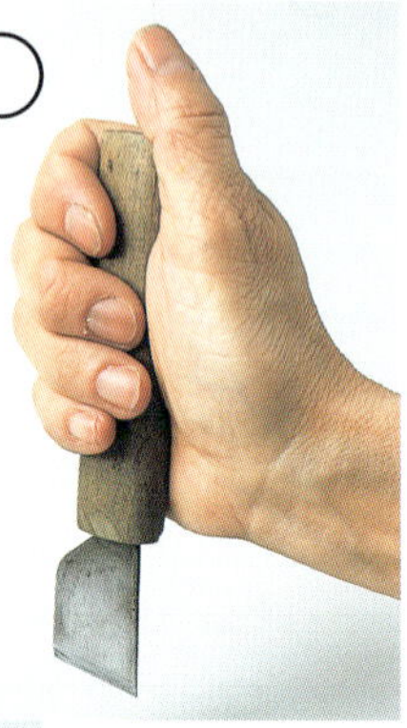

×

＊包丁の握り方
刃の表を内側にし、親指を柄に添え、立ててしっかり握る。×の写真のように刃の表を外側にしたり、柄を「グー」で握るとスムーズに裁てないので注意する。

＊直線の裁ち方

1 包丁を正しく握り、柄を向こう側に少し倒して刃を角に合わせて当てる。

2 包丁を手前に引きながら、裁ち線に沿って切り、角できっちり包丁を止める。厚い革の場合は同じところを繰り返し引いて裁つ。

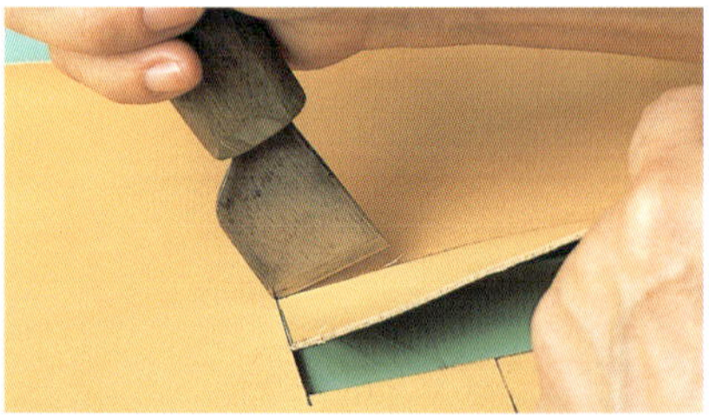

3 角に切り残しがある場合は、もう一度角に包丁を当てて切り込む。

4 切り取ったあと。角は切り込みすぎがなく、きちんとコの字に切れているのがよい。

column

包丁の手入れは?

革包丁も料理用の包丁と同じように、よい切れ味を保つには刃を研ぐ必要があります。しかし研ぎは初心者には難しいもの。購入したお店で研いでくれる場合もあるので問い合わせてみましょう。包丁と同じように使える替刃式のナイフもあります。1,000円以内で入手でき、研ぐ必要もないので手軽です。

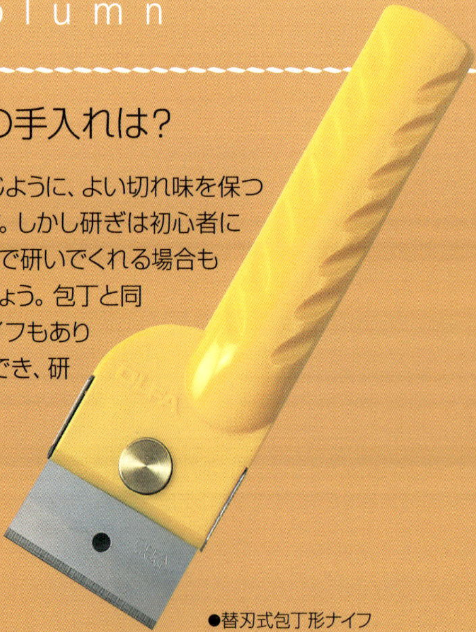

●替刃式包丁形ナイフ

✲曲線の裁ち方

1 裁ち線は丸ぎりで強めに印をつけておく。まず印に沿って浅く切る。包丁を手前に引きながら切るが、カーブの部分は左手で革も動かしながら切る。

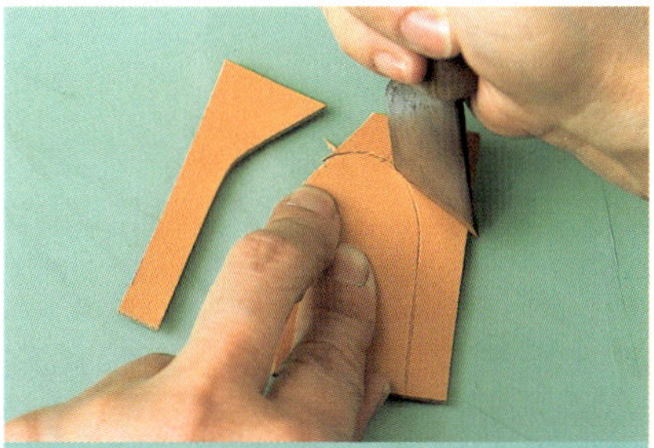

2 浅い切り込みに沿ってもう一度切る。カーブの部分では、いったん外側に逃げながら切っていくと裁断しやすい。

3 カーブの部分にやすりをかけて、きれいな丸みに整える。

✲床面を洗う

仕上げ剤を使って革の床面（裏面）のけばだちを抑え、きれいに整える作業です。裏をつけないでカバンを仕立てる場合などに床面を洗います。

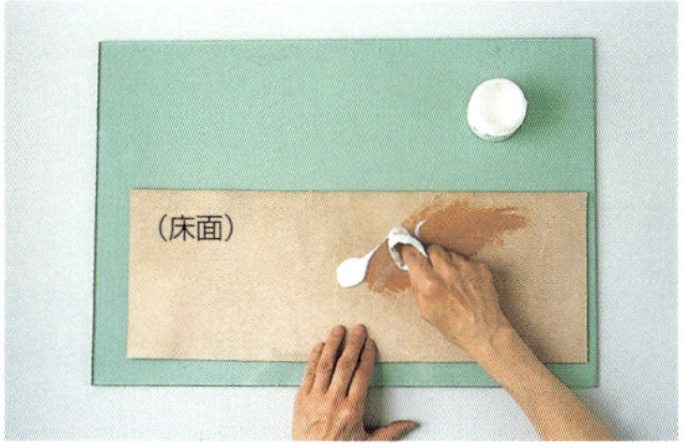

1 はぎれを使って、仕上げ剤を革の床面中央に多めに出す。

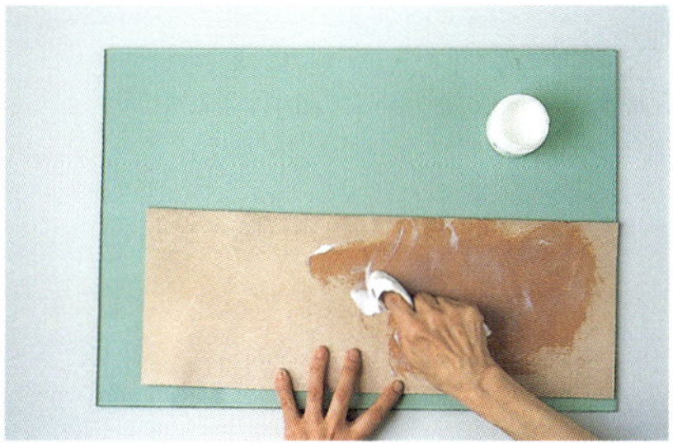

2 中央から端に向かって仕上げ剤をのばす。

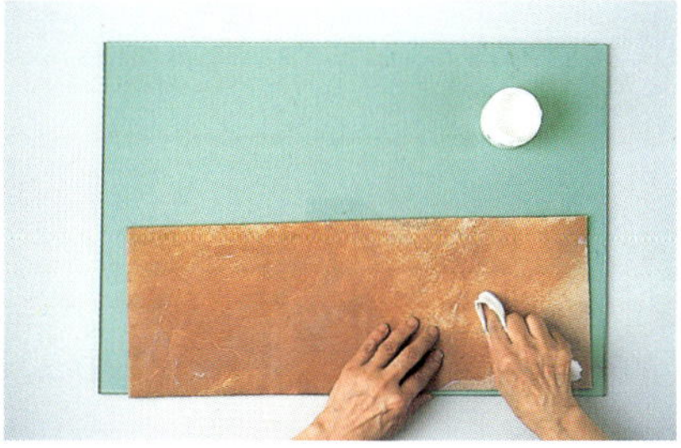

3 床面全体に仕上げ剤を均一にのばす。革の部位によっては多少ムラになることもある。

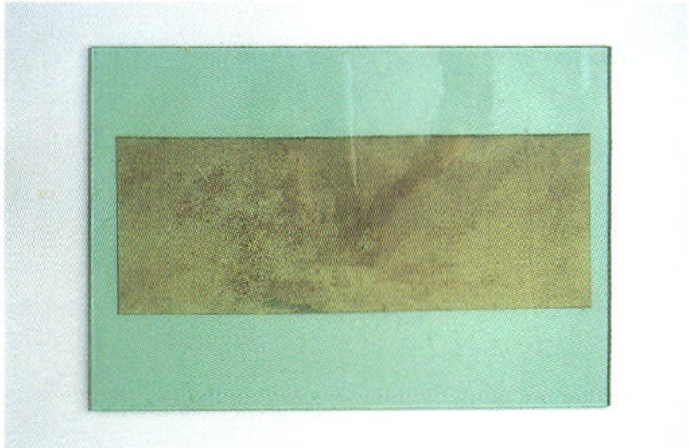

4 革が反らないように重しをのせて乾かす。写真ではビニ板をのせているが、電話帳などを重しにしてもよい。その場合、白い紙などを当てて革を汚さないようにする。

✲コバを磨く

コバ※とは革の切り口のこと。けばだちを抑え、きれいに整える点は床面を洗うのと同じですが、さらに断面をこすって磨き上げることにより、つやを出します。

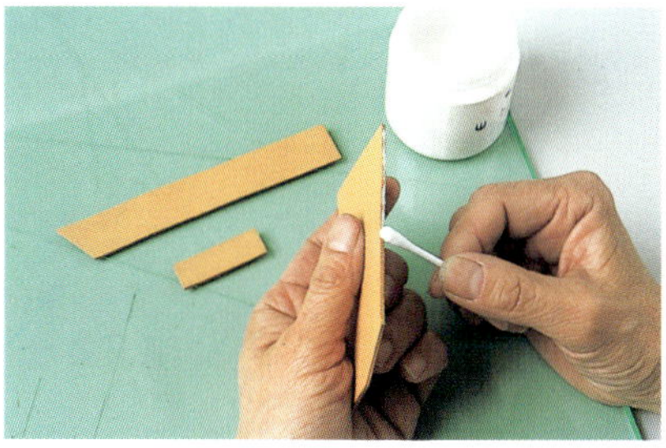

1 コバに綿棒で仕上げ剤をつける。

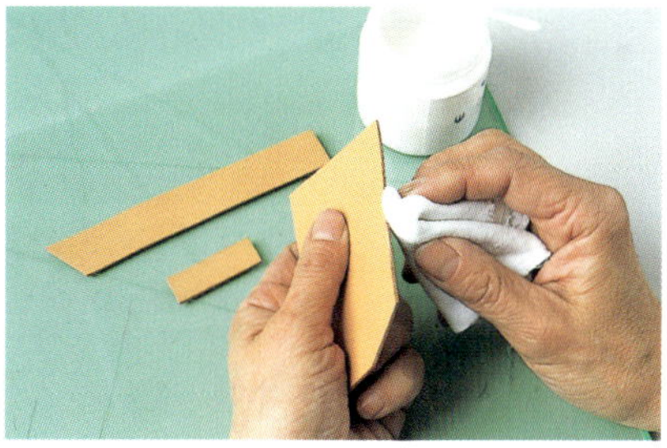

2 布で仕上げ剤をのばす。

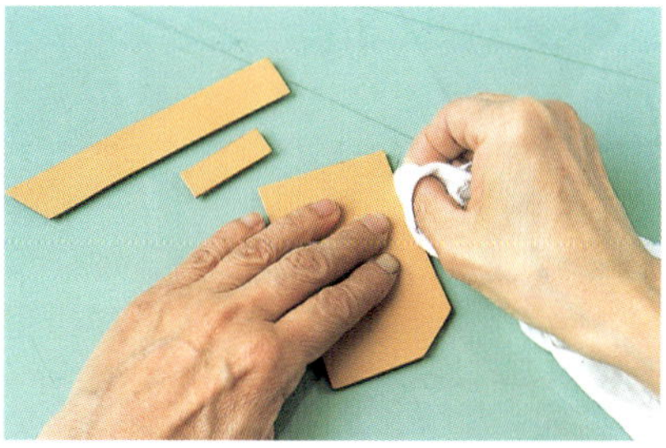

3 革を平らに置き、へりが反り返らないように一方の手で押さえながら、布でコバをよくこすって磨き、つやを出す。

※「コバ」の呼称は材木の切り端「木端」が由来と思われる。

＊ねじネンで線を引く

縫い目の案内線「縫い線」は、ねじネンを使って裁ち線と平行に引きます。縫い目を入れない革の端に、装飾を兼ねて端を落ち着かせるために入れる線を「飾りネン」といいます。

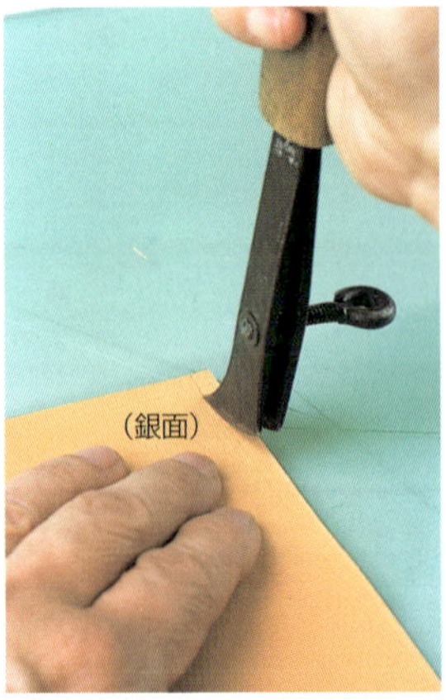

1 ねじネンのねじを回して幅を調節しておく。短いほうの刃を革にのせ、もう一方の刃を革の切り口に沿わせる。

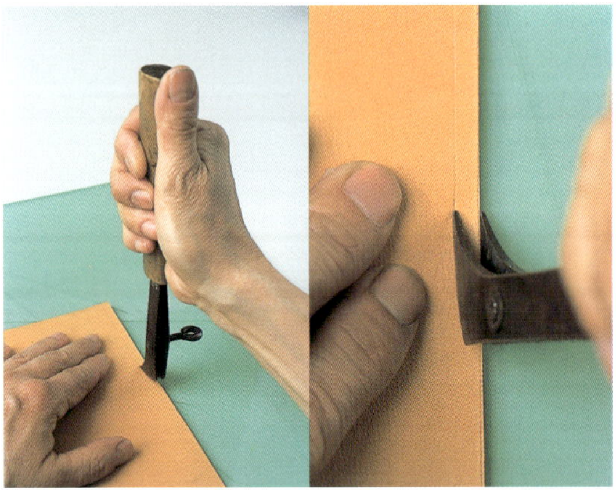

2 ねじネンを垂直に立て、切り口に沿って手前に引く。しっかり押しながら深い線を引くのがポイント。

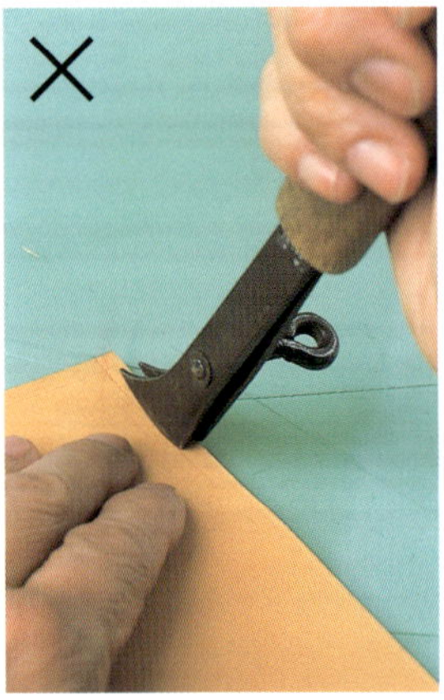

手前に引くときに、ねじネンを手前に倒してしまうと、刃先が革から浮いてきちんと線が引けないので注意する。

＊菱目打ちで穴をあける

革の手縫いは、縫い線に沿ってあらかじめ菱目打ち（以下「目打ち」）で穴をあけ、その穴に糸を通して縫います。そのため、穴あけがきれいにできていなければ縫い目がそろいません。縫い目の間隔は目打ちの種類によって変わります。厚手の革や大きなものを作るときは、間隔の粗い目打ち、薄手の革や小さなものを作るときは間隔の細かいものを使って穴をあけます。ここではパスポートケース（p.13）のポケットの長さ（9.5cm）に7本目打ち（目の間隔約0.5cm）で穴をあける場合で説明します。

1 ゴム板の上に銀面（表面）を上にして革を置き、縫い線に目打ちを合わせてまず右端から穴をあけていく。ポケットつけの縫い止まりになる右端は、ポケットの端から1目外に出して7本目打ちを合わせる。

2 7本目打ちを垂直に立てて木づちで目打ちの頭をたたく。何回かたたいて裏側まで穴が貫通するようにしっかり打ち込む。

3 次に左端から穴をあける。このようにまず両端に穴をあける。ここでは全体の距離が短いので、途中で微調整ができるように片端には2本目打ちを使う。

4 間の穴は、間隔がずれないように、前の穴に1目かけてあける（「1目がけ」）。穴をあける前に、右から順に目打ちを軽く当て、全体の穴の間隔がそろうかどうかを確認する。うまく位置が合わない場合は、1目がけをしないで穴の位置を微調整する。

✼糸と針の準備

糸は「平縫い」では縫う長さの3.5～4倍、「クロス縫い」では4～5倍を用意し、
糸のよりが戻ったり縫い目がほどけないようにろうを引きます。
また、縫っている間に針から抜けたり切れたりしないよう、特別な糸の通し方をします。
また、この本で使う「平縫い」、「クロス縫い」では、針を2本用意します。

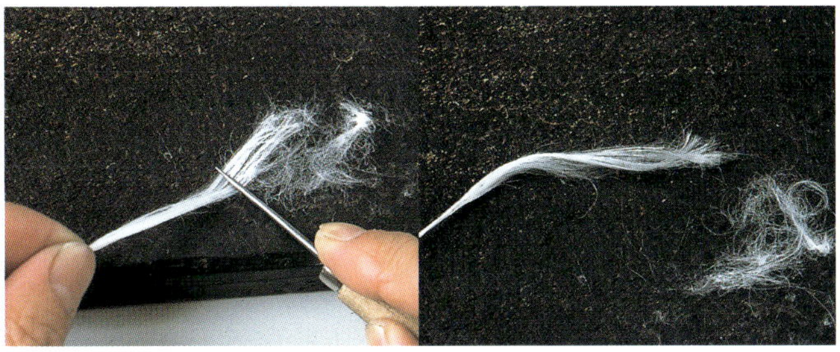

1 糸端7～8cmを丸ぎりでしごいてすく。糸端から綿毛が出てくるまで何回もていねいにしごく。細くすいておくと針に通しやすく、また通した部分の糸が2重になっても太くならないので、針の通りがスムーズになる。

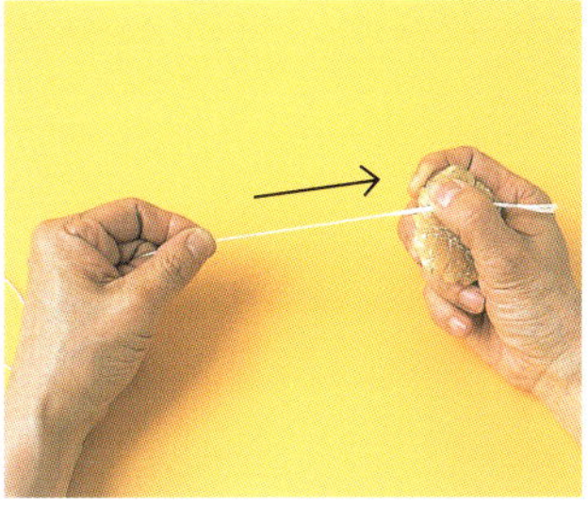

2 糸端のほぐした部分をまとめるようにしながら何回かろうを引く。

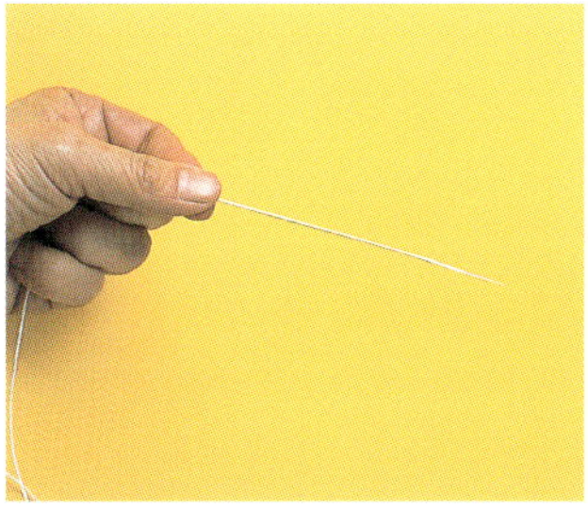

3 さらに糸をよるようにして2～3回ろうを引き、糸端がピンと立つくらいにする。もう一方の糸端も同様にしごいてろうを引く。

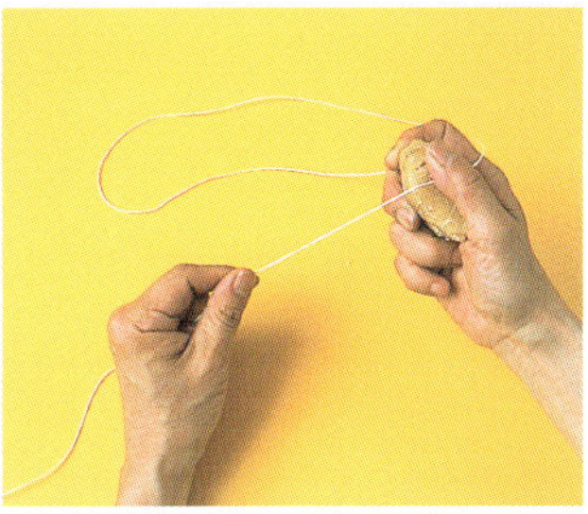

4 糸全体にろう引きをする。すでにろう引きしてある糸を使う場合は、この工程は不要。

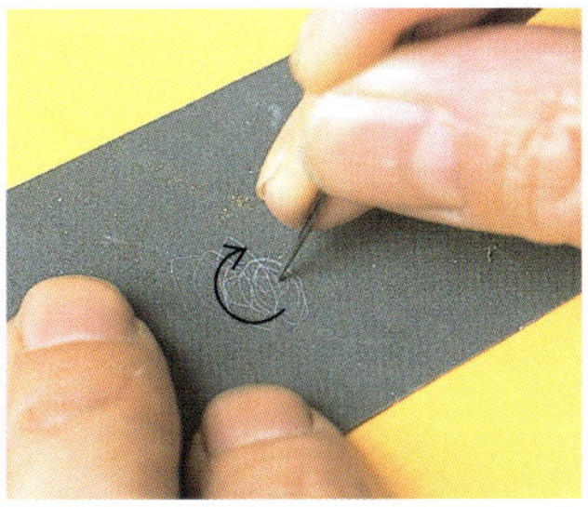

5 針の先を丸くする。やすりの上で円を描くように針先をくるくる回す。革は穴をあけてから縫うので、先が鋭くとがっているよりも、丸くなっているほうが引っ掛かりにくく、縫いやすい。

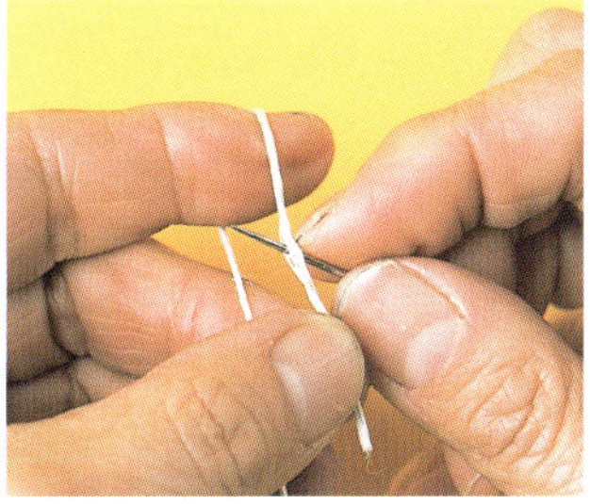

6 針に糸を通す。まず、糸端から4～5cmぐらいのところに、糸を割るようにして針を刺す。

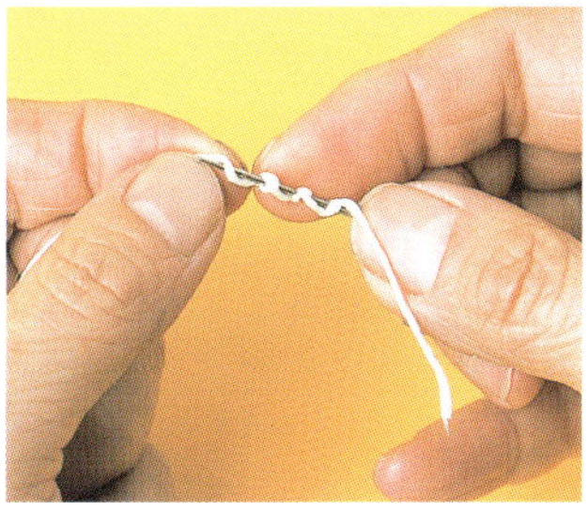

7 続けて0.6 ～0.7cm間隔で3～4回針を糸に刺す。

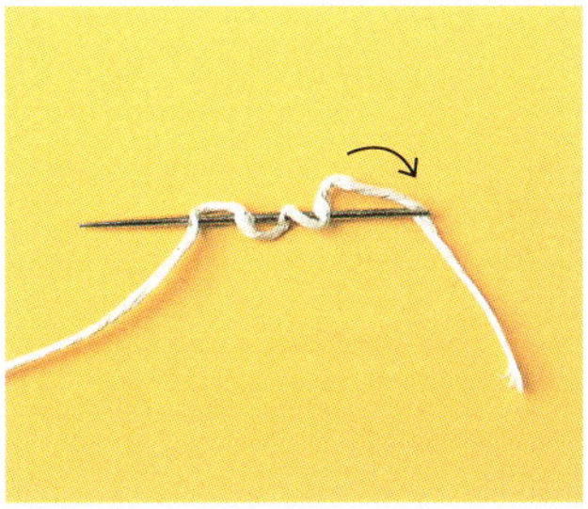

8 糸端を針の穴に通す。

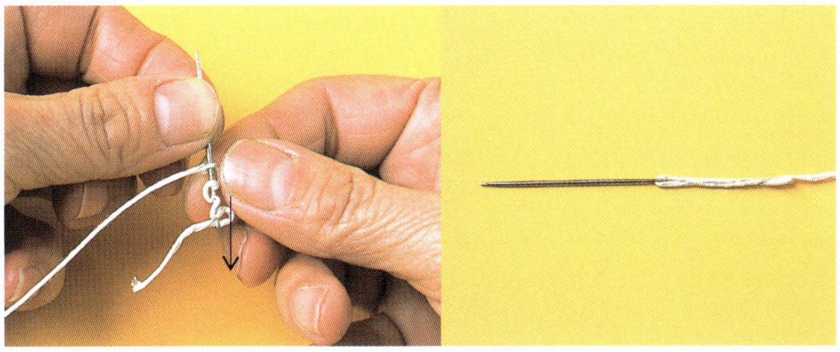

9 針先を持ち、糸全体を下に引き抜く。

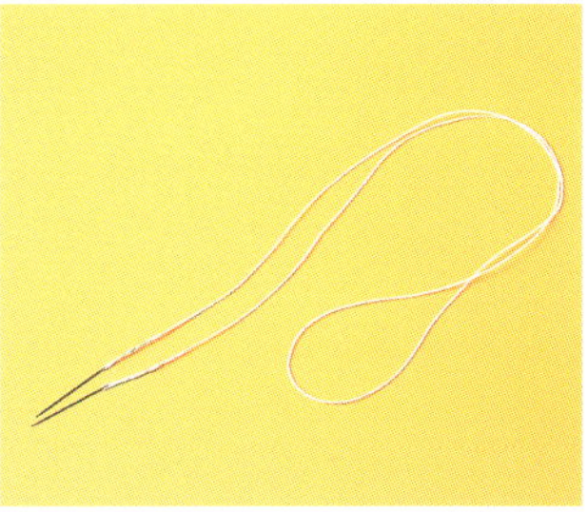

10 もう一方の糸端も同じようにして別の針に通す。

平縫い

手縫いの最も基本的な縫い方で、両手にそれぞれ針を持って縫います。
目打ちであけた穴の中でろう引きした2本の糸がしっかり交差するので、
カバンを使用中に万一糸が切れても、縫い目がすぐにはほどけない丈夫な縫い方です。

✲縫い方

1 表を右側にして革を立て、縫い始めの穴に糸を通し、2本の針をそろえて引き、左右の糸の長さを同じにする。

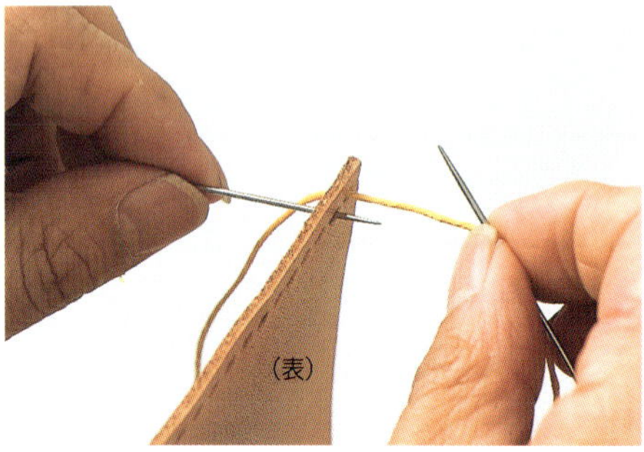

2 いつも右側に表を見ながら、奥から手前に向かって縫い進む。まず、左の針を2番目の穴に入れる。

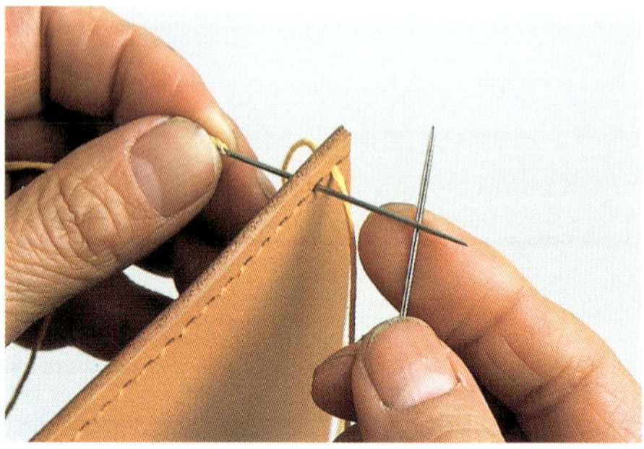

3 右の針を左の針の下に十字に重ねる。

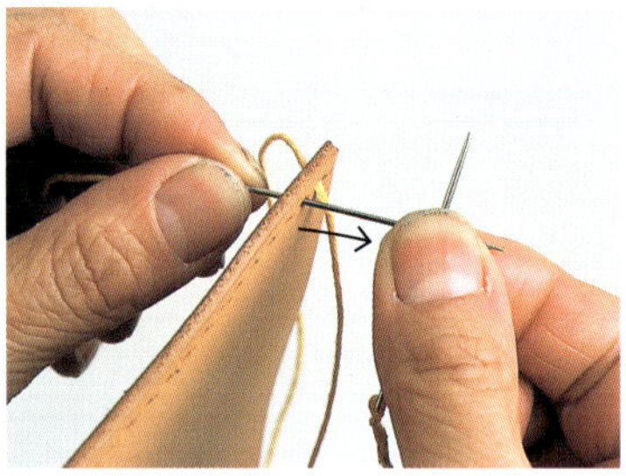

4 重ねた針を押さえたまま右側に引き抜く。

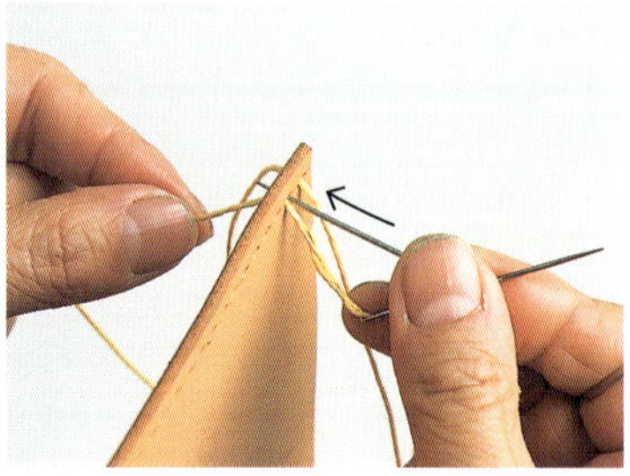

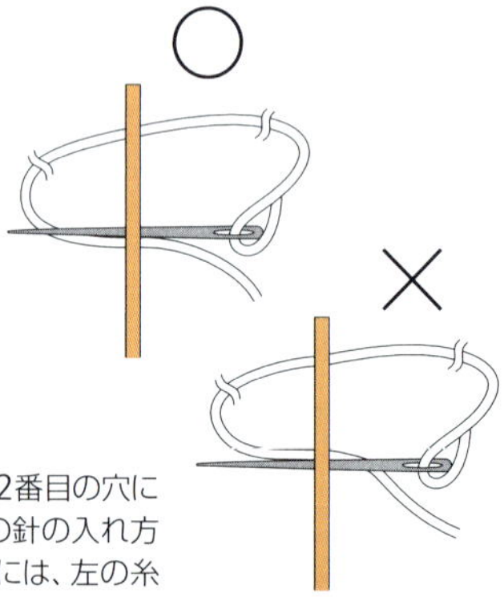

5 左の糸を5〜6cm引き抜き、針を重ねたまま右の針を2番目の穴に入れる。このとき、必ず左の糸の奥に針を入れる。この針の入れ方をそろえないと、針目が不ぞろいになる。右の針を抜く前には、左の糸を左右に少し引いて、その糸に針が引っ掛かっていないことを確認する。

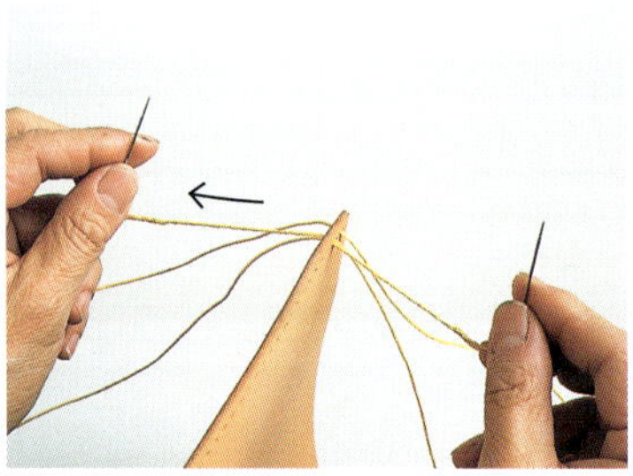

6 右の針を左側に引き抜く。

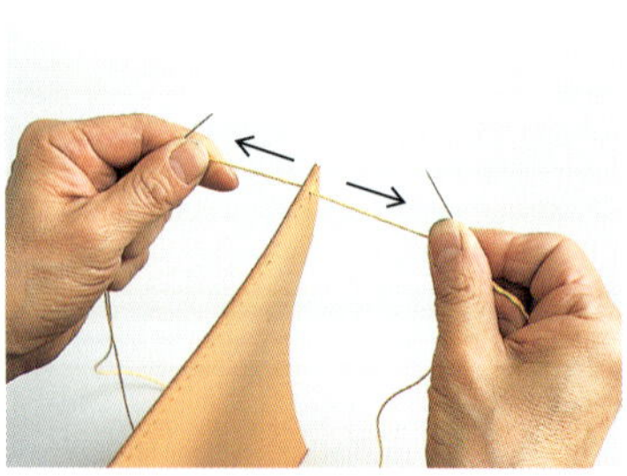

7 左右の糸を均等にぎゅっと引っ張って目を整える。これで1目縫い上がり。

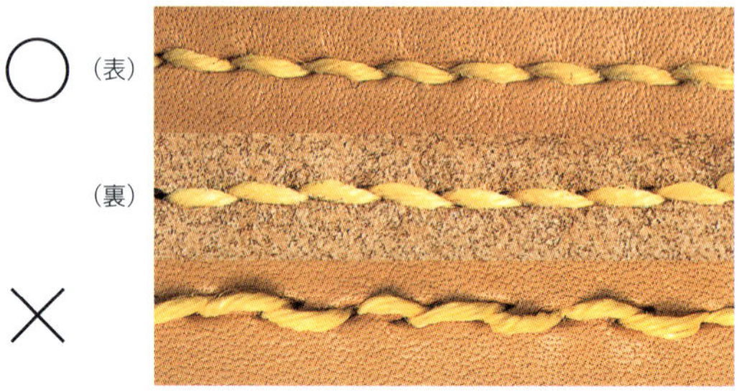

8 2〜7を繰り返して縫い進める。5の右の針の入れ方が不ぞろいだったり、糸の引き方がゆるいと、縫い目が乱れてきれいに縫い上がらない。

✻糸の継ぎ方

縫っている途中で糸が足りなくなったときのつなぎ方。残りの糸が短くなってからではやりにくいので、長めに糸が残っているうちに継ぐ。

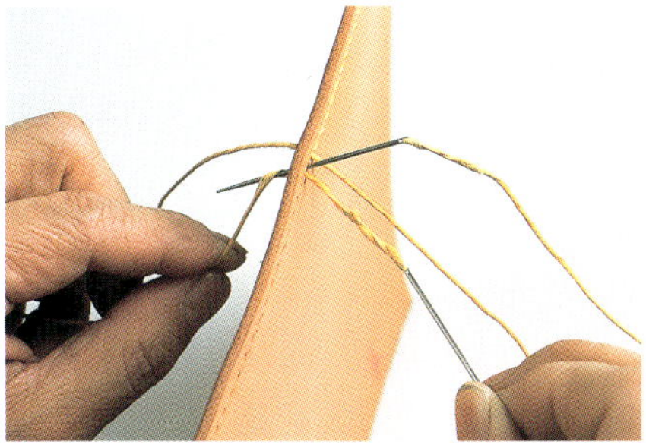

1 平縫いの途中、右の針を左の穴から出すときに、針先に左側の糸を1回掛ける。

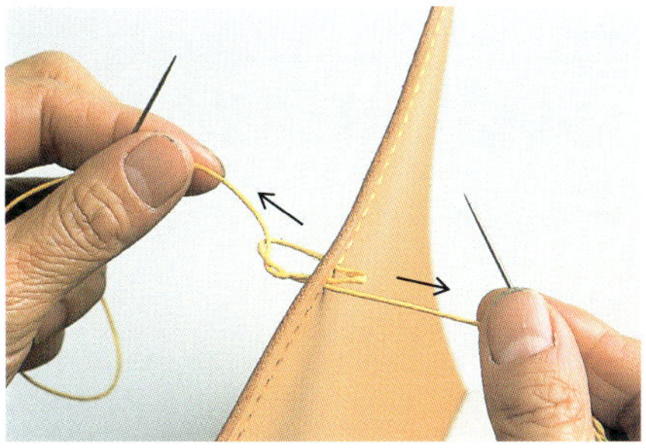

2 そのまま針を左側に抜き、糸を左右にぎゅっと引く。

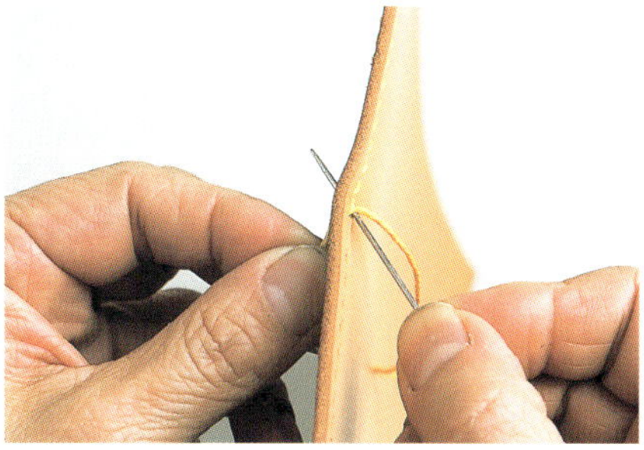

3 縫い終わりの始末−7(p.32参照)と同様に丸ぎりを斜めに刺し、その穴に右の針を通す。

4 針を左側に引き抜き、表側の糸にボンドをつけて、裏側から糸をしっかり引く。余分なボンドはぬれた布でふきとる(p.40参照)。

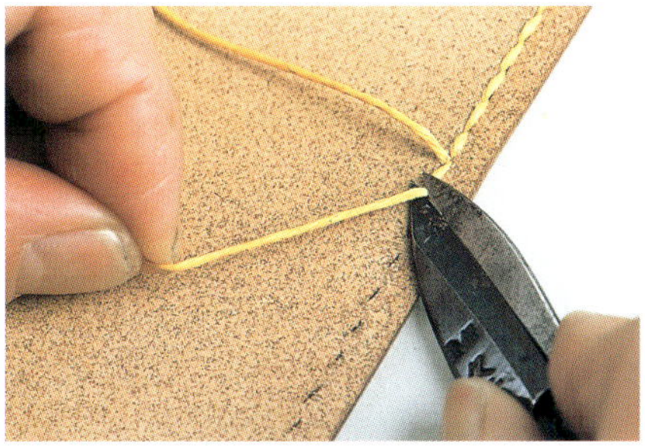

5 裏側の糸を2本とも、きわから切る。

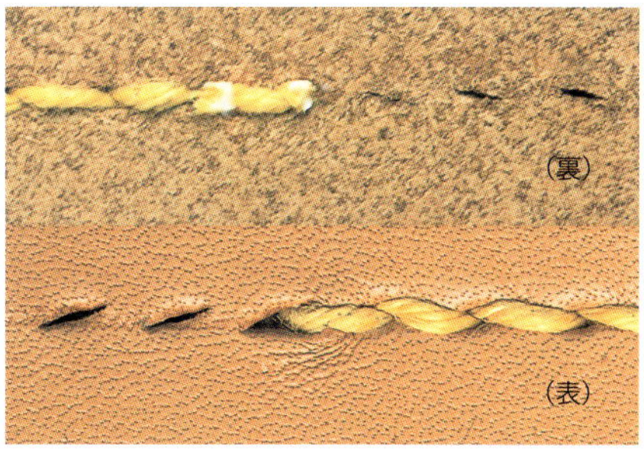

6 切った糸端にほつれ止めのボンドをつけ、丸ぎりの柄でよく押さえておく(p.33参照)。

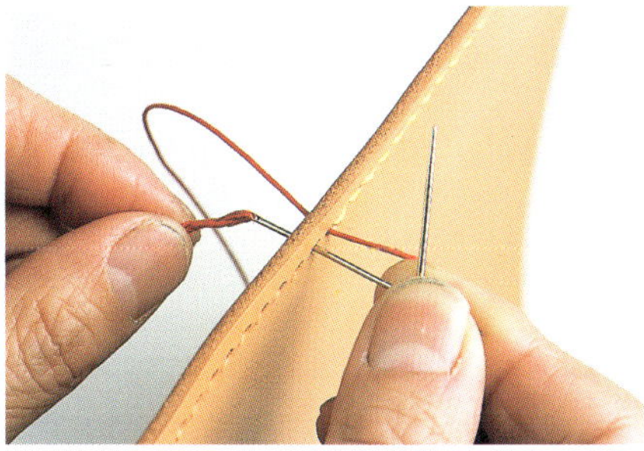

7 新しい糸を用意し、最後の縫い目の穴に通し、左右の糸の長さをそろえて平縫いを続ける。

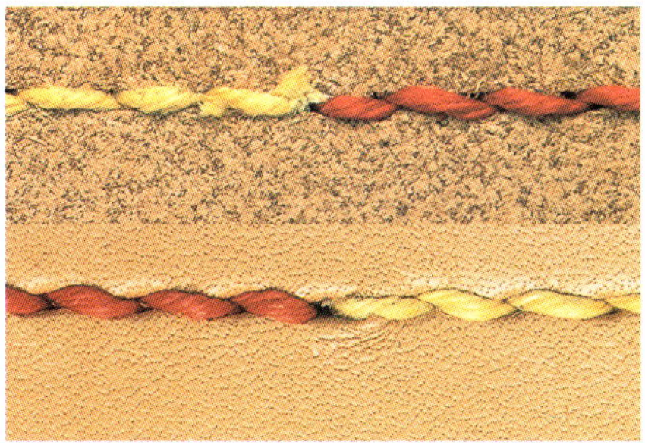

裏

表

＊赤い糸が継ぎ足した部分

column

革は立てて縫う

常に革を立てて縫い進むので、ひざで革を挟んで縫います。革を固定する専用の道具「レーシングポニー(俗称ウマ)」も市販されており、座って縫うときは台にまたがって使います。レーシングポニーを使う際は、革を傷つけないよう、革を挟む部分に薄い革をはっておきましょう。

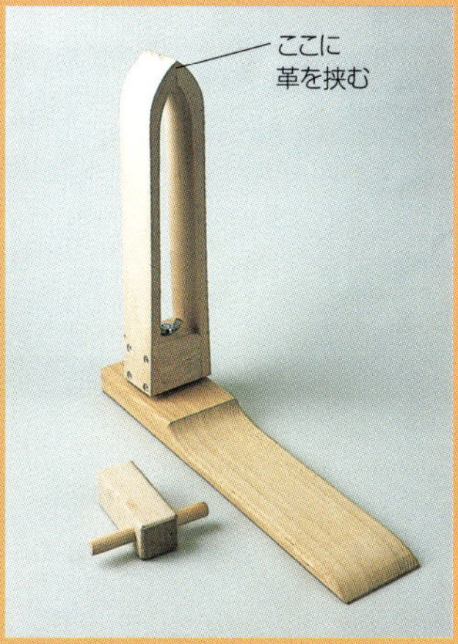

●レーシングポニー

❊縫い終わりの始末　結び玉を作らない始末の方法……裏側が見える場合に

1 縫い終わりの3目手前まで縫ったら、残りの3目は左（裏側）の針1本で縫う。右の針を休ませて、左の針を手前から3つめの穴に通す。

2 右側に抜いてそのまま次の穴に通し、さらに最後の穴に左から右へ通す。

3 右に抜いた針を1目戻って右から左へ通す。

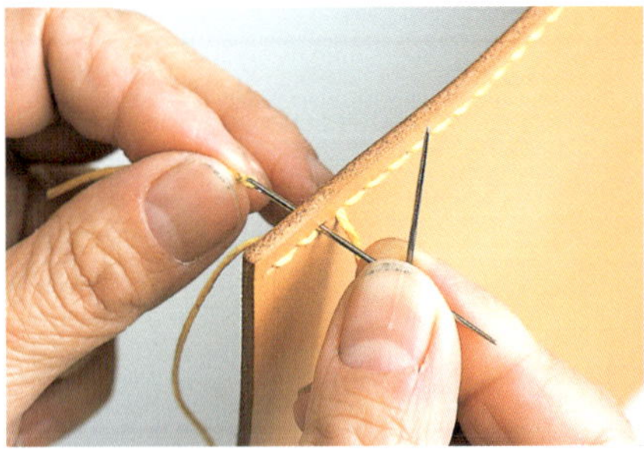

4 左に抜いた針をさらに1目戻って左から右へ通す。

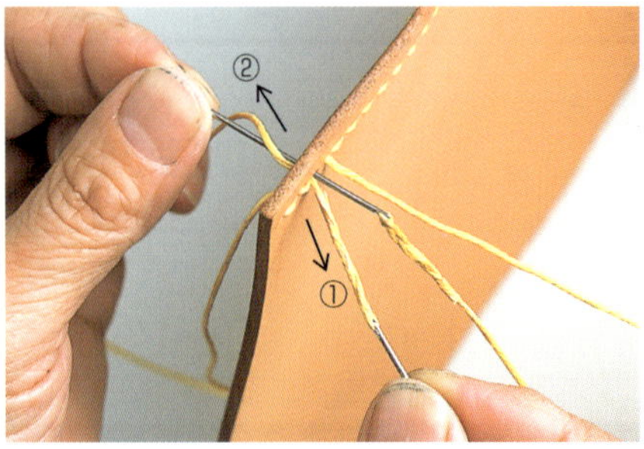

5 左の糸を5〜6cm右に抜いてから、右の針を同じ穴に刺し、針先に左側の糸を1回掛ける。

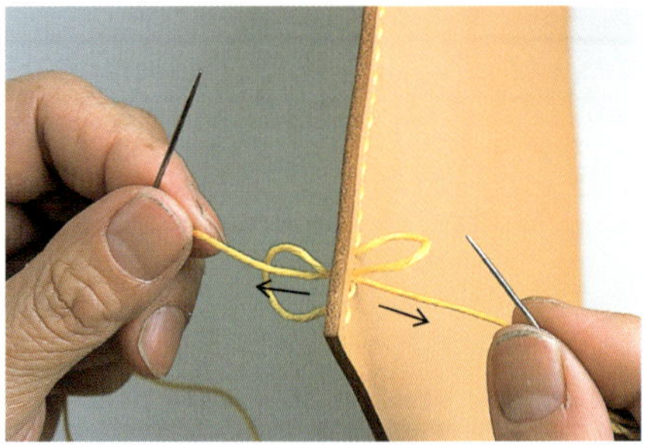

6 右の針を左に抜き、左右の糸をしっかりと引き絞る。

＊1〜4の糸の通し方

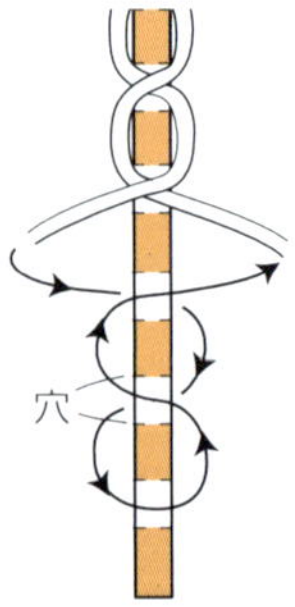

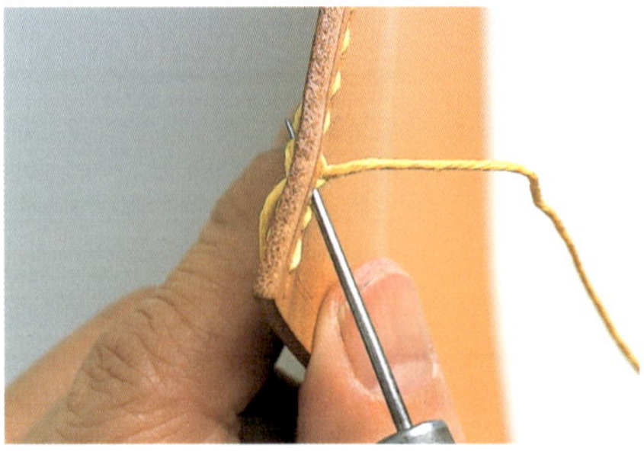

7 3つめの穴の表側から、4つめの穴の裏側に向かって、丸ぎりを斜めに刺す。

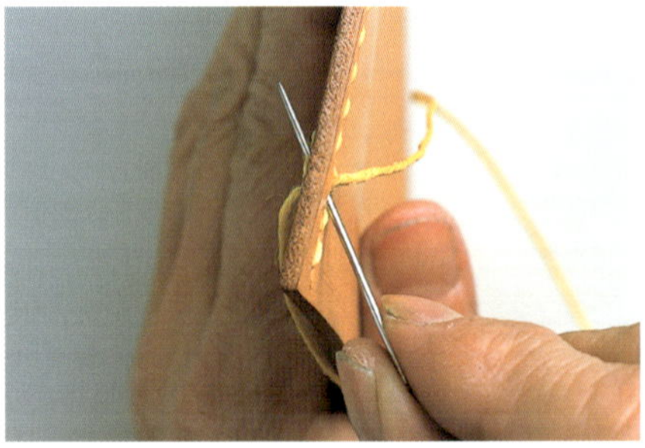

8 7であけた丸ぎりの穴に右の針を通して裏側に引き抜く。

＊7の丸ぎりの刺し方

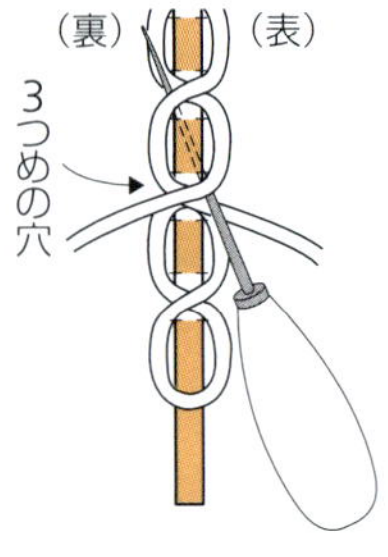

9 表側の糸にボンドをつけて、裏側の糸をぎゅっと引く。はみ出したボンドは布でふきとる。

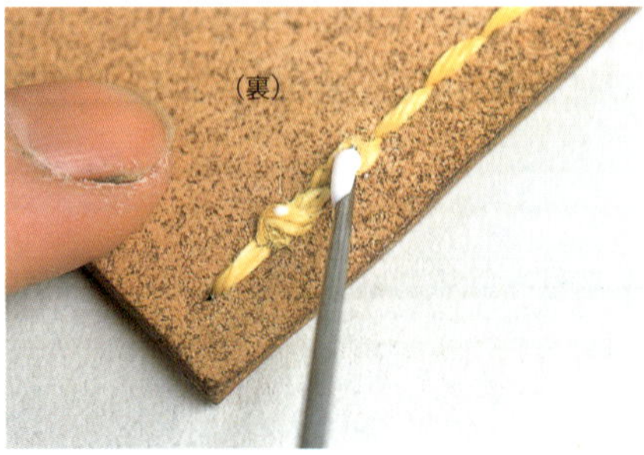

10 裏側の2本の糸をきわからはさみで切り、糸端にボンドをつける。

11 丸ぎりの柄で押さえて糸端をつぶす。

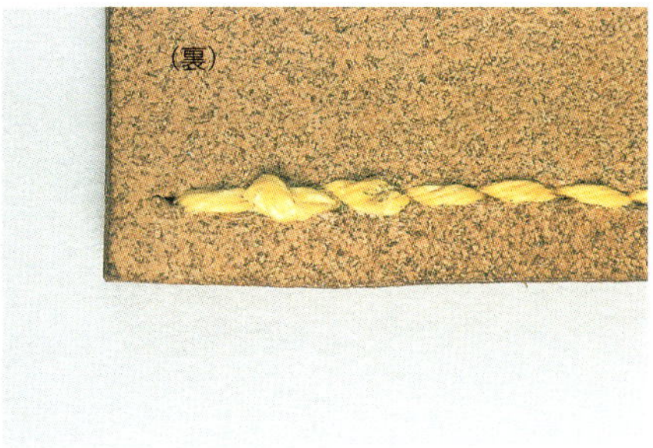

12 縫い終わりの始末の完了。

✻縫い終わりの始末 結び止め……裏側が見えない場合はこの方法でもよい。

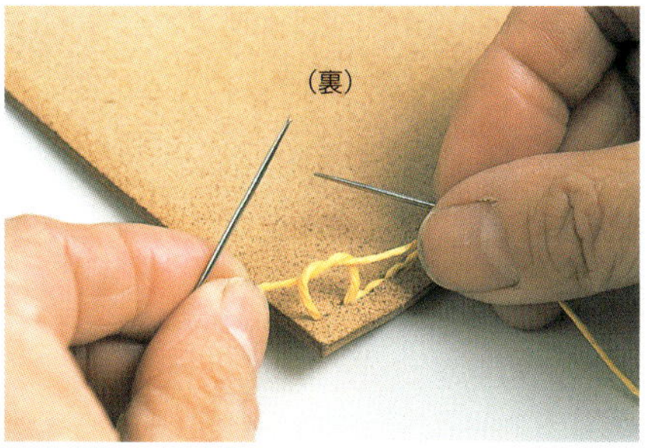

1 縫い終わりまで平縫いで縫い、最後の1目で糸を2本とも裏側に出し、ひと結びする。

2 結び目にボンドをつける。

3 もう一度結んで糸を引き締める。

4 糸を引きながら、結び目のきわから糸を切る。

5 丸ぎりの柄で結び目をつぶす。

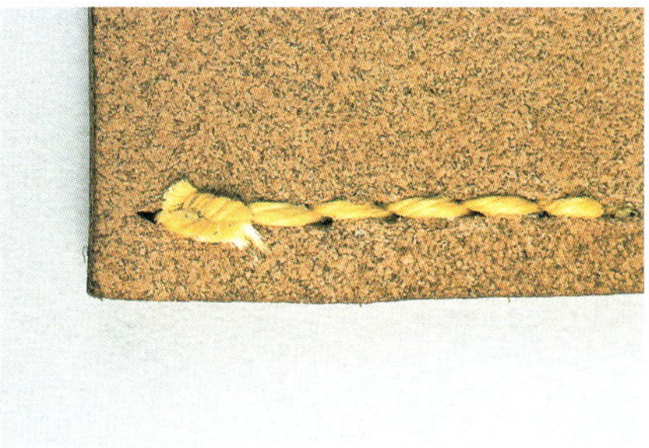

6 出来上がり。

column

縫い目のほどき方

縫い間違いなどで縫い目をほどくときは、針に通した部分の糸を切り離してから、丸ぎりを使って抜きます。表側に傷をつけないように、必ず裏側から、丸ぎりで写真のように糸を引き抜きます。

練習作品の作り方

それでは実際に3つの簡単な作品を作りながら、
カバン作りの手順をマスターしましょう。各工程の詳しい説明は
「基本のテクニック」(p26〜33)を参照してください。

＊1デシ＝10×10cm
＊製図内寸法の単位はすべてcm、縫い代込みの寸法
＊革の厚さは特に表示のない限り2.2〜2.4mm
＊出来上がり寸法は横×縦×まち幅で表示

LESSON 1

パスポートケース

作品13ページ

革の扱いや平縫いの練習に格好の小品です。
まずはこの作品から始めましょう。小物は1.5mm厚さの革で作ります。

＊出来上がり寸法 14.5×17cm(閉じた状態)

＊材料 成牛ヌメ革(厚さ1.5mm)……約12デシ
※わかりやすくするため、13ページとは革の色をかえています。

＊製図

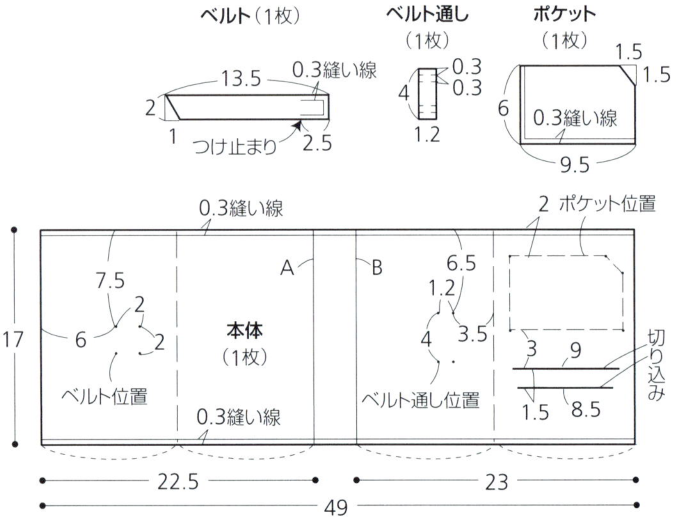

1 型紙を作る

製図を参照して厚紙で各パーツ(本体、ポケット、ベルト、ベルト通し)の型紙を作る。本体のベルト位置、ベルト通し位置は点で印を入れておく。

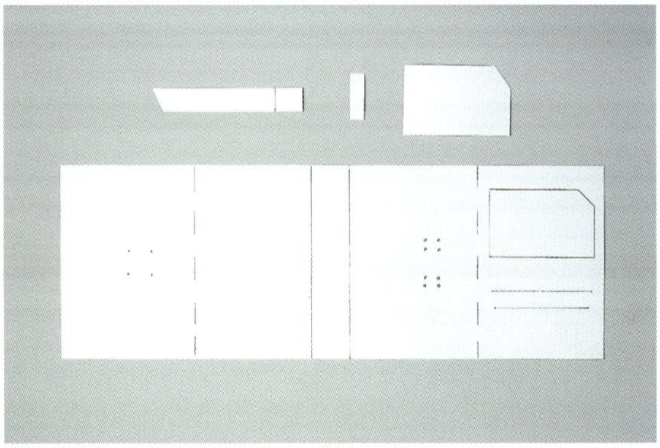

2 粗裁ちをする

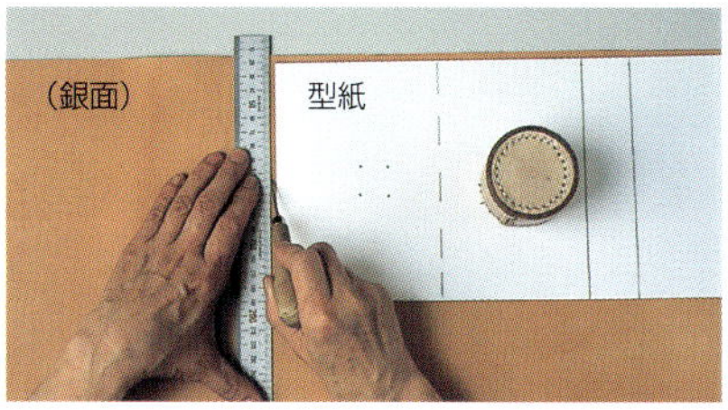

1 革の銀面（表面）に本体の型紙を置き、重しで押さえる。型紙の外周約0.5cmのところに丸ぎりで粗裁ち線を引く。

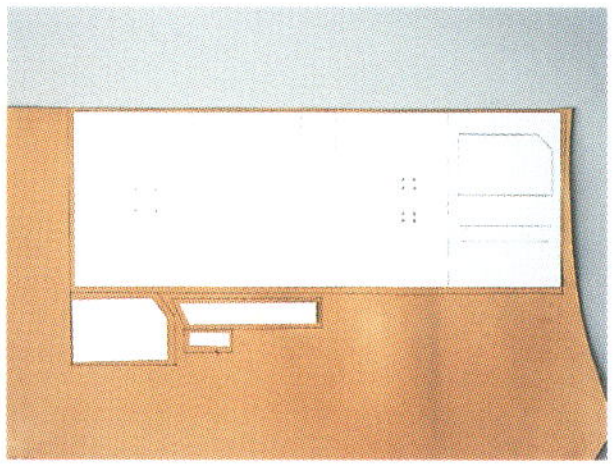

2 その他のパーツも同様に粗裁ち線を引く（写真ではわかりやすいように線をペンでなぞっている）。革のキズや汚れをよくチェックし、できるだけ無駄の出ないように型紙を配置する。

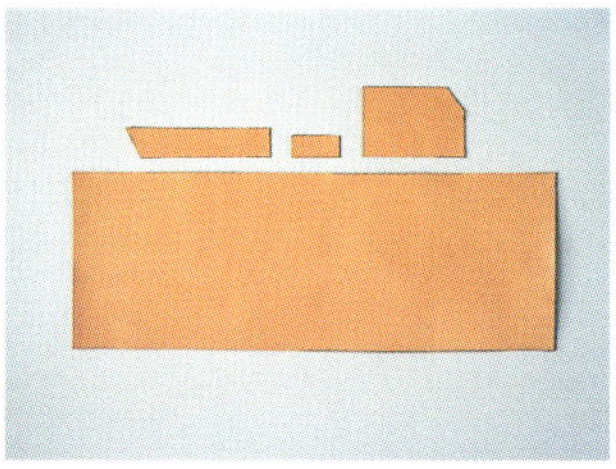

3 粗裁ち線どおりに裁断する。粗裁ちをした各パーツは床面（裏面）を洗って乾かしておく（p.27参照）。

3 本裁ちをする

1 本体の銀面に型紙を重ね、ポケット位置の各角、切り込み位置の両端、ベルトとベルト通しつけ位置の点に、丸ぎりを垂直に刺して、革に印をつける。

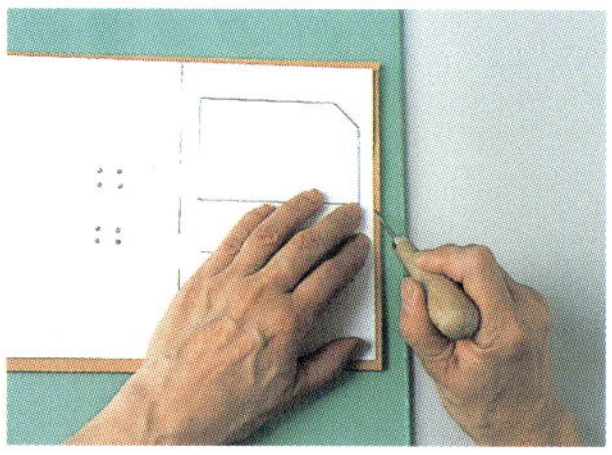

2 型紙に沿って丸ぎりで出来上がり線を引く。

3 出来上がり線どおりに革を裁つ。

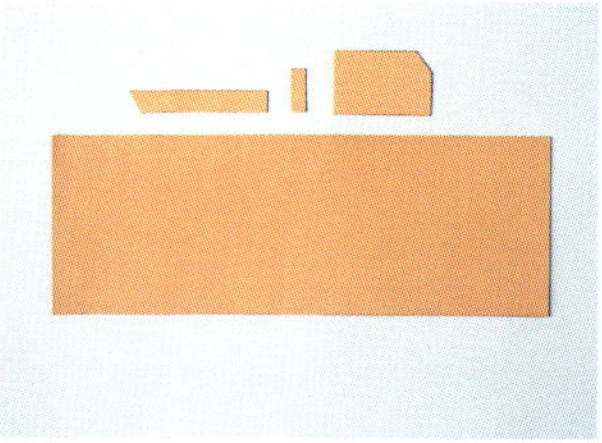

4 残りのパーツも同じように丸ぎりで出来上がり線を引いて裁つ。本裁ち後、ポケット、ベルト、ベルト通しの周囲、本体の短い2辺のコバを磨く（p.27参照）。

4 縫い線、飾りネンを引く

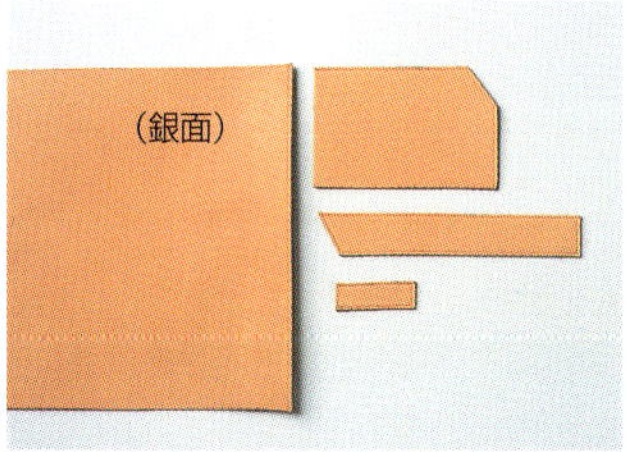

1 飾りネンを入れる。本体の短い2辺、ポケットの上側と右側の辺（縫い線のない辺）、ベルトとベルト通しの周囲に、0.1cm幅の線をねじネンで引く（p.28参照）。

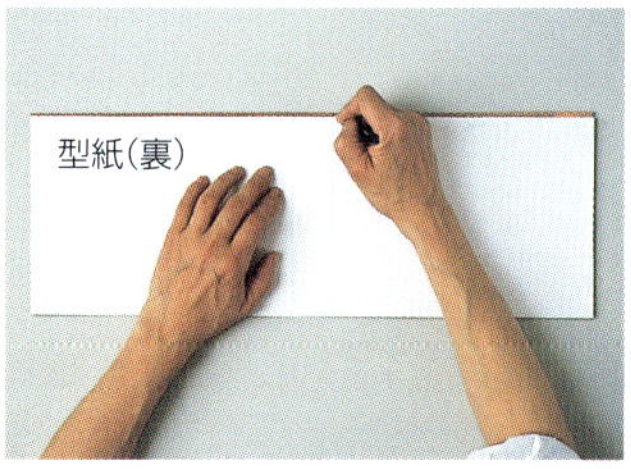

2 本体の床面に裏返した型紙をのせる。製図のA線とB線の位置を鉛筆で上下にしるす。

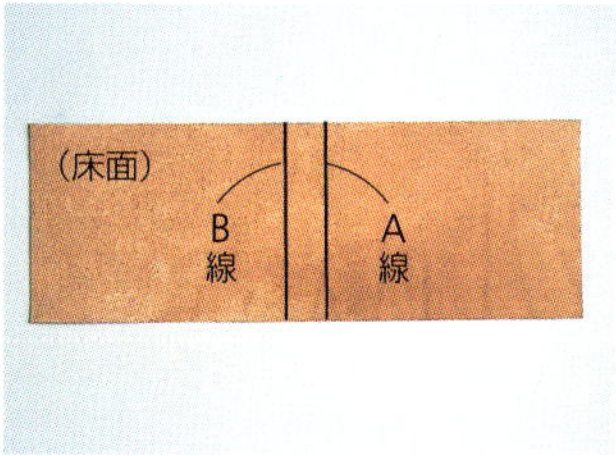

3 上下の印を結んで、A線とB線を丸ぎりで引く。

4 ポケットの下側と左側の辺に縫い線を引く。ねじネンで0.3cm幅の線を引く。

5 ベルトの床面に裏返した型紙を当て、つけ止まり位置を丸ぎりで刺し、点でしるす。ベルトは中表に縫い止めるので、床面に印をつける。

6 ベルトの床面のつけ止まり位置までコの字に縫い線を入れる。

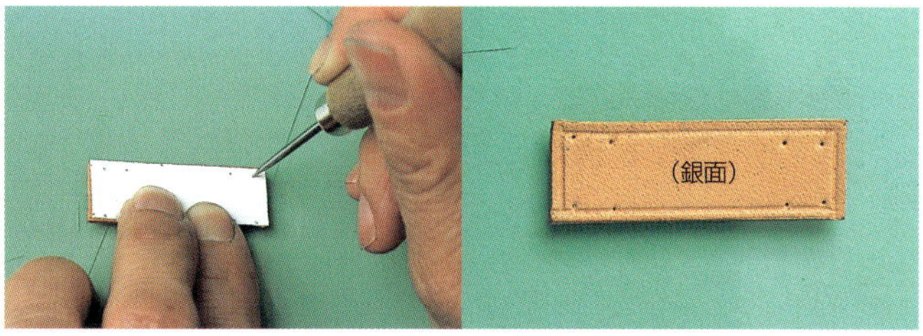

7 ベルト通しは銀面に型紙をのせ、丸ぎりでつけ位置の点をしるす。

5 ポケットをつける

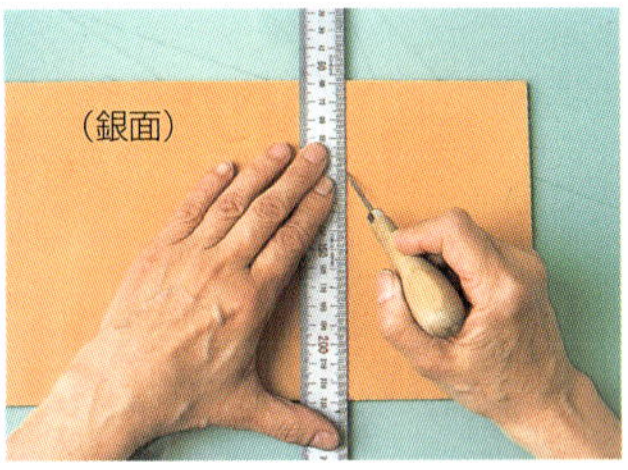

1 本体銀面のポケットつけ位置に丸ぎりで線を引く。ポケットはL字に縫い止めるので、点の印を結んで左側と下側の線を引く。

2 切り込み位置に丸ぎりで線を引く。

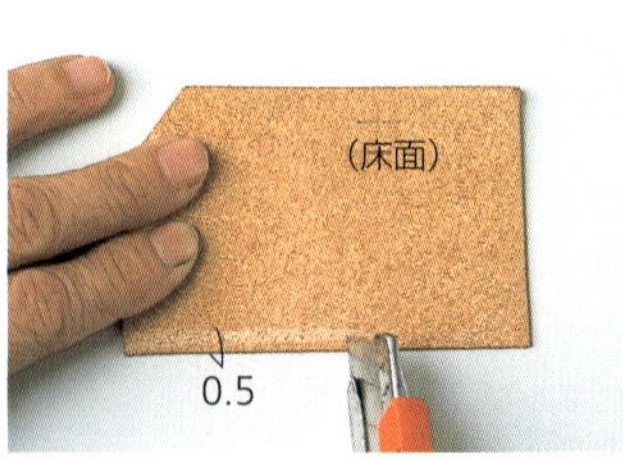

3 ポケットは本体にボンドではってから縫う。接着しやすいように、のりしろ（ここではポケット床面のつけ位置）をカッターでこすって起毛させる。この作業を「荒らす」という。荒らす幅は通常0.5cm程度。

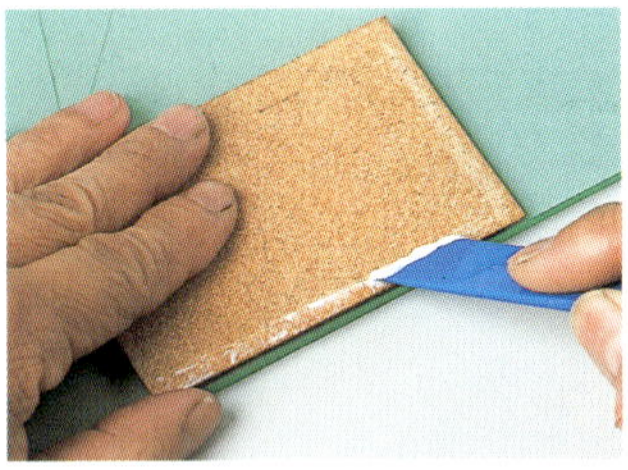

4 ポケットののりしろにボンドをつける。机やビニ板や雑誌などの端を利用するとつけやすい。

5 本体のつけ位置にポケットをはる。

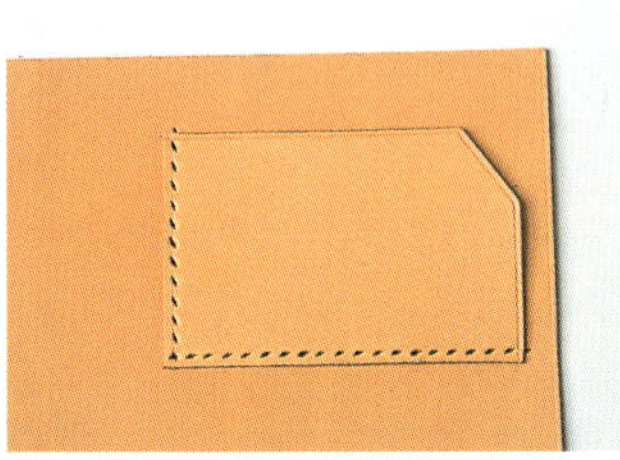

6 ポケットの縫い線に7本目打ちで穴をあける（p.28参照）。穴は裏側までしっかり貫通させる。

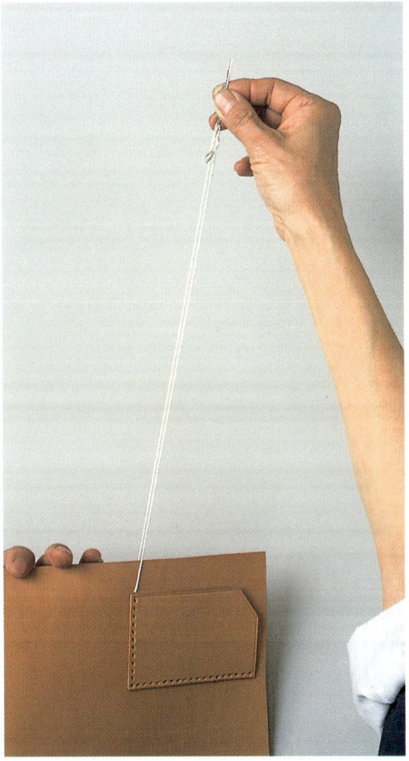

7 糸と針を準備し、ポケットつけ位置を平縫いで縫う（p.29、30参照）。糸は縫う長さの3.5～4倍なので、ここでは約60cmを用意する。いちばん端の穴に針を通し、2本の針をそろえて引き、左右の糸の長さをそろえる。

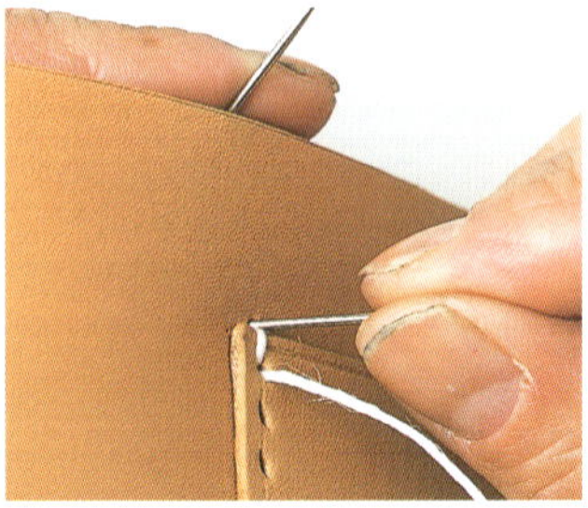

8 ポケットの端は力のかかるところなので、縫い始めは「2度縫い」をする。2度縫いはまず平縫いで初めの1目を縫い、右の針をもう一度最初の穴に通して左に抜く。

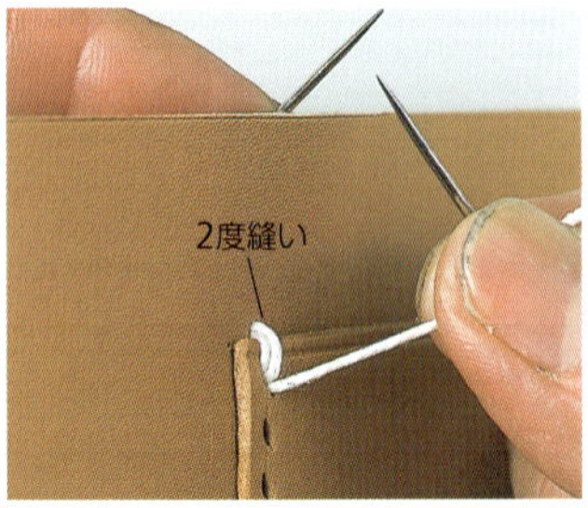

9 その針をさらに左から右に通すと、最初の1目に2回糸が渡って2度縫いになる。

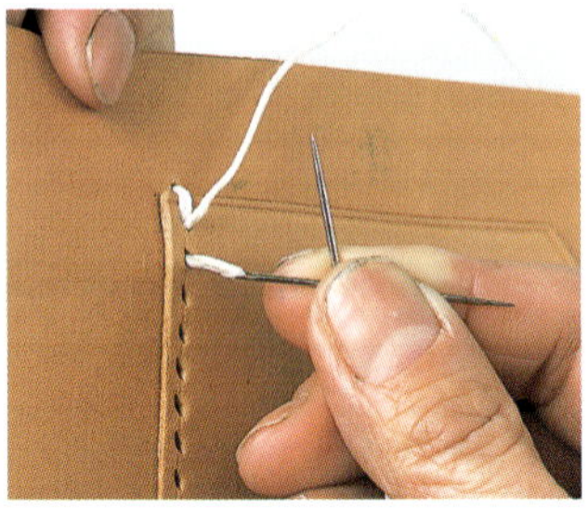

10 続けて平縫いで縫い進める。

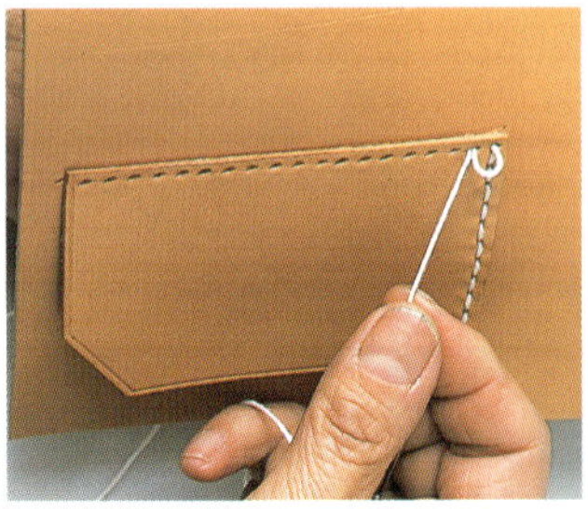

11 下の角まできたら、L字に縫い進める。

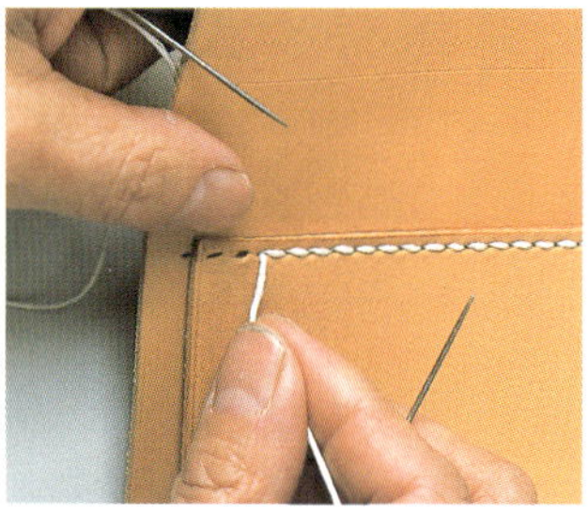

12 縫い終わりの3目手前まで平縫いで縫う。

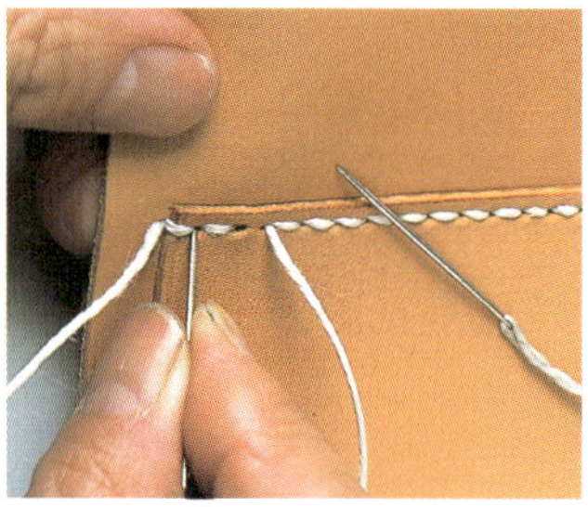

13 最後の3目は「縫い終わりの始末（p.32参照）」を参照して糸端の始末をするが、いちばん端の目は2度縫いをしておく。

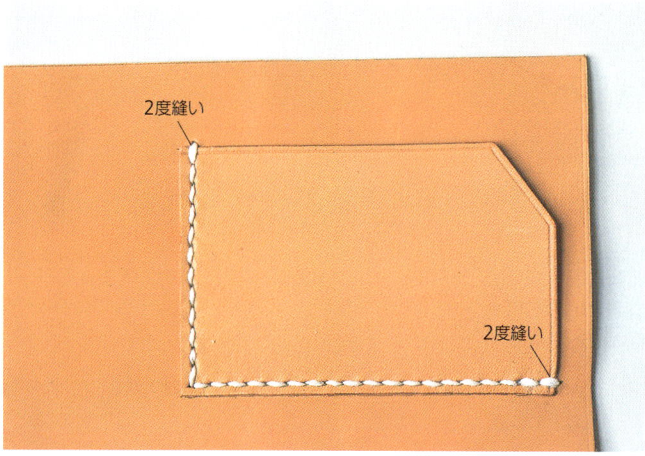

14 ポケットつけの出来上がり。

6 ベルト通しをつける

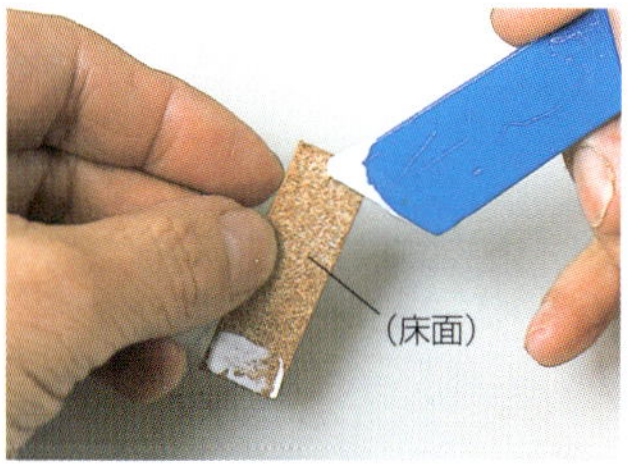

1 ベルト通し床面の上下と本体銀面のつけ位置を、約0.8cm幅カッターで荒らす。ベルト通しのみにボンドをつける。

2 ベルト通しを本体のつけ位置にはる。上下4か所ずつ、2本目打ちで穴をあける。

3 ベルト通しつけは1本針で縫う。糸の準備はろう引きした糸を針に通し、もう一方に玉結びを作る。玉結びは丸ぎりの柄などでつぶしておく。

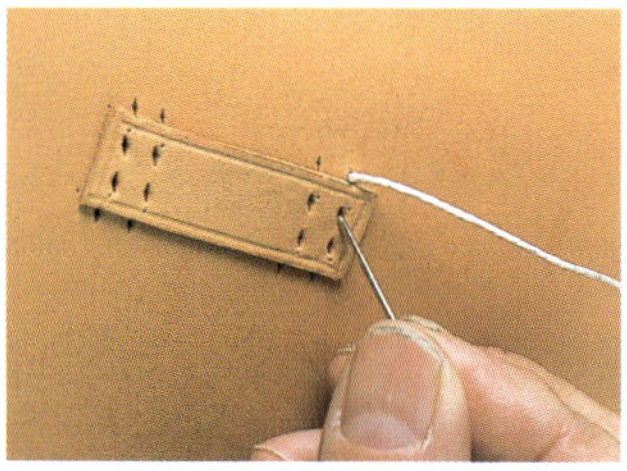

4 片側の4目を縫う。まず端の外側の穴の裏から表に針を出す。次にすぐ内側の穴に入れる。

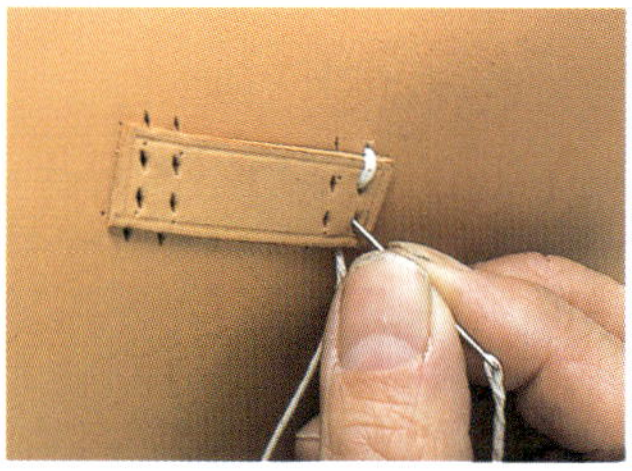

5 その目にもう一度糸を渡して2度縫いをし、続けて向かいの外側の穴から針を出し、内側に糸を渡して同様に2度縫いをする。

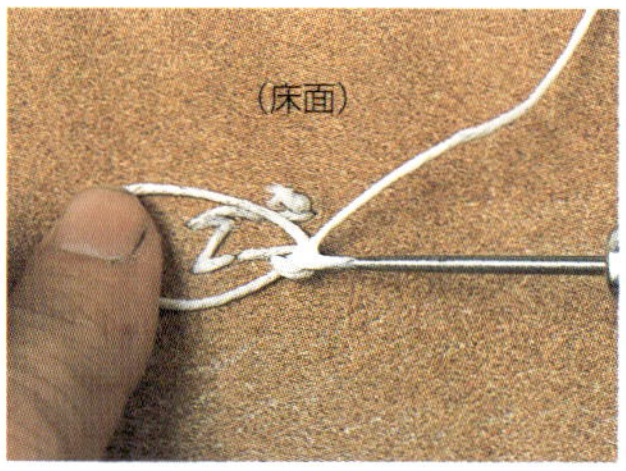

6 内側の2目も同様に2度縫いをする。縫い終わりは裏側で玉結びをし、ボンドをつけてから糸を引き締めて切る。玉結びは丸ぎりの柄などで押さえてつぶしておく。

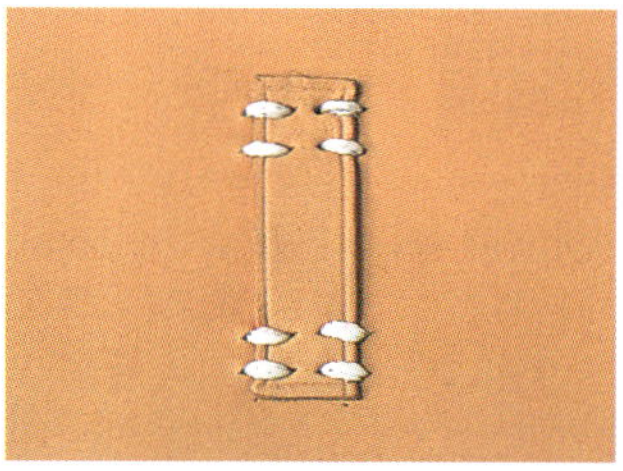

7 残りの4目も同じ要領で縫う。

7 ベルトをつけ、切り込みを入れる

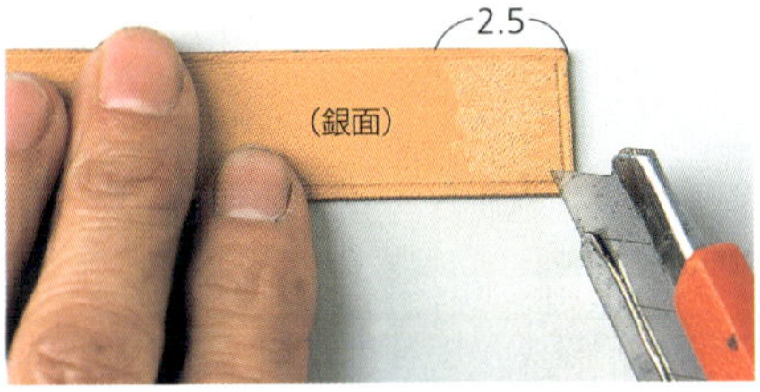

1 ベルト端の銀面を、つけ止まりまでカッターでこすって荒らす。

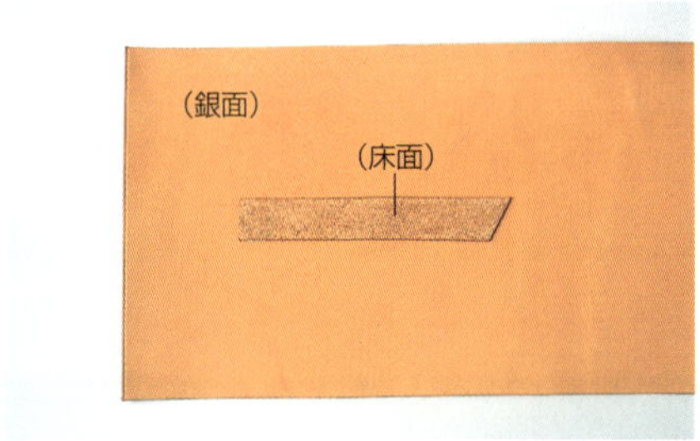

2 ベルトののりしろにボンドをつける。本体の銀面にベルトを中表に合わせてはる。

3 ベルトの縫い線に沿って、2本目打ちで穴をあける。

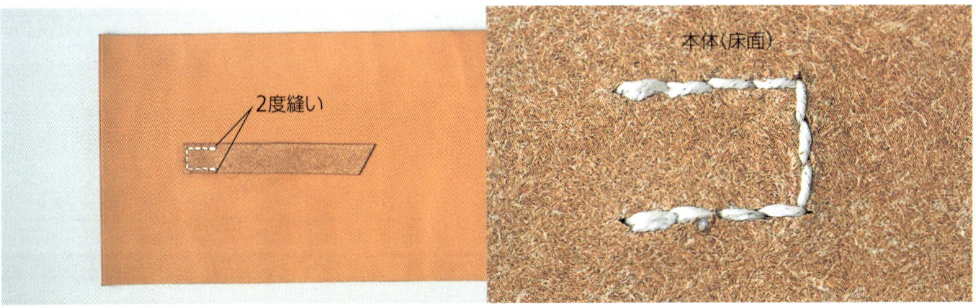

4 平縫いでコの字に縫う。縫い始めと縫い終わりは2目ずつ2度縫いをし、結び玉を作らない方法で糸端の始末をする。

5 ポケットの下の切り込み位置の両端4か所に丸ぎりで穴をあける。

6 包丁で切り込みを入れる。

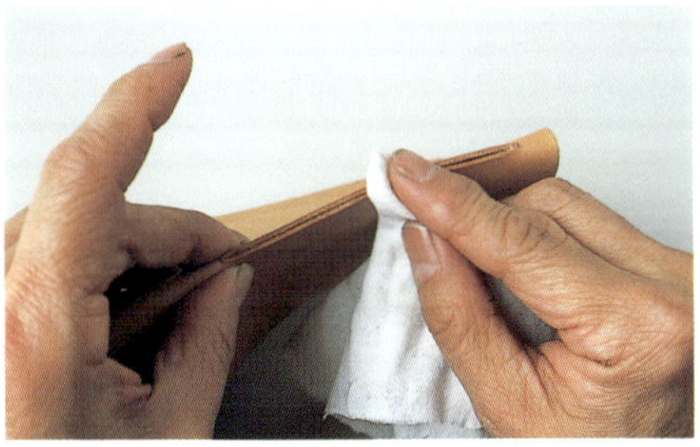

7 切り口を折りそろえて磨く。

column

ベルトの先は小丸にしても

このパスポートケースのベルトの先は三角にとがっています。薄い革を使った場合など、端がぺらぺらして差し込みにくい場合は、写真のように角をほんの少し落とし、やすりで小丸に整えると端が落ち着きます。

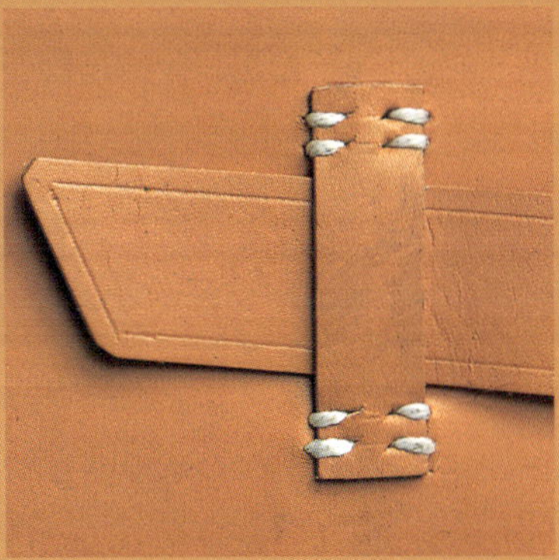

8 上下を縫う

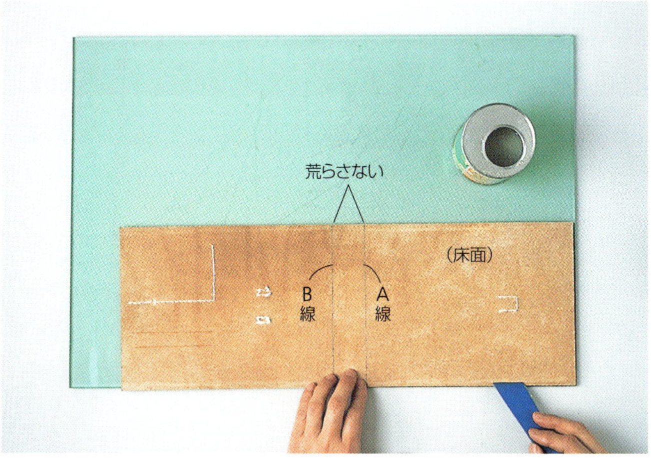

1 本体床面の上下端を、約0.5cm幅荒らし（A～B線の間は荒らさない）、ゴムのりをつける。

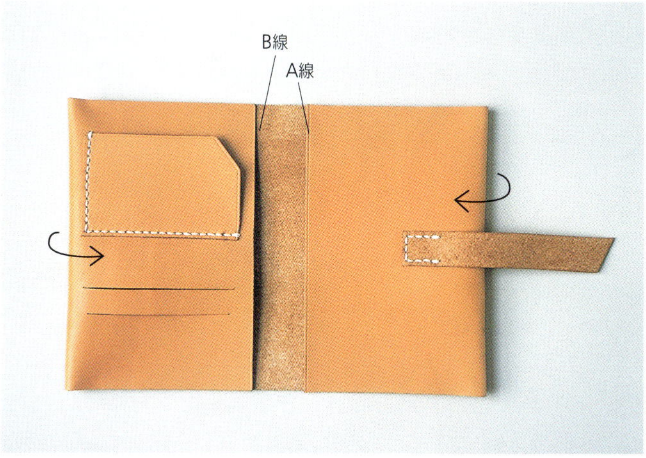

2 A線、B線に合わせて折り、縫い代をはり合わせる。

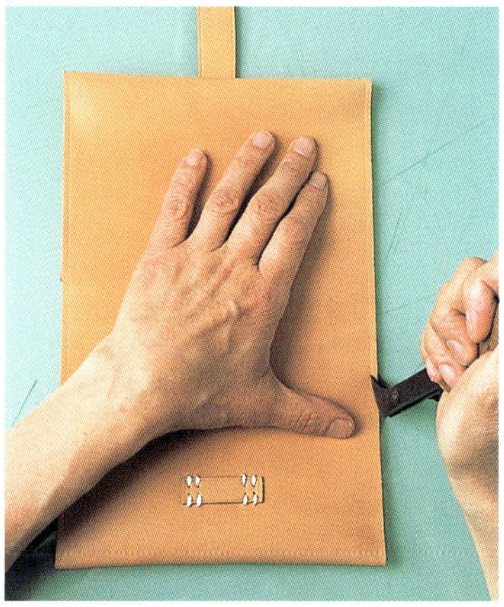

3 本体の銀面から、ねじネンで上下端に0.3cm幅の縫い線を引く。

4 入れ口の角4か所に床面から丸ぎりで穴をあける。これは口の角の位置を表側にしるすため。

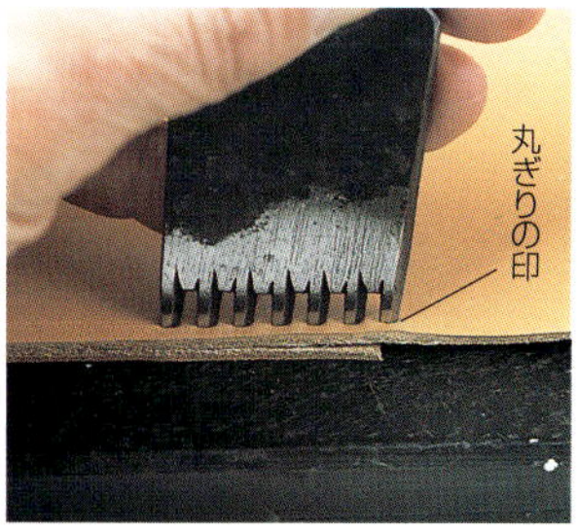

5 本体の銀面から7本目打ちで穴をあける。まず下の縫い線に沿って、4の丸ぎりの印から端に向かって目打ちを打つ。

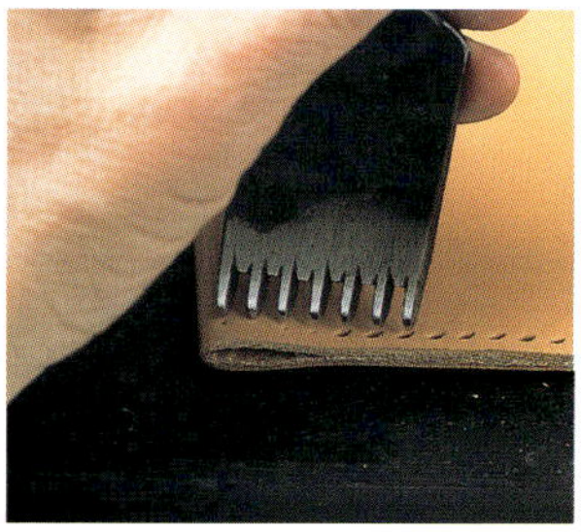

6 続けて1目掛けながら、端まで穴をあける。

7 次に反対側の下の縫い線に沿って印から端まで穴をあけ（②）、最後にA～B線の間にあける（③）。穴の間隔がそろわないときは③で微調整する(p.28参照)。同じ要領で上の縫い線にも穴をあける。穴は上下、左右それぞれが対称になるように同数あけるのが望ましい。

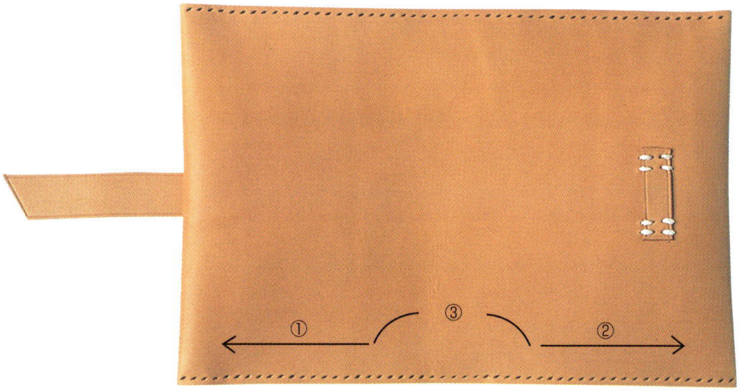

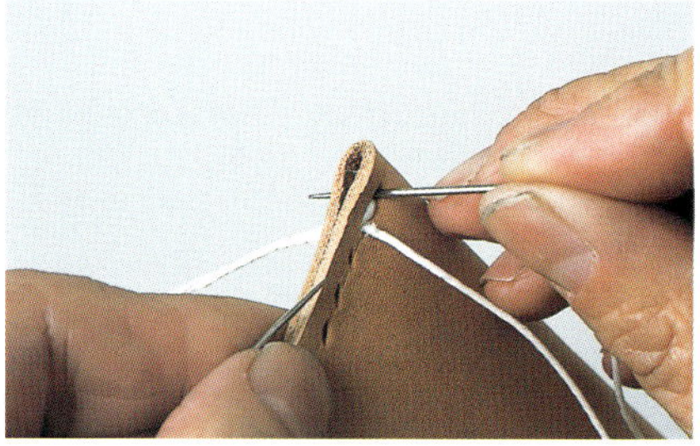

8 平縫いで縫う。端の穴に糸を通し、最初の1目は2度縫いをして縫い始める。

9 入れ口の端は力のかかるところなので、2目2度縫いをして縫い進める。

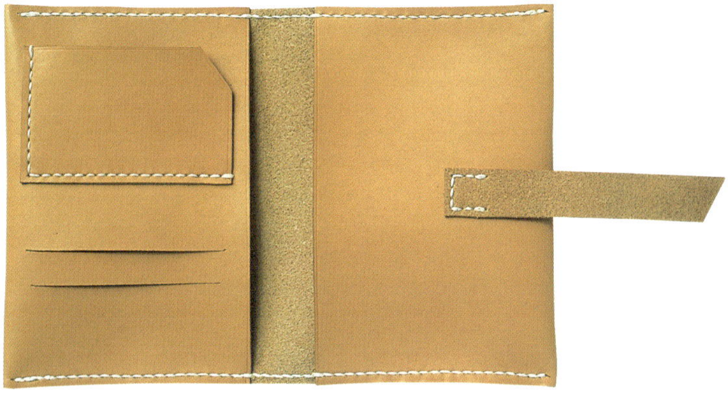

10 縫い終わりはベルトつけと同様に、糸端に結び玉を作らない始末をする。上も同様に縫う。

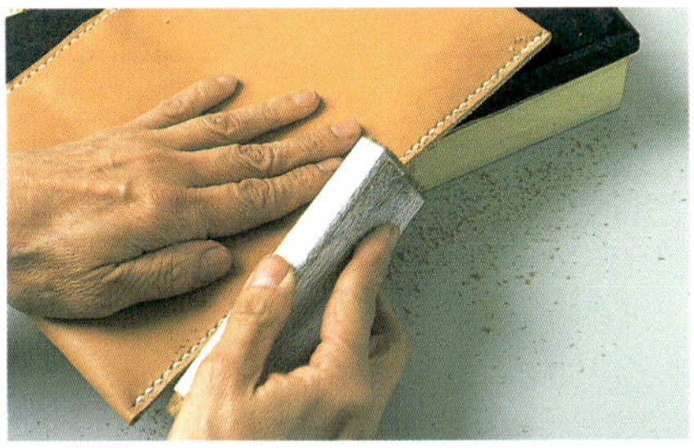

11 縫い合わせたコバにやすりをかける。ホルダーやかまぼこの板などに耐水性の紙やすりをはりつけて使う。初めは100番程度で凹凸をそろえ、角を軽く落とす。次に300番程度で仕上げる。机の端や電話帳などを台にしてかけるとよい。

12 綿棒でコバに仕上げ剤をつける。

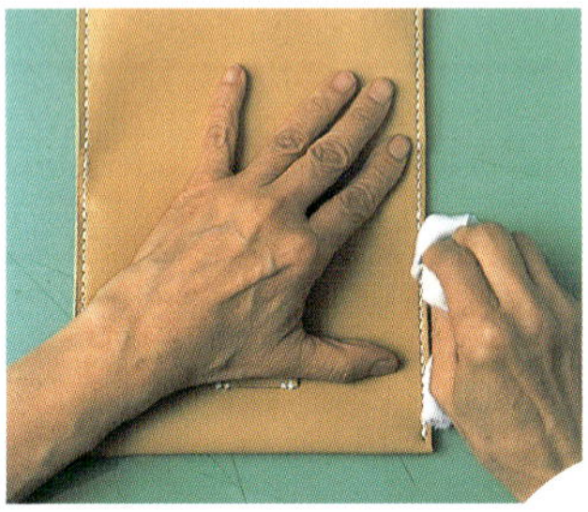

13 銀面を上にして平らに置き、布でつやが出るまでコバを磨く(p.27参照)。

14 ポケットや入れ口の内側にゴムのりがはみ出していないか、へらなどを差し込んでチェックして出来上がり。もしはみ出していても、こうすることでのりがはがれる。

column

接着剤のはみ出しに注意

革のはり合わせや糸の止めなどにつけるボンド、ゴムのりは、どうしてもはみ出してしまいます。そのままにしておくとせっかくの作品も魅力半減。忘れずに処理しましょう。

ボンド　ボンドは乾くと取れなくなるので、はみ出したらすぐにぬらして固く絞った布でふきとること。手元にぬれタオルを用意しておくと便利です。

ゴムのり　ゴムのりは完全に乾いてからはがします。指でこすっても取れますが、天然ゴムクリーナーを使えばよりきれいに取れます。縫い上がったらまちの縫い合わせや見返しなどをよくチェックして、はみ出したゴムのりを除いておきましょう。

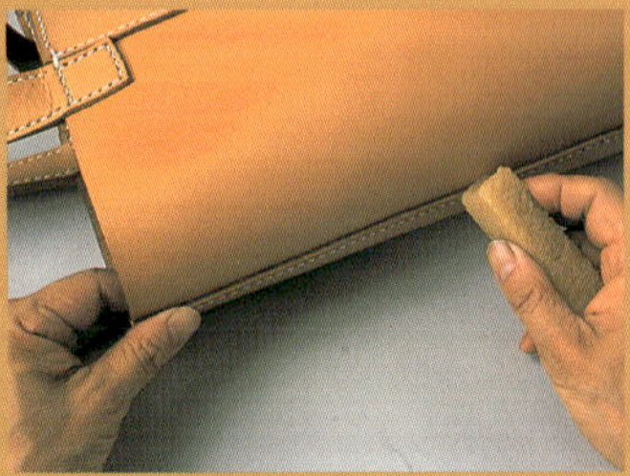

●天然ゴムクリーナーは、靴・カバン店などで革の表面についた汚れ落とし用として売られている。

LESSON 2

基本のトートバッグ

作品4ページ

1枚の革を折って縫うことで本体を作る、カバン作りが初めての人にも取り組みやすい構造です。
まず長方形にはぎ合わせてからわきを縫い、最後に底の角をつまむように縫います。
これを1つ作ればずいぶん平縫いが上達するでしょう。

＊出来上がり寸法 45×32×7cm

＊材料 成牛のヌメ革……約52デシ
ベロの当て革
(1mm程度の薄い革。またはフェルトでも可)……5×7cm
マグネットホック 直径1.8cm……1組

＊製図

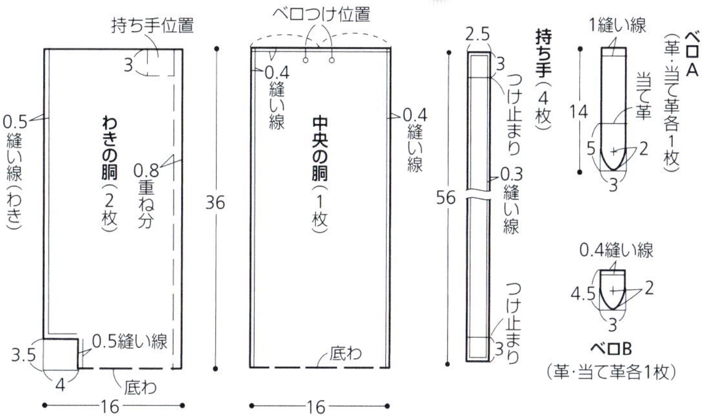

1 型紙を作る

製図の寸法で各パーツの型紙を作る。製図では胴、持ち手は、「わ」にした半分の形で表示しているが、型紙は「わ」を開いた全体の大きさの型紙を作る。

2 革を裁つ

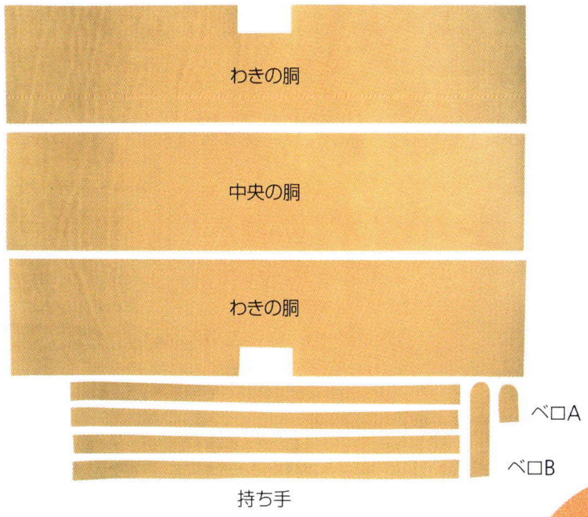

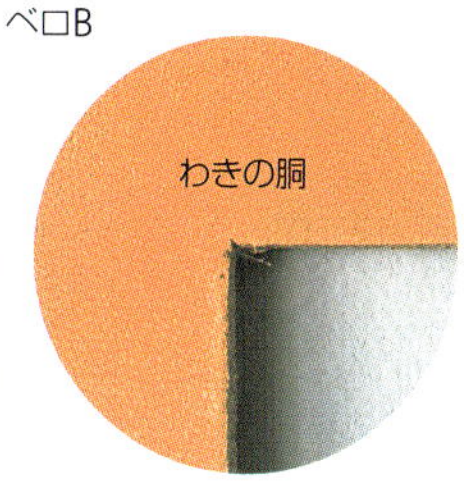

1 各パーツとも粗裁ちをし(p.35参照)、床面を洗っておく(p.27参照)。次に型紙どおりに丸ぎりで出来上がり線を引き、本裁ちをする。わきの胴2枚、中央の胴1枚、持ち手4枚、ベロA、Bは各1枚ずつ裁つ。わき胴の底のまち部分(凹になっているところ)は、切り込みすぎないよう、角にきっちり包丁を当てて裁つ。

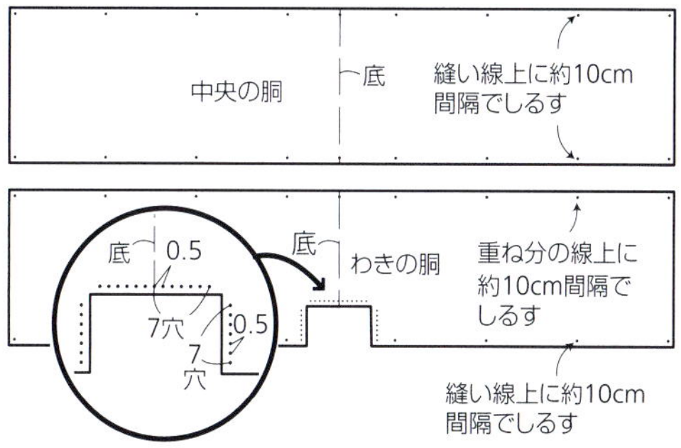

2 胴に丸ぎりで印をつける。革の銀面に型紙をのせ、丸ぎりを垂直に刺して点でしるす。はぎ目、わきは約10cm間隔、わき胴のまちの部分は0.5cm間隔に印をつける。印をつけた後、中央の胴、わきの胴とも周囲のコバ磨き(p.27)をしておく。

3 胴を縫い合わせる

1 中央の胴とわきの胴の縫い合わせ位置ののりしろを荒らす（p.36参照）。中央の胴は床面を、わきの胴は銀面を、それぞれ約0.7 ～0.8cm幅荒らし、ゴムのりをつける。

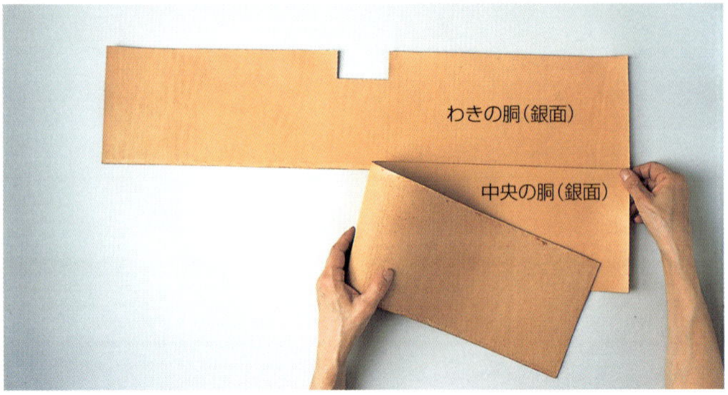

2 ゴムのりが生乾きの状態（指で触って糸を引かない程度）になったら、わき胴の上に中央の胴を重ねてはる。重ね分は0.8cm。

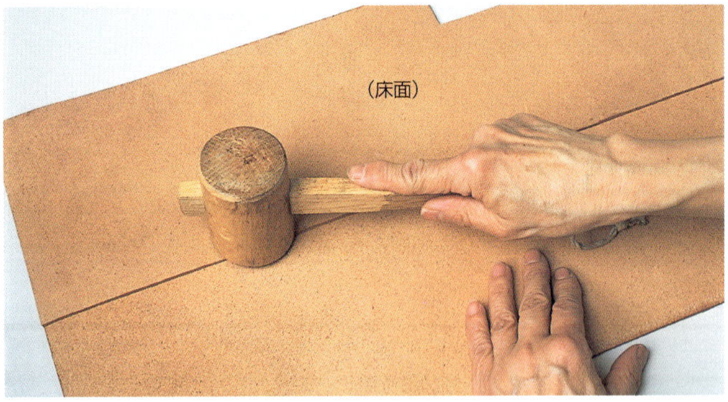

3 のりづけした部分を、床面側から木づちなどでたたいてよく接着させてから乾かす。

4 はぎ目に縫い線を入れる。中央の胴の銀面に、ねじネンで0.4cm幅の線を引く。わき胴のわき線には0.5cm幅の縫い線を入れる。

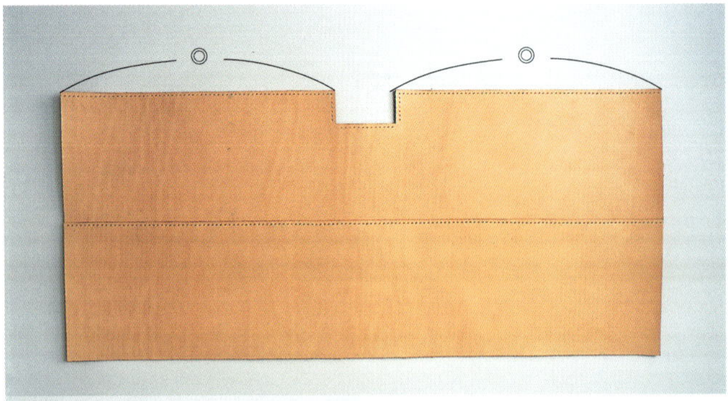

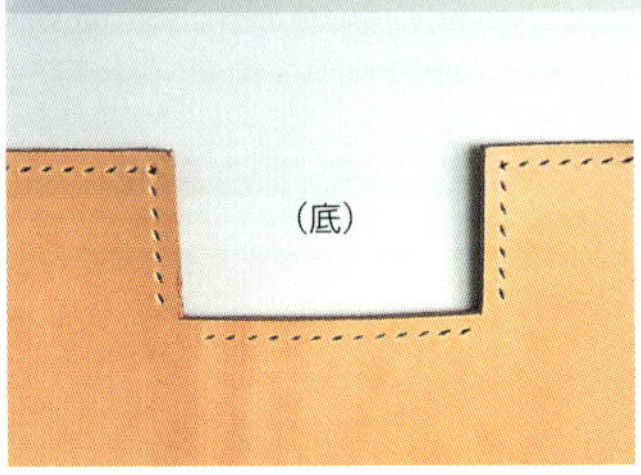

5 はぎ目線、わき線に入れた縫い目線上に、目打ちで穴をあける（p.28参照）。わき線は◎印どうしを重ねて縫い合わせるので、必ず穴の数を同数にする。底のまちの部分は目打ちで印どおりに穴をあける。

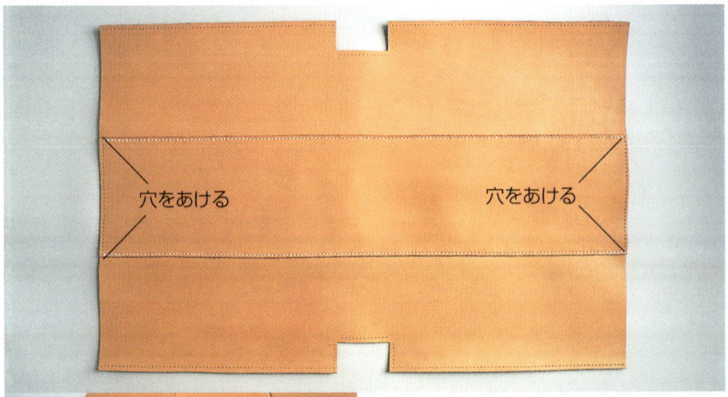

6 糸と針を用意し、はぎ目線を平縫い（p.29、30参照）で縫い合わせる。もう1枚のわき胴も同じようにゴムのりではり、穴をあけて縫い合わせる（糸の始末についてはp.32を参照）。次に中央の胴の口側に0.4cm幅の縫い線を引き、目打ちで穴をあけておく。

4 わきを縫う

1 わき縫い代をカッターで荒らしてゴムのりをつける。わきは胴を半分に折って重ねて縫うため、下側になるほう（後ろ側）は銀面を、上側になるほう（前側）は床面を荒らし、ゴムのりをつける。ただし、底のまちになる部分は後で縫うのでまだゴムのりはつけない。

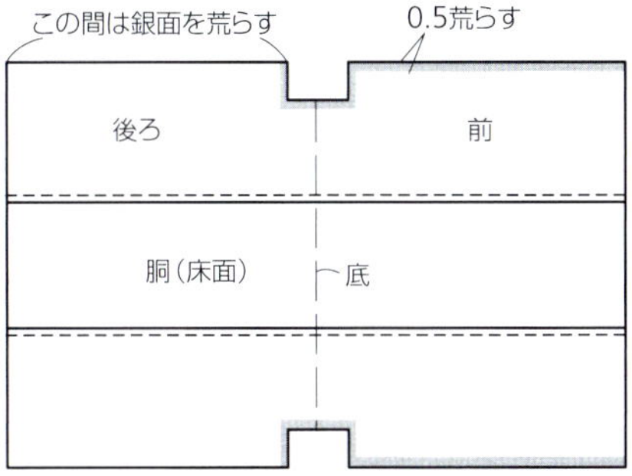

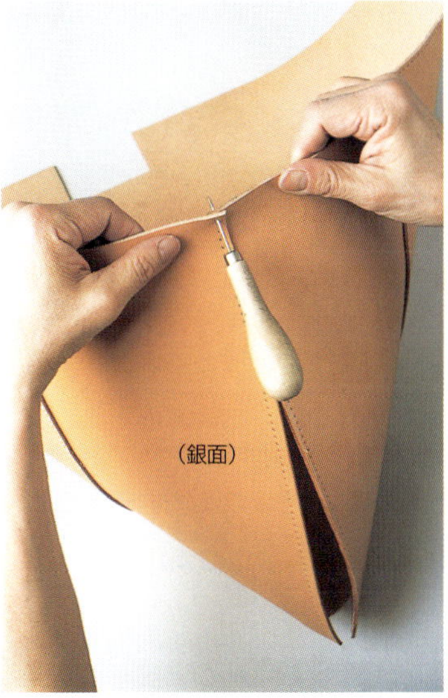

2 ゴムのりが生乾きになったら、胴を外表に折り、わきを重ねてはる。まずいちばん上の穴を合わせて丸ぎりを刺し、上端をそろえる。

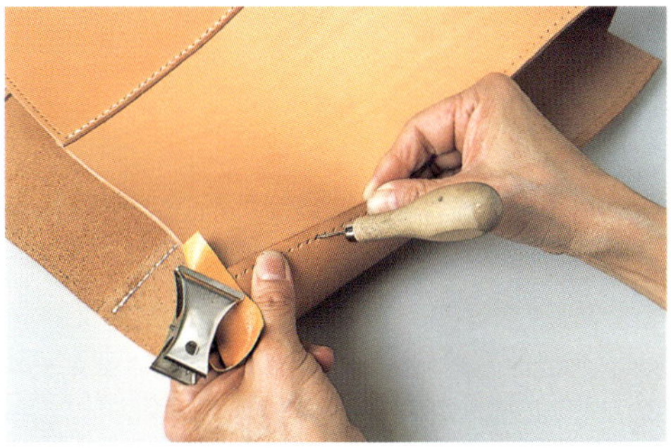

3 上端を合わせてはったらクリップで止め（跡がつかないように薄手の革や布をかませる）、上から順に、穴を合わせながら下まではる。生乾きの状態のゴムのりは一度はってもはがすことができるので、微調整しながら、穴の位置をきちんと合わせる。

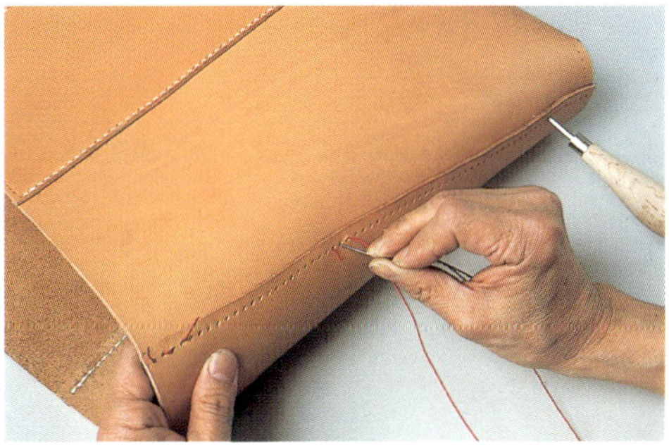

＊返し縫い

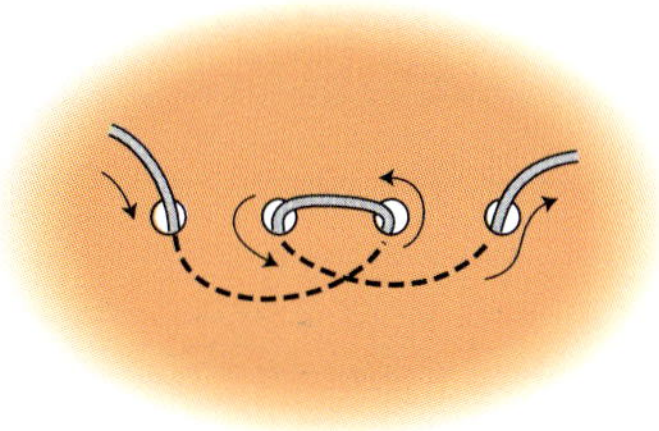

4 しつけをかける。わきの上下と間に、適宜縫い糸（裁縫用の手縫い糸でよい）で返し縫いのしつけをかけ、ゴムのりが乾くまで待つ。

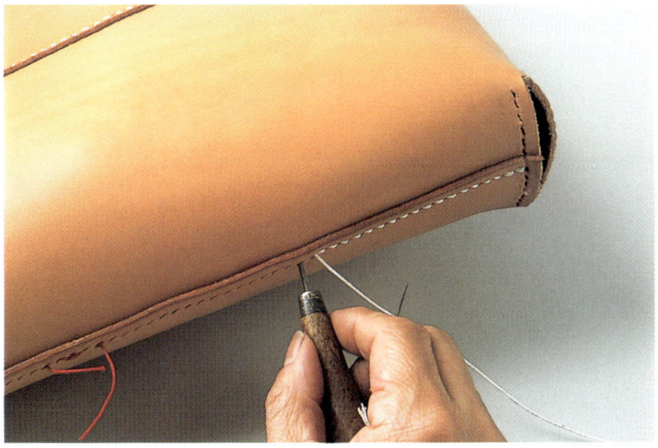

5 底側から平縫いで縫う。縫い始めは2度縫い（p.36参照）をする。別々にあけた穴を合わせて縫うので、針を入れる前に菱ぎりを穴に刺し、穴を合わせて通しながら縫い進める。また、わきの内側は左手の針を入れる位置が見えにくいので、右側（表側）から入れた菱ぎりの針先を案内にして内側から針を刺す。

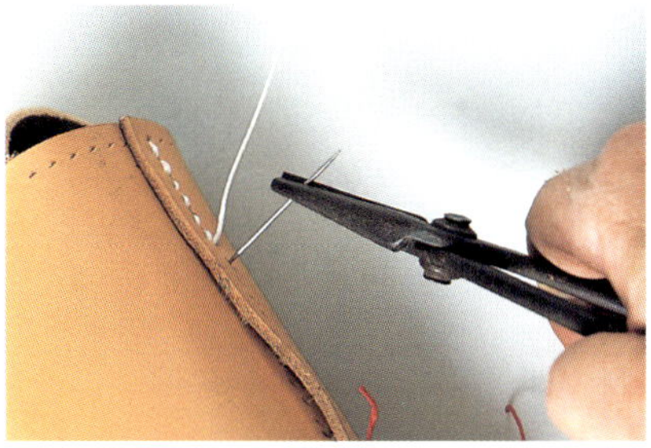

6 針が抜きにくい場合には、やっとこなどを使って引き抜くとよい。

7 しつけを抜きながら上端まで平縫いで縫う。上端は2目2度縫いをして縫い終わりの始末をする。もう一方のわきも同様に縫う。

5 底まちを縫う

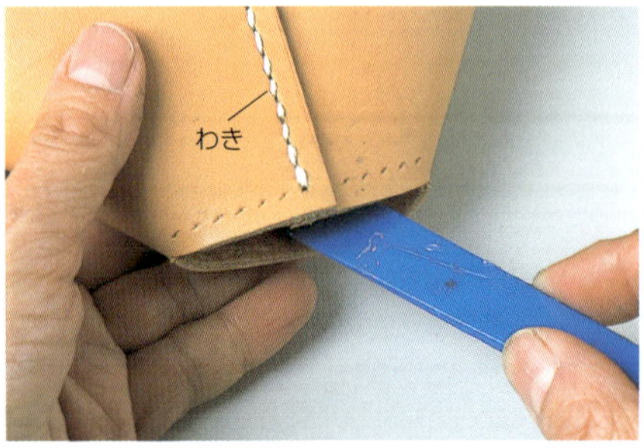

1 底まち内側の上下のりしろにゴムのりをつける。

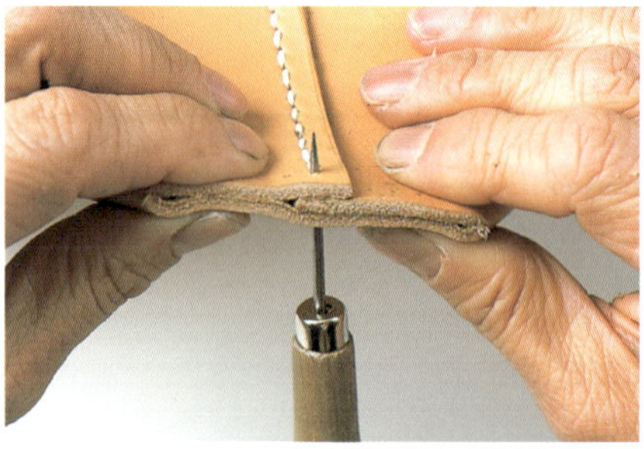

2 ゴムのりが生乾きになったら、指で挟むようにしてはり合わせる。このとき、わき縫い目の穴と底中央の穴を合わせて丸ぎりを刺し、中心がずれないようにしてから、ぴったりとはり合わせる。

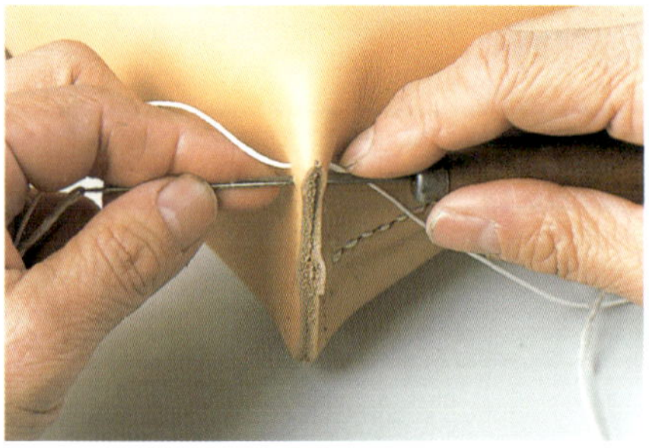

3 底まちを平縫いで縫う。わき縫いと同じように、菱ぎりで穴を通しながら縫う。ただし中心の穴は菱ぎりを刺すとわき縫いの糸を切ってしまうので、丸ぎりを使う(p.46参照)。

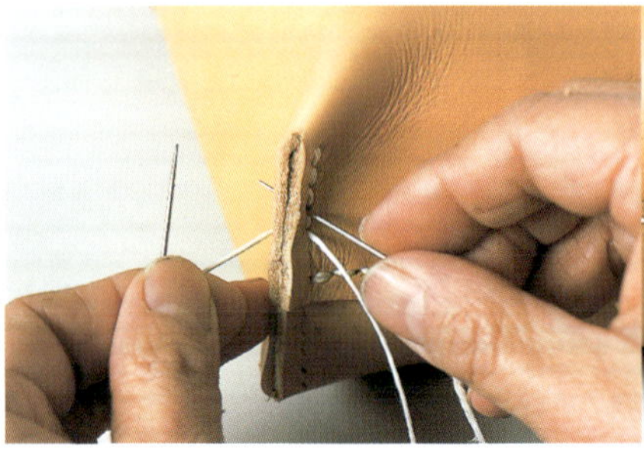

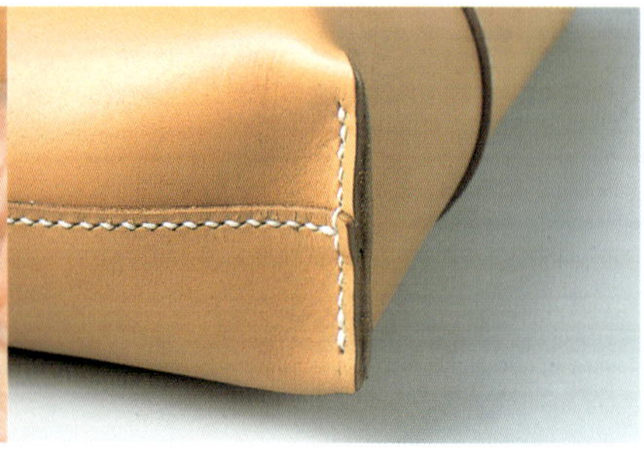

4 すべて2度縫いで縫い進める。

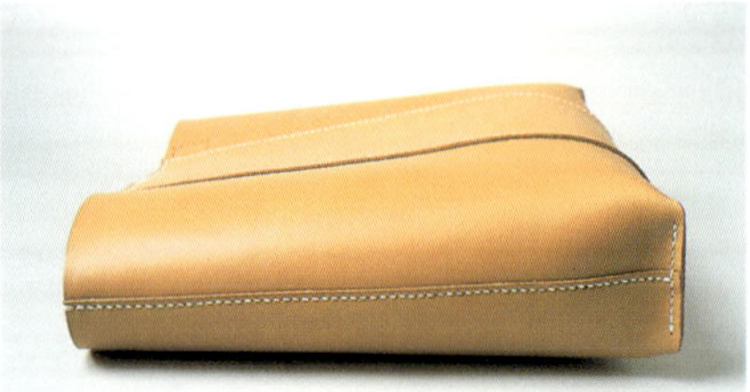

わきと底まちの縫い上がり。

6 持ち手を作る

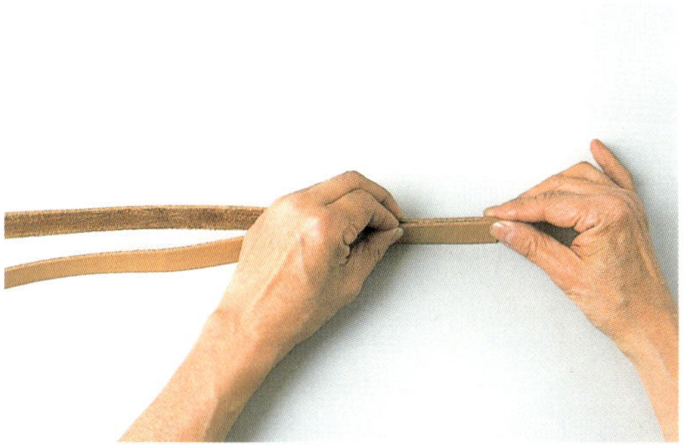

1 持ち手の床面全体を荒らし、ゴムのりをつけて外表に2枚をはり合わせる。

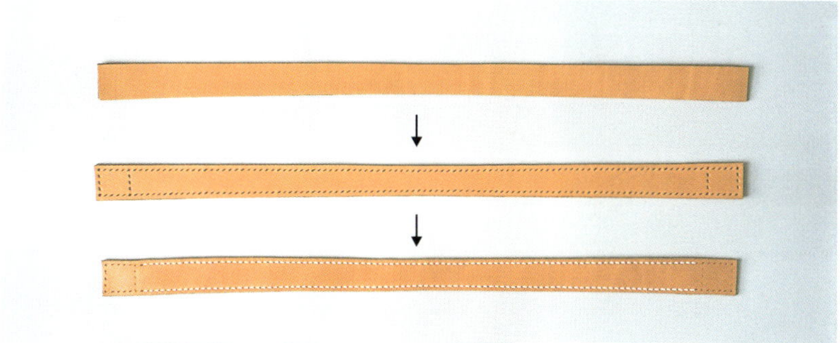

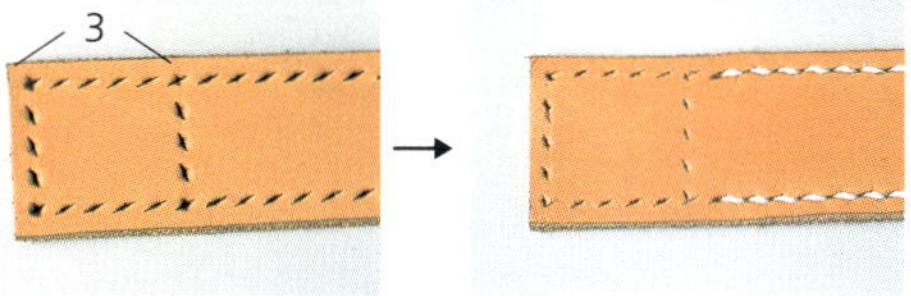

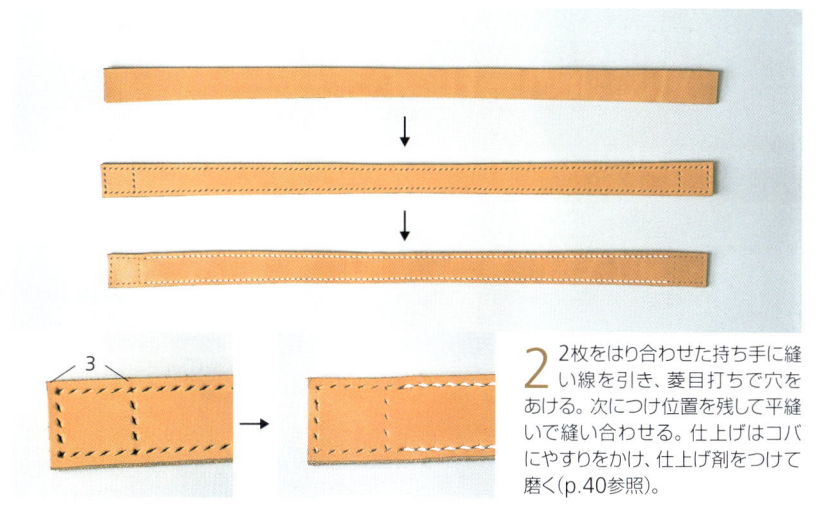

2 2枚をはり合わせた持ち手に縫い線を引き、菱目打ちで穴をあける。次につけ位置を残して平縫いで縫い合わせる。仕上げはコバにやすりをかけ、仕上げ剤をつけて磨く(p.40参照)。

7 ベロを作る

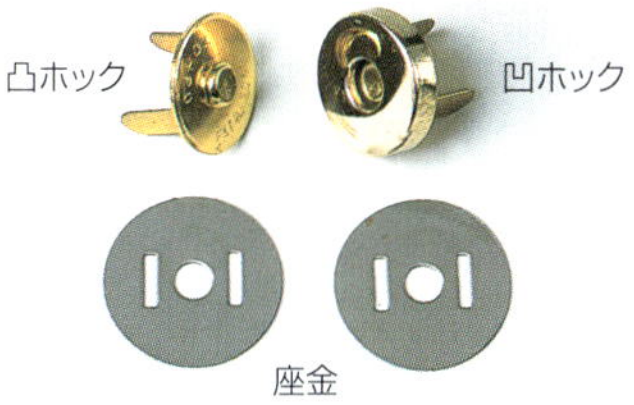

1 マグネットホックを用意する。マグネットホック1組は凸ホック、凹ホック、座金2枚。

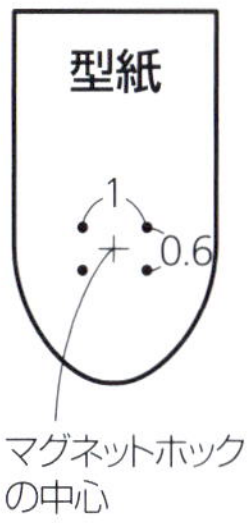

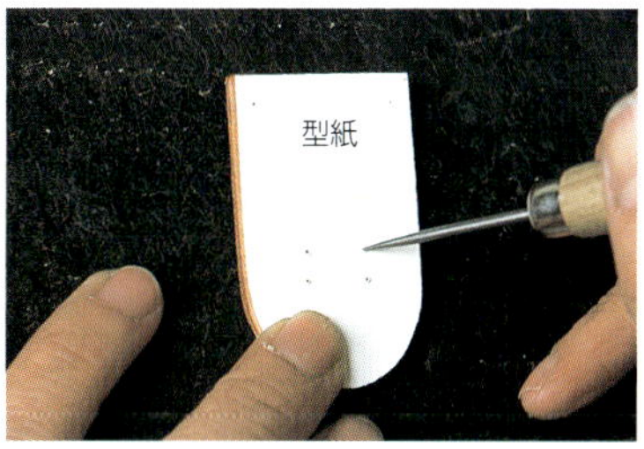

2 ベロA、Bともコバ磨きをしてから銀面に型紙をのせ、ホックの足の位置を丸ぎりでしるす。

3 印の位置に突切り(カッター、のみなどでもよい)で縦に切り込みを入れる。

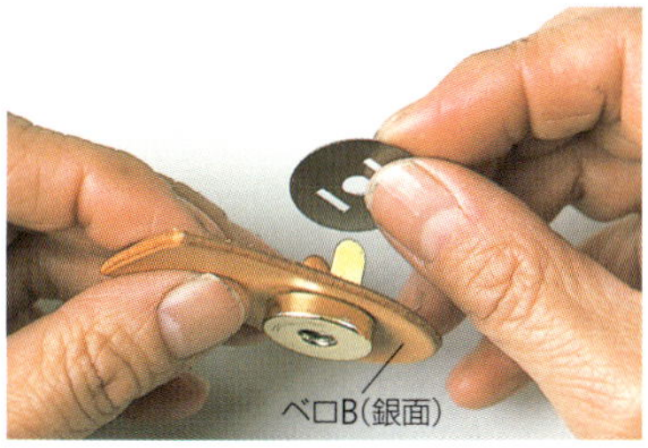

4 ベロB(短いほう)の表から凹ホックの足を差し込み、裏側には座金をはめ込む。

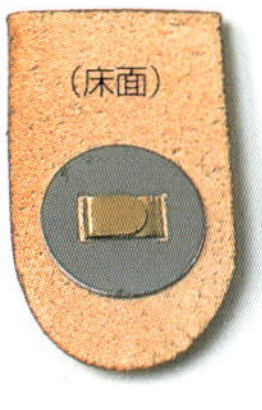

5 ホックの足をやっとこなどで内側に折り、木づちでたたいて固定する。

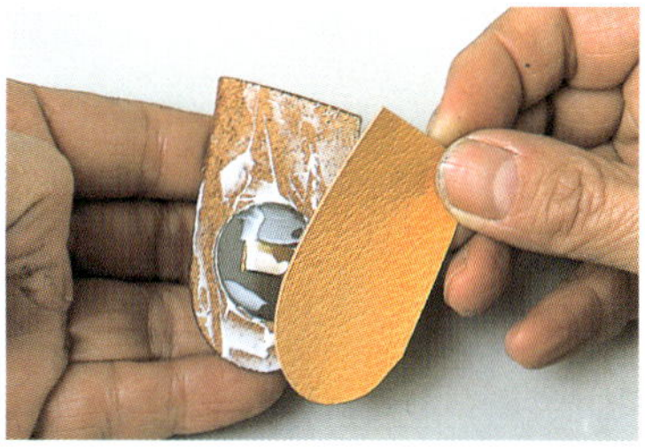

6 座金を隠すために、同寸に裁った当て革をボンドではる。ボンドは革、当て革の両方につける。

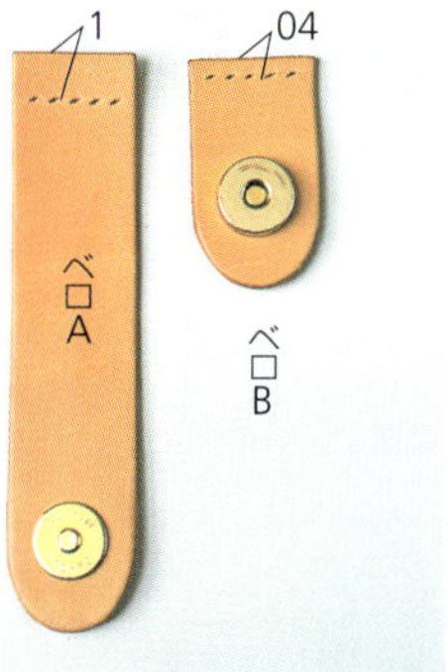

7 ベロA(長いほう)には凸ホックと当て革を同じ要領でつける。A、Bとも上端に縫い線を入れ、穴をあけておく。

8 ベロ、持ち手をつける

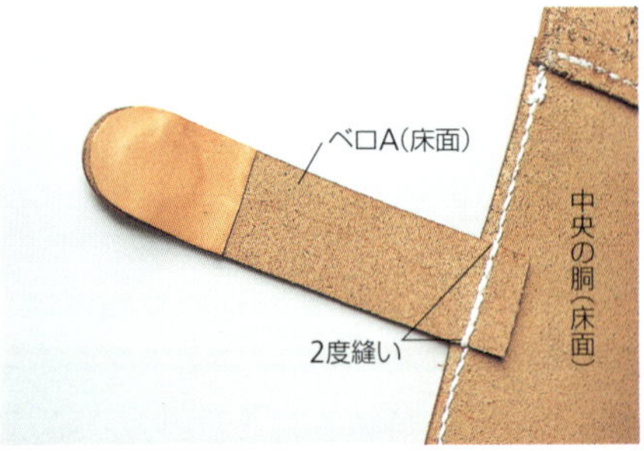

1 ベロAを胴の内側中央のつけ位置に、床面を上にして重ね、穴の位置を合わせてゴムのりではる。中央の胴の上端を、はぎ目からはぎ目まで平縫いで縫い、ベロAも一緒に縫い止める。このとき、ベロの部分は2度縫いで縫う。

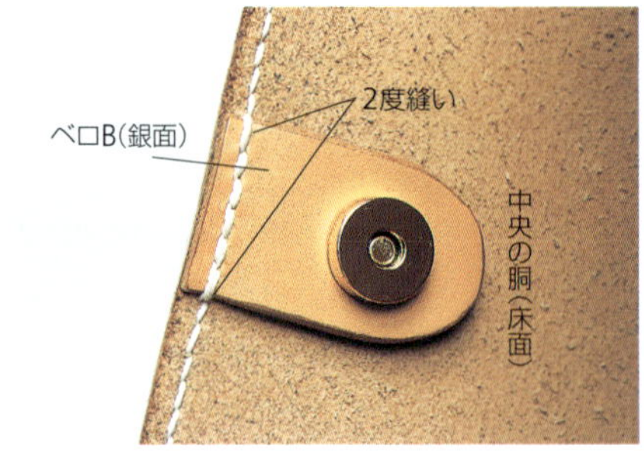

2 ベロBはもう一方の胴の内側中央に、外表に合わせてベロAと同様に縫い止める。

3 持ち手をつける。まず持ち手の端の縫い残した部分をはがして2枚にする。

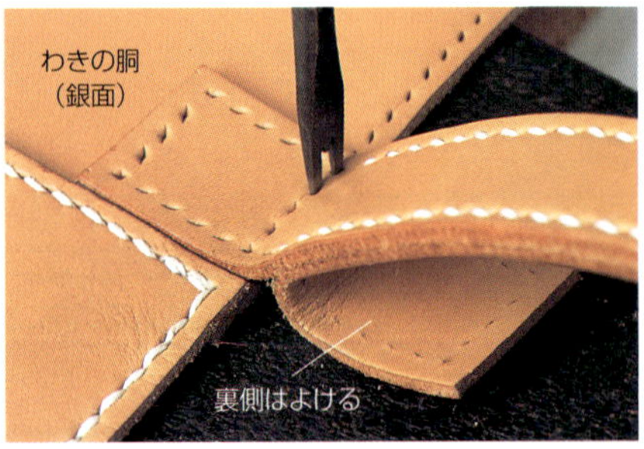

4 胴の持ち手つけ位置を表面、裏面とも荒らし、まず胴の表面に、表側の持ち手だけをゴムのりではる。裏側の持ち手はよけ、表側の持ち手の穴にもう1度2本目打ちを当てて、胴まで穴を貫通させる。

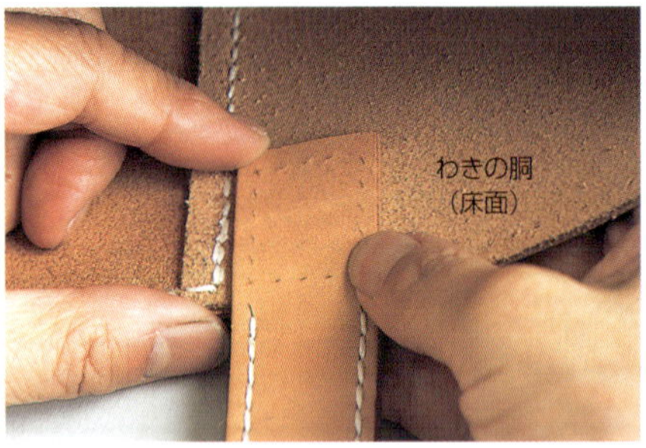

5 持ち手つけ位置の裏面に、穴の位置を合わせて裏側の持ち手をゴムのりではる。胴を持ち手で挟んだ状態になる。

6 持ち手つけ位置を平縫いで縫う。縫い始めは胴の縫い目の穴から針を出して2度縫いをし、わき縫いと同じように菱ぎりで穴を通しながら縫う。

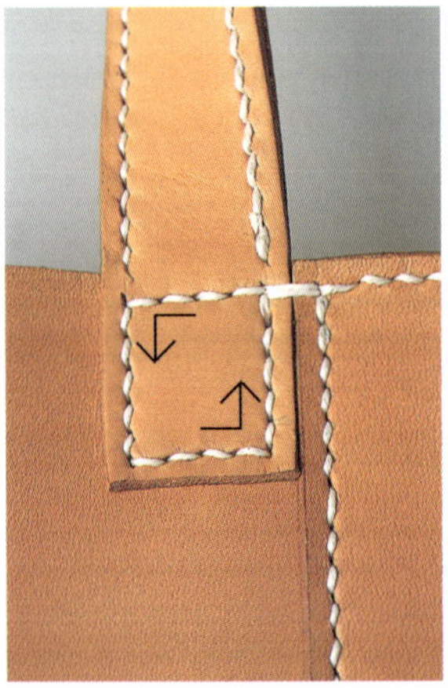

7 持ち手つけ位置を四角に縫う。残りの3か所も同様に持ち手をつけて出来上がり。

column

丸ぎりと菱ぎりの使い分け

丸ぎりと菱ぎりは一見似ていますが、用途が違います。下記を参照して使い分けてください。

丸ぎり　きりの部分は針のようにまっすぐで先が自然に細く鋭くなっている。裁断のときの印つけや糸をほどくときに使うほか、平縫いのとき、糸が通っている穴に裏側から刺す針の案内などにも使う。

菱ぎり　刃がついていて正面から見ると先が菱形になっている。目打ちであけた穴がきちんと貫通していない場合や、まちや見返しつけの際、胴の穴に合わせて突き目をして穴をあけるのに使う。糸が切れてしまうので、糸の通っている穴に通さないこと。

LESSON 3

クロス縫いのミニショルダー

作品7ページ

クロス縫いは、刺しゅうのクロス・ステッチのように、糸を×に交差させて縫います。装飾的な効果があり、平縫いよりかわいらしいイメージの縫い目になります。正方形のピースをパッチワークして作るこの作品で、クロス縫いをマスターしましょう。

＊出来上がり寸法 20×20×5cm　＊材料 成牛ヌメ革……約18デシ

1 型紙を作る

胴は10×10cmの正方形、わきまちと底まちは同形で5×20cmの長方形の型紙を作る。持ち手は3×72cm。

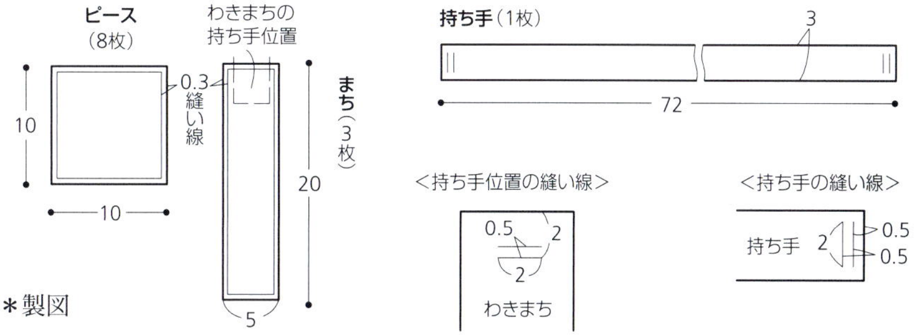

＊製図

2 革を裁つ

1 各パーツとも粗裁ちをして床面を洗い、平らに置いて乾かす(p.35参照)。

2 型紙どおりに丸ぎりで線を引き、本裁ちをする。

3 各パーツとも周囲のコバを磨いておく(p.27参照)。

4 ねじネンで縫い線を引き、目打ちで穴をあける(p.28参照)。10cm四方のピースは目打ちで各辺20穴(クロス縫いの場合、穴の数は必ず偶数にする)あける。まちの長い辺はピースの2倍の40穴、短い辺は10穴あける。わきのまちは持ち手つけ位置にも、2本目打ちで穴をあける。持ち手は両端にわきまちのつけ位置と同数の穴をあける。

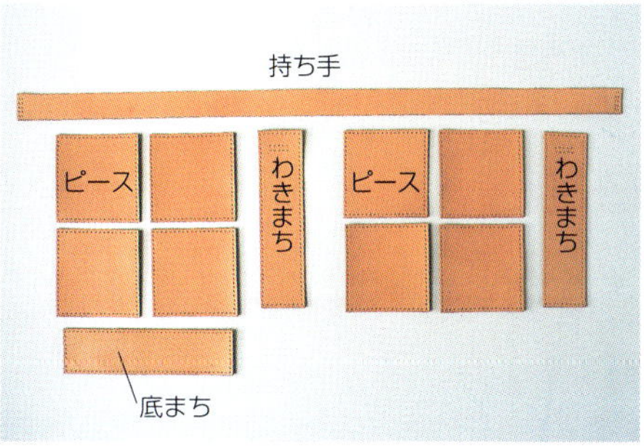

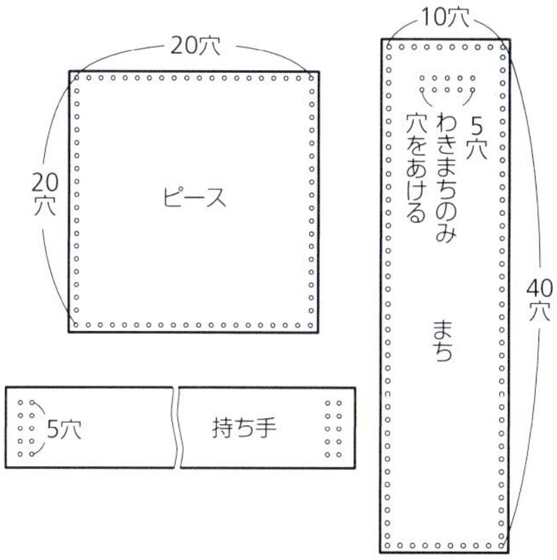

3 胴を縫い合わせる

1 糸と針を用意する(p.29参照)。クロス縫いに必要な糸の長さは、穴の間隔によって違うが、縫い合わせる寸法の4～5倍、初めにピース2辺分として約90cm用意する。正方形のピース2枚を突き合わせにし、2枚のピースのいちばん上の穴に、糸を通す。左右の糸の長さは同じにする。

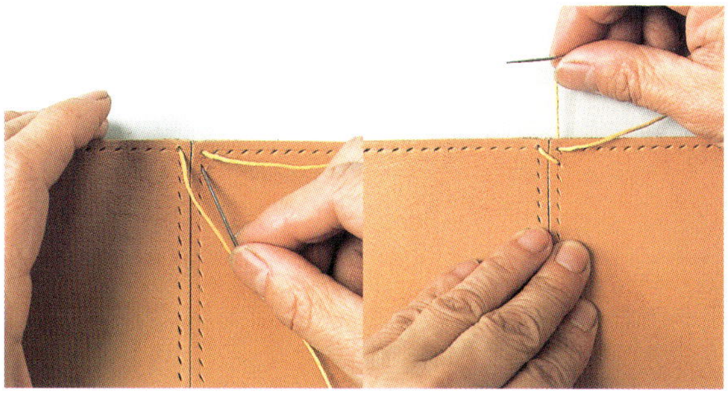

2 右側の糸は休めておき、まず左側の針だけで縫う。左の針を右のピースの2番目の穴に通し、裏側から糸を引く。

3 左のピースの3番目の穴から糸を表面に出し、右斜め下の穴に入れる。これを繰り返して下端まで右下がり（以下＼）に縫う。

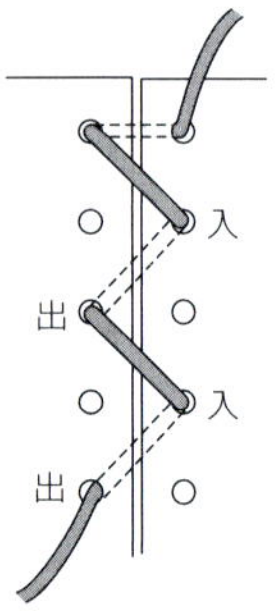

4 休めておいた右側の糸で縫う。左斜め下の穴に針を通し、＼の糸に交差させて、×の縫い目にする。

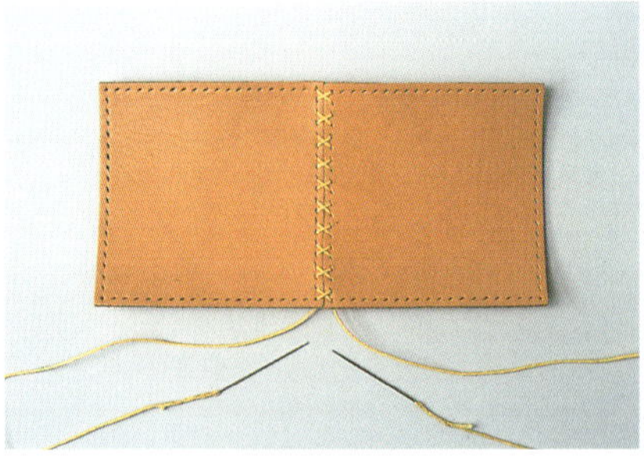

5 同じ要領で下まで縫う。これで1辺が縫い合わされた。

6 下に正方形のピース2枚を突き合わせに置き、続けて縦を縫う。まずいちばん上の穴から糸を出す。

7 1目だけクロスに縫ってピースを固定する。このとき、糸の交差が上の縫い目と同じになるよう、まず左から右斜め下に、次に右から左斜め下に糸を渡す。

8 2～5と同じ要領で下端までクロス縫いをする。最後に裏面で結び止め（p.33参照）をして糸を切る。

9 同じ要領で横のはぎ目をクロス縫いで縫う。これで4枚はぎの胴の出来上がり。もう1枚同じものを作る。

4 胴とわきまちを縫い合わせる

1 4枚はぎの胴とわきまちを直角に突き合わせ、口側から縫い始める。

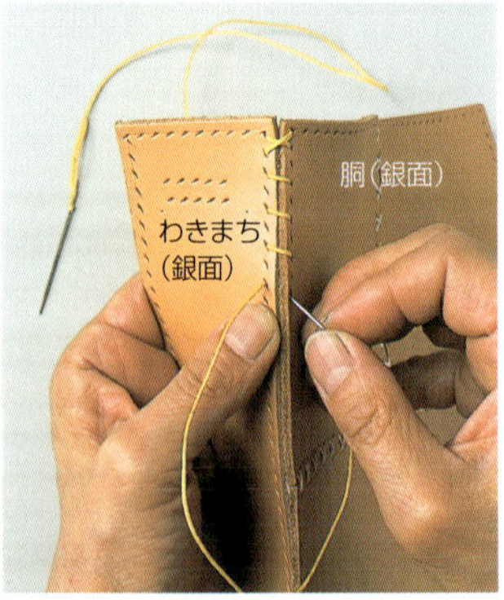

2 上端1目をクロス縫いで縫って固定してから、ピースのクロス縫いと同様に、まず右下がり（以下＼）に下まで縫う。

3 上端から左下がり（／）に糸を渡して×に交差させて下端まで縫う。胴の反対側にもう1枚のまちを、同様にクロス縫いで縫い合わせる。

4 もう1枚の胴を、クロス縫いでまちにつける。

5 底まちをつける

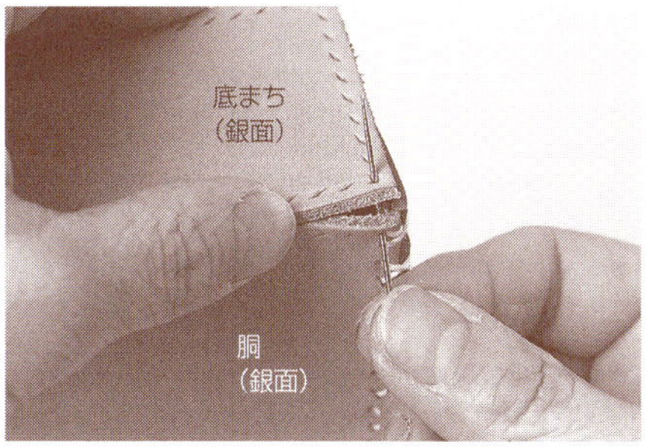

1 胴の底に、底まちを合わせ、胴の角の穴から針を刺し、底の角の穴に出す。

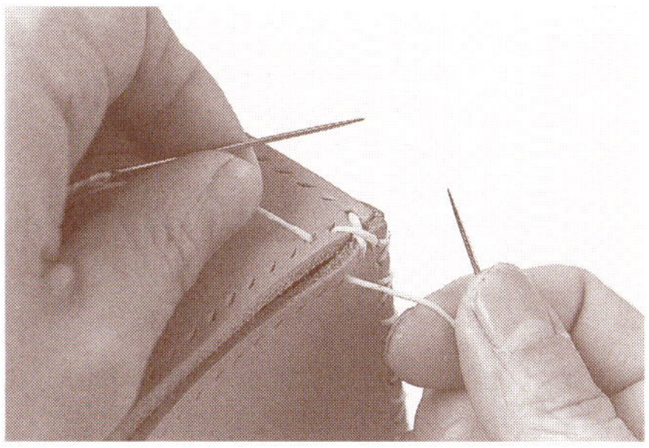

2 最初に1目をクロス縫いで縫って固定する。

3 ピースの縫い合わせと同じように右側の糸を休め、左の糸で＼に、次の角まで縫う。

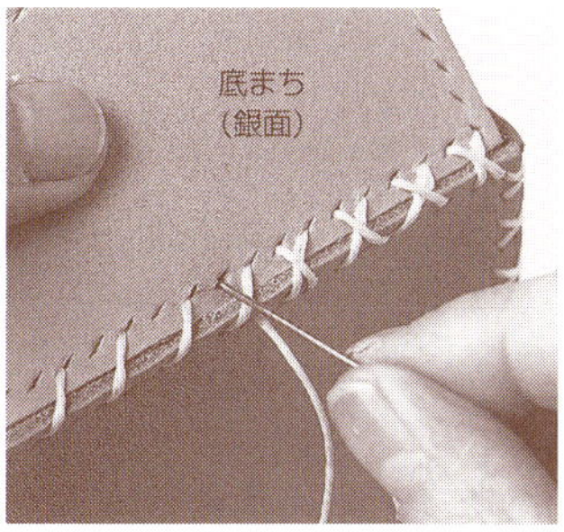

4 休めておいた右側の糸を交差させながら角まで縫う。1辺をクロス縫いで縫ったら、続けて次の辺をクロス縫いで縫う。

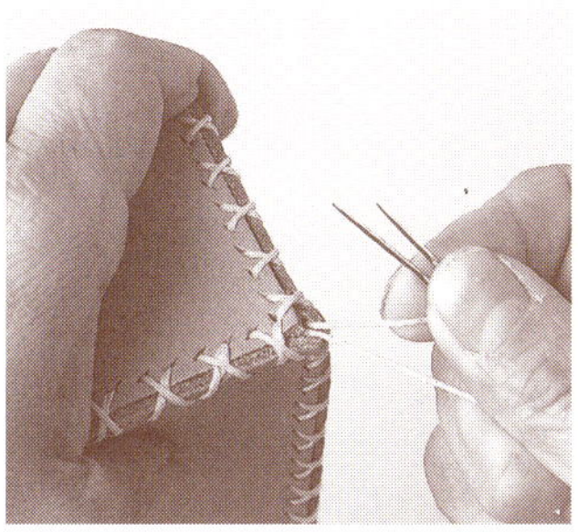

5 縫い終わりは、最後の角から表側に2本糸を出す。

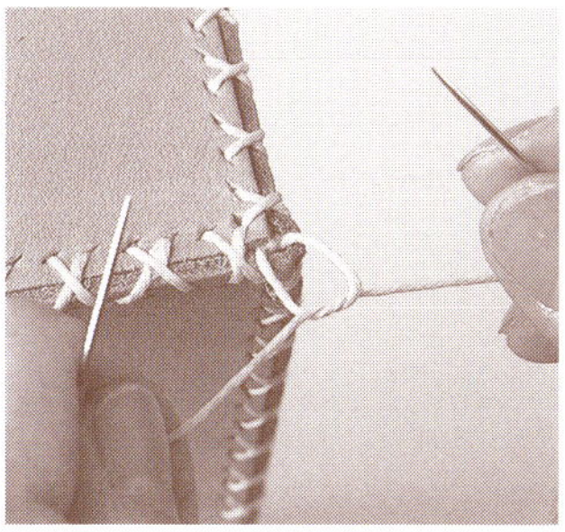

6 2本の糸を結ぶ。糸をぎゅっと引き締めて2回結び、結び目にボンドをつける。

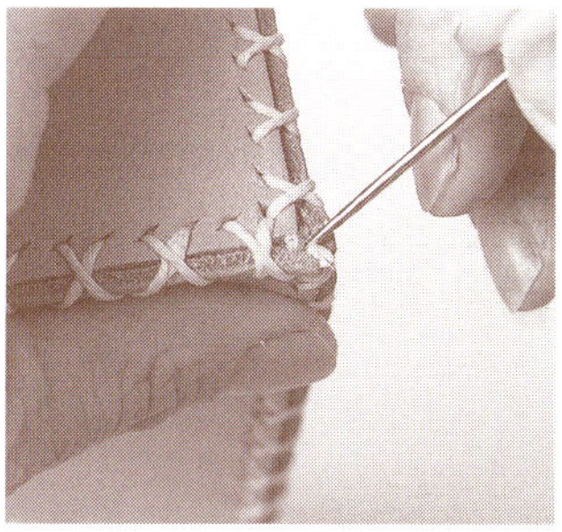

7 結び目のきわから糸をカットし、玉結びを丸ぎりで中に押し込む。

8 底つけの出来上がり。

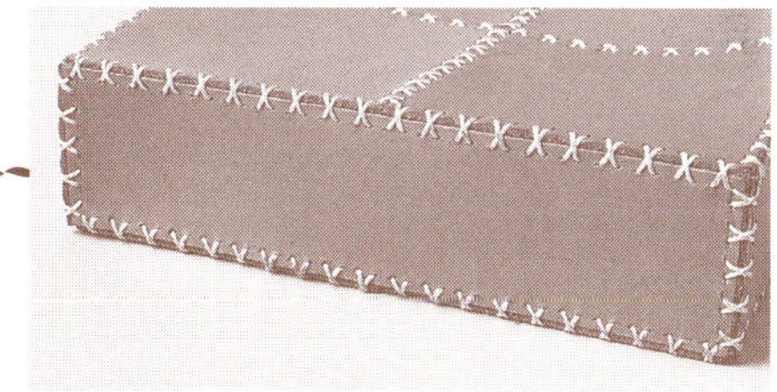

6 口にクロス縫いを加え、持ち手をつける

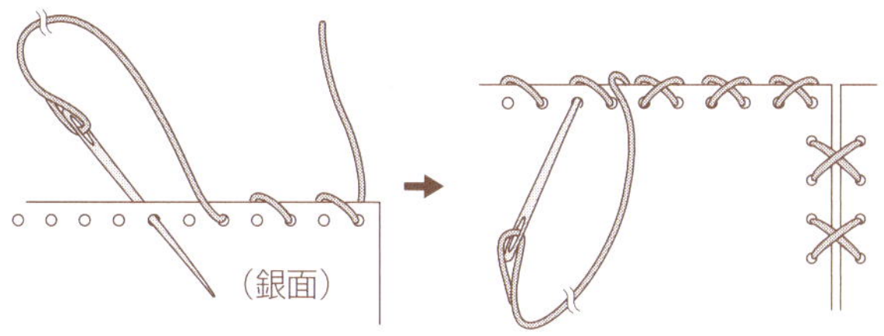

1 口をかがるようにしてぐるりとクロス縫いをする。

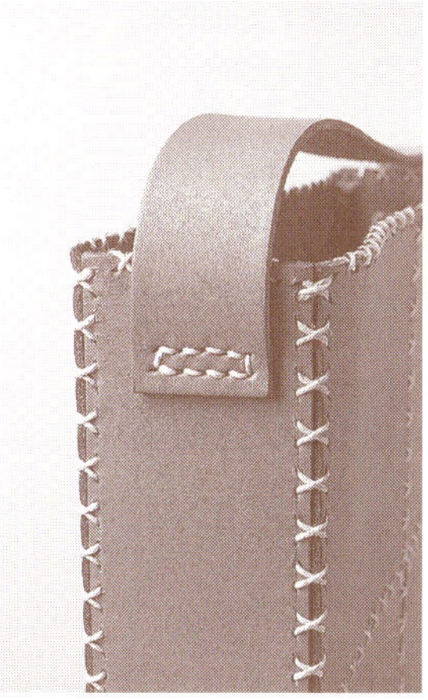

2 わきまち銀面の持ち手つけ位置と、持ち手床面の縫い位置をカッターで荒らす（p.36参照）。まちと持ち手の穴の位置を合わせてボンドではり、菱ぎりで穴を通しながら平縫いで縫い止めて出来上がり。

菱目打ちによる穴あけは手縫いの要。

アレンジに役立つテクニック

ここから57ページまでは、カバンを作るときに知っておくと役立つ応用テクニックを、実際の作品に即して解説します。
「形はこのカバンのようにして、内ポケットをつけたい」など、自分なりのアレンジをするときに読み返してください。

＊革の厚さは特に表示のない限り2.2〜2.4mm

＊例にとった作品の製図や作り方は59ページ以降の「各作品の作り方」を参照

＊写真に入っている寸法の単位はすべてcm

＊革は表側を銀面、裏側を床面というが、写真・図の中では便宜上（表）（裏）で表す

別裁ちまちのつけ方

胴とは別に裁断したまちの、胴との縫い合わせ方です。
まちののりしろを薄くすいて、はり合わせやすく、また縫い合わせやすくします（コラム参照）。
5ページの角形トートバッグを例にとって説明します。
角形トートバッグの製図・作り方は59ページを参照。

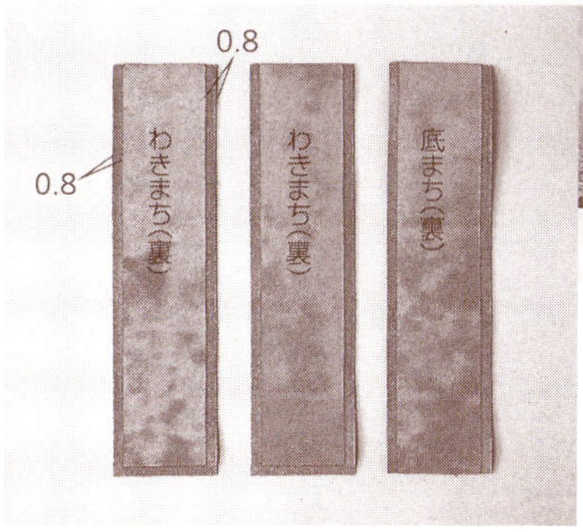

1 わきまちは2枚、底まちは1枚裁ち、床面を洗っておく。わきまちは両わきと底ののりしろを、底まちは長い2辺ののりしろをそれぞれ0.8cm幅コバすきをする。この場合はもともと2.0mm厚さの革を1.7mmにすいた。

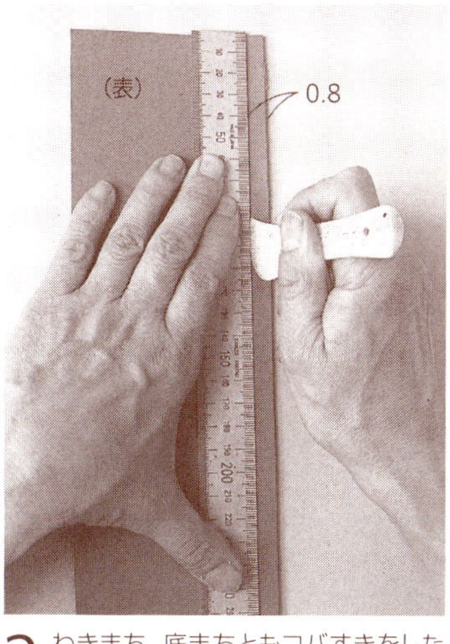

2 わきまち、底まちともコバすきをした位置に、銀面からへらで線をつける。

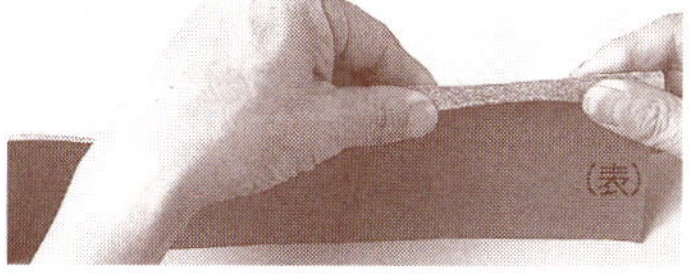

3 へらの線どおりに、コバすきした部分を銀面側に折って、折りぐせをつける。これは胴とまちを合わせるときにはりやすくするため。

column

パーツの革すきについて

革を買うとき、作る作品に合わせて厚い革の床面全体を機械で均一にすいてもらいます。これを「ベタすき」といいます。この本ではカバンには2.2〜2.4mm、小物には1.5mmの厚さにすいた革を使っていますが、この時点でのベタすきとは別に、デザインによってはさらに裁断したパーツを細かくすくことが必要になります。どれくらいの厚さにすくのかは、もとの革の種類や目的によって異なるので、革を購入したお店で相談したうえですいてもらうとよいでしょう（p.94参照）。

まちなどのベタすき　まちや見返し、持ち手などのパーツについて、胴と同じ厚さのままではごわついて扱いづらかったり縫いづらい場合に、パーツ全体をベタすきする。

コバすき　主にまちののりしろについて、もとの厚さのままではきれいなカーブが出なかったり、はり合わせにくい場合にのりしろ部分だけを均一な幅にすく。これを「コバすき」という。

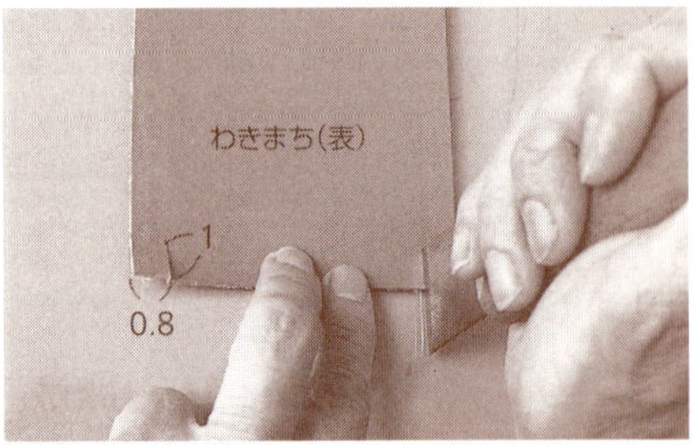

4 わきまちの底に切り込みを入れる。へらの線のところを1cm包丁で切り込む。

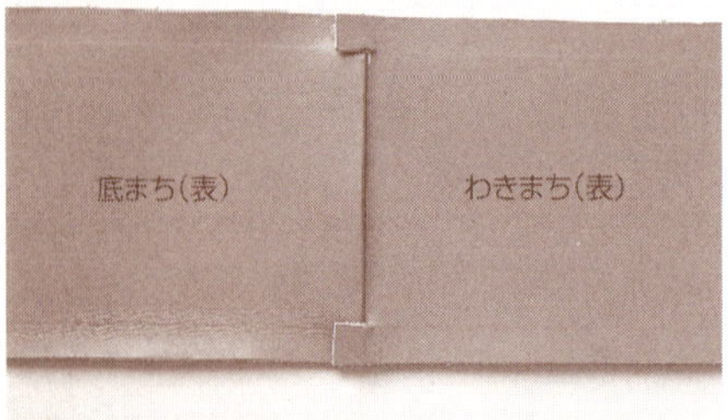

5 底まちとわきまちをはる。わきまち底側の切り込みから切り込みまでの銀面の縫い代を荒らしておく。底まち床面の縫い代にボンドをつけ、わきまちの切り込みに底まちをはめ込んではる。

6 ねじネンで縫い線を引き、目打ちで穴をあける。穴をあけるときはまず中央を決め、中央から左右に打つ。端は切り込みの少し手前まで穴をあける。

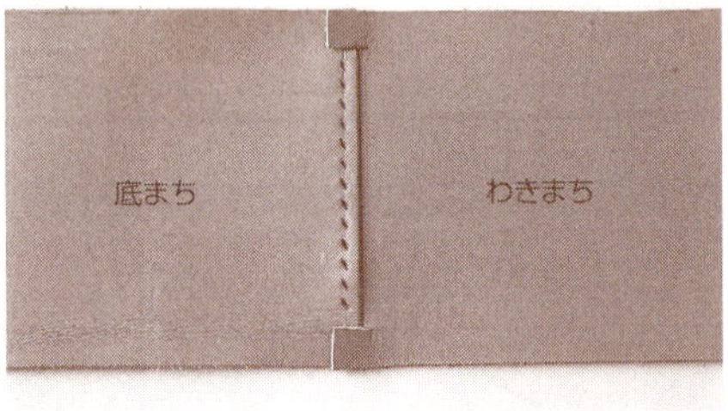

穴をあけ終わった。

7 底まちとわきまちを平縫いで縫い合わせる。

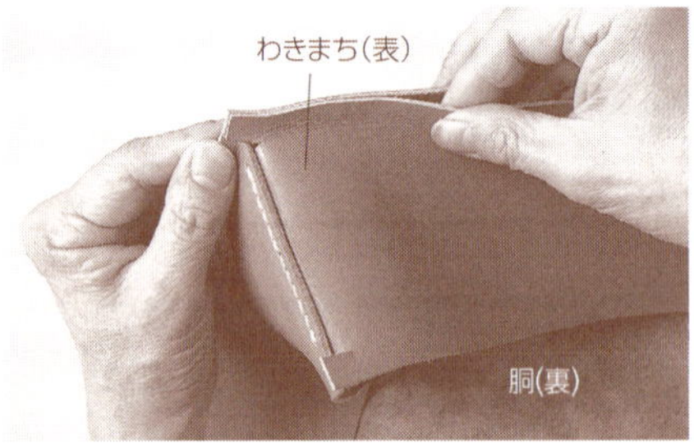

8 胴の周囲に穴をあけ、わきと底の床面ののりしろを荒らしてゴムのりをつけておく。わきまちと底まちのコバすきをした部分にもゴムのりをつけ、胴と外表にはり合わせる。写真のように底の角から、切り口をそろえてはっていく。

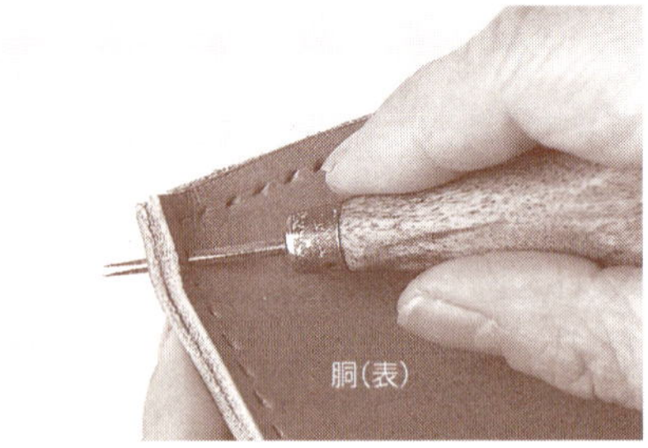

9 胴の穴に合わせてもう一度目打ちを打ち込み、まちまで通して穴をあける(p.64参照)。角は貫通させにくいので、菱ぎりで突き目する(p.61参照)。

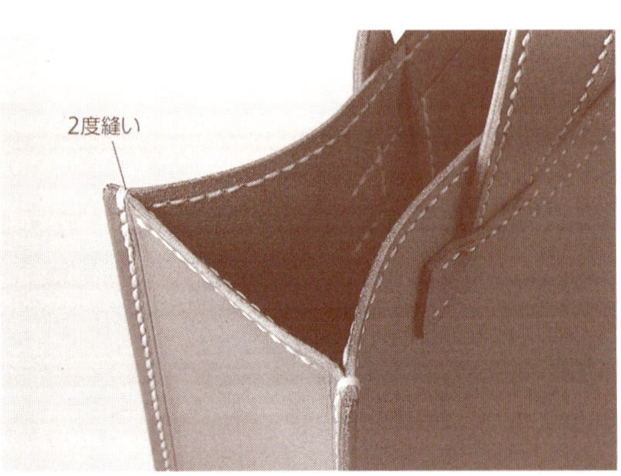

10 口側から平縫いでまちと胴をぐるりと縫い合わせる。口側は革の端に糸を掛けて2度縫いをしておく。

底まちから見た縫い上がり

内ポケットの作り方

裏布をつけないバッグにつける内ポケットの作り方です。
5ページの角形トートバッグを例にとって説明します。
角形トートバッグの製図・作り方は59ページを参照。

1 ポケットとポケットの土台を裁ち、厚さ1.2mmにベタすきする(p.51参照)。ポケットの下の角にはダーツ位置をしるしておく。

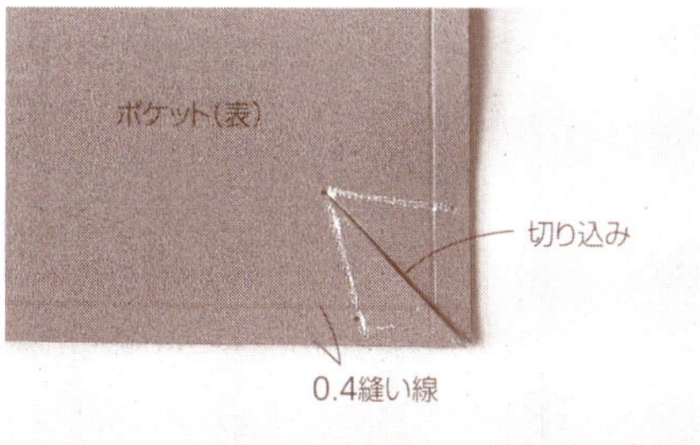

2 ポケット口に0.1〜0.2cm幅で飾りネンを引き、残りの3辺には0.4cm幅で縫い線を引く。ダーツの角には斜めに切り込みを入れる。

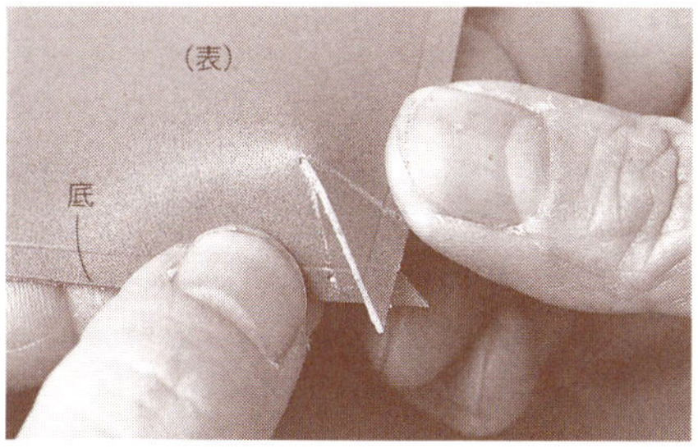

3 ダーツの切り込み部分を写真のように重ねてゴムのりではる。

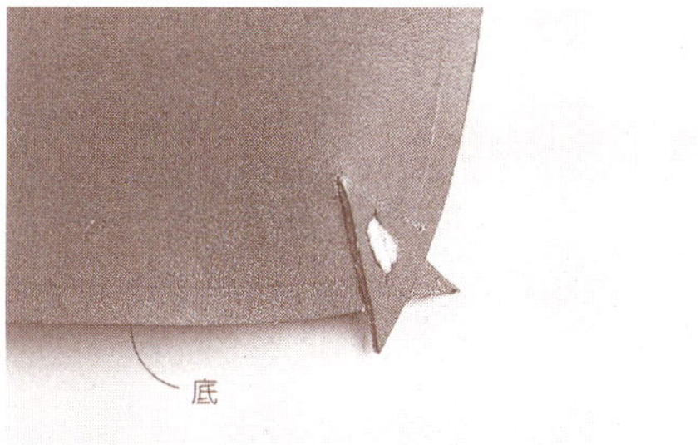

4 重ねた部分に2本目打ちで穴をあけ、1目だけ縫って止める。

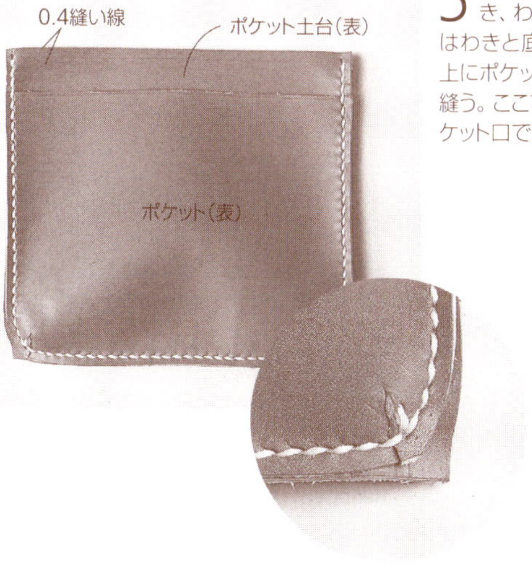

5 ポケットの土台は銀面の上端に縫い線を引き、わきと底ののりしろを荒らす。ポケットはわきと底の床面ののりしろを荒らす。土台の上にポケットを重ねてゴムのりではり、平縫いで縫う。ここでは土台の上端まで縫っているが、ポケット口で2度縫いをして止めてもよい。

6 ダーツ位置の土台をポケットの丸みに合わせてカットする。

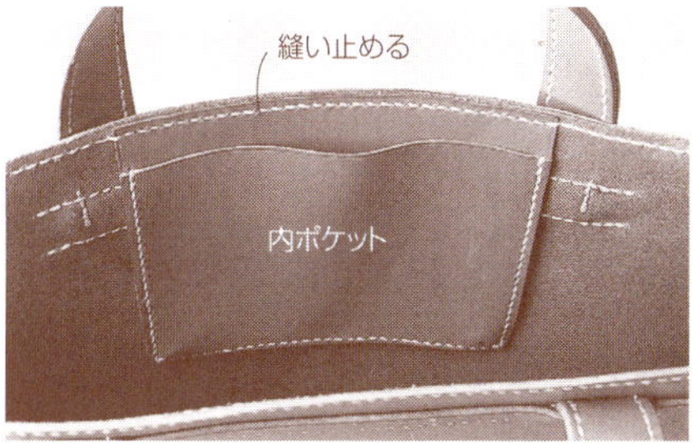

7 胴の内側にポケットを合わせ、胴の口を縫うときに一緒に縫い止める。

持ち手の作り方

ロープしんを入れた、丸みのある持ち手の作り方です。
9ページのカットワークのバッグを例にとって説明します。
カットワークのバッグの型紙は付録A面に掲載。作り方は64ページを参照。

＊持ち手1本分の材料

A 持ち手用革（胴の共革を厚さ1.6mmにすく）……1枚
B 伸び止め用革（厚さ0.5mm程度の革）……1枚
C しん用綿ロープ（太さ0.6cm）……1本
D 当て革（胴の共革を厚さ1.6mmにすく）……2枚
E 持ち手の根元しん（ワッペンスライサー※）……2枚
そのほかに両面テープ

※ワッペンスライサー……バッグ用不織布しん材の一種。裏面の台紙をはがしてシールのようにはる。

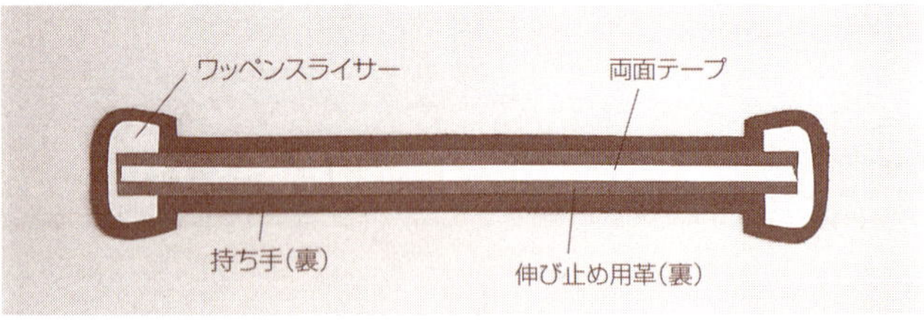

1 持ち手裏面の根元にワッペンスライサーをはる。その上に銀面にボンドをつけた伸び止め用革をはる。さらにその上に両面テープをはっておく。

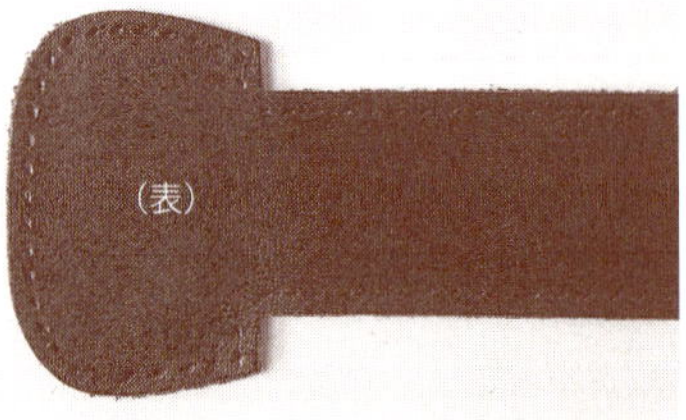

2 持ち手の周囲に穴をあける。直線部分は7本目打ちで上下同数の穴をあける。根元の曲線部分は2本目打ちであける。

＊直線部分の穴のあけ方

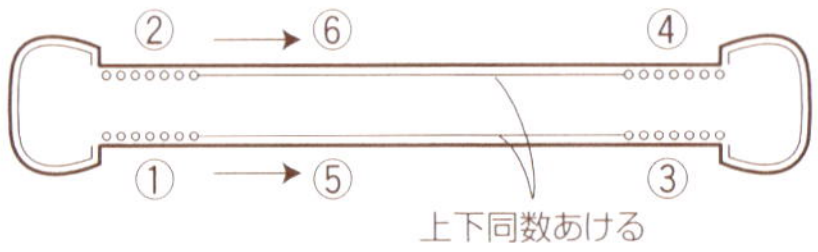

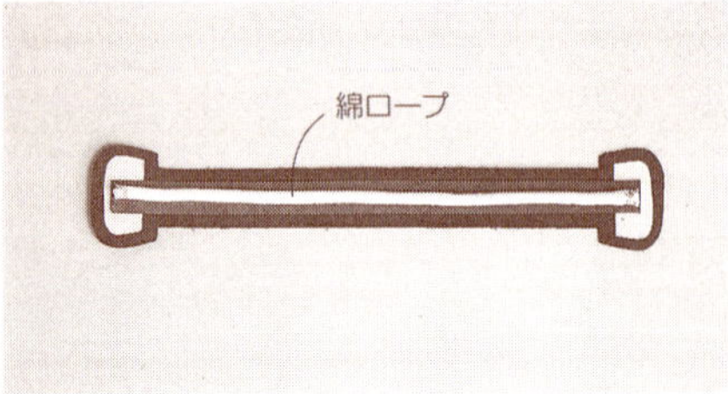

3 穴をあけたところの床面を荒らし、両面テープの台紙をはがして綿ロープをはる。

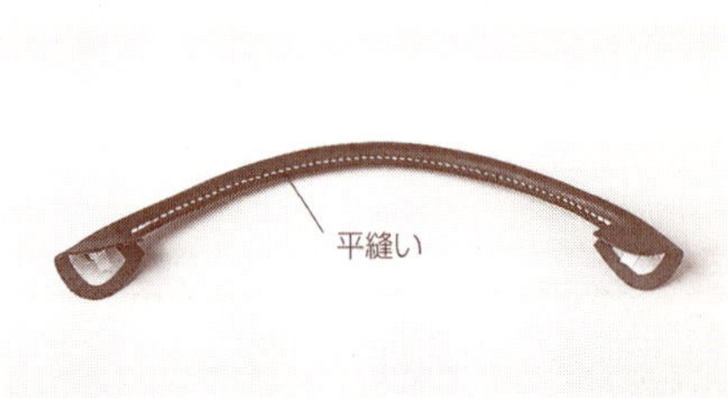

4 直線部分の床面にゴムのりをつける。綿ロープをくるむように折り、穴の位置を合わせながらはる。つきにくいのでクリップなどでしばらく止め、しっかり接着してから平縫いで縫う。縫い始めと終わりは2度縫い。縫い合わせると、自然に縫い目を内側にしてカーブする。

5 持ち手の根元に、粗裁ちの当て革をゴムのりではる。

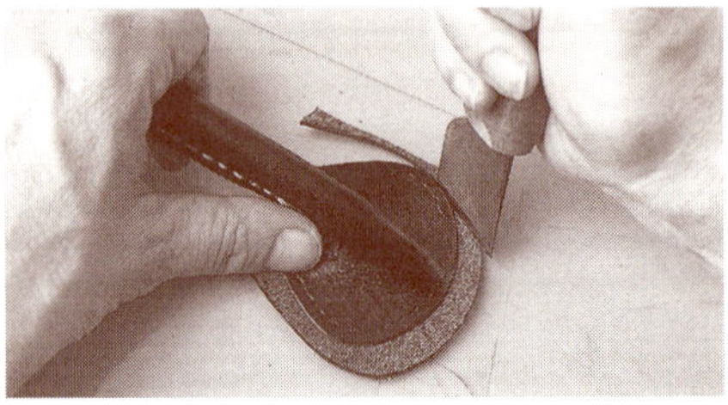

6 当て革を持ち手に合わせてカットする。

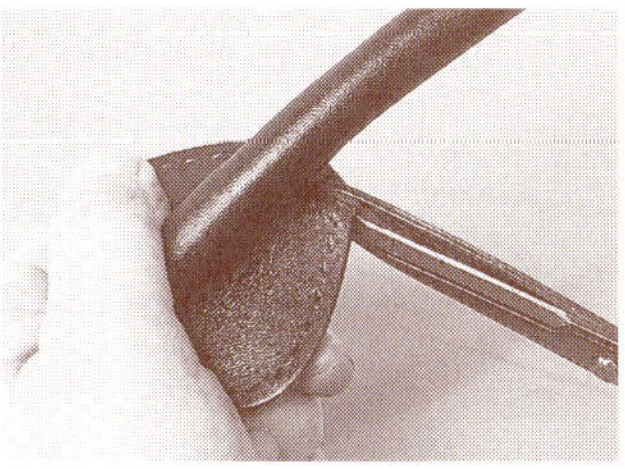

7 根元の内側は包丁では切りにくいので、革の切れるはさみで裁ち落とす。

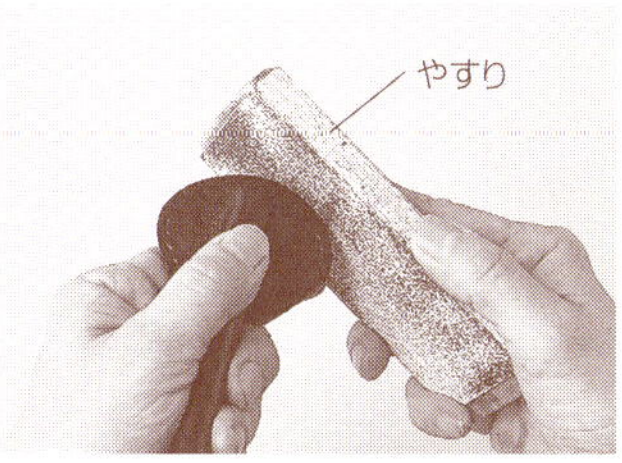

8 切り口にやすりをかけ、革用染料をつけた後、仕上げ剤で磨く(p.68参照)。

9 胴に持ち手を平縫いで縫い止める。まず胴のつけ位置に持ち手をゴムのりではる。次に根元部分の裏側にワッペンスライサーをはってから穴にもう一度目打ちを当て、胴まで穴を通し、縫う。

革のカットワーク

本体をくりぬき、別革を当てて縫い止めます。
個性を出すだけでなく、胴に使いたい革の一部にキズがあるときにも便利な技法。
9ページのカットワークのバッグを例にとって説明します。
カットワークのバッグの型紙は付録A面に掲載。作り方は64ページを参照。

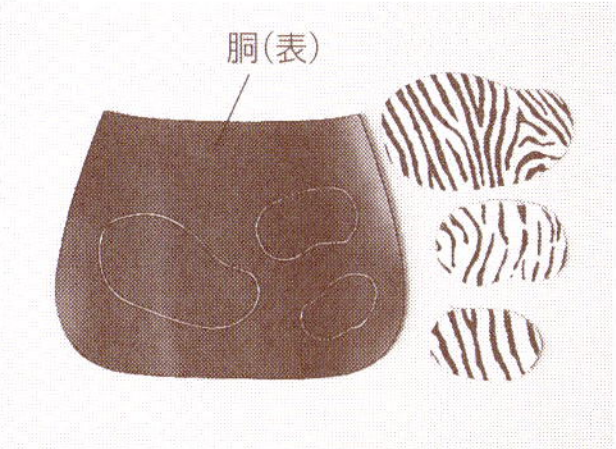

1 カットワークしたい位置に図案線を表から丸ぎりでしるす。カットワーク用の別革は周囲に1～1.2cmの縫い代をつけて裁断する。

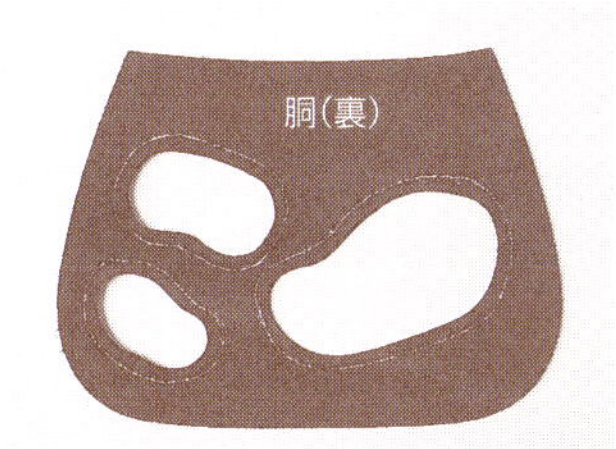

2 丸ぎりの線どおりに包丁でくりぬく。くりぬいた切り口はコバ磨きをし、銀面にねじネンで縫い線を引く。床面にはカットワーク用の別革の型紙を当てて外周りの線をしるしておく。

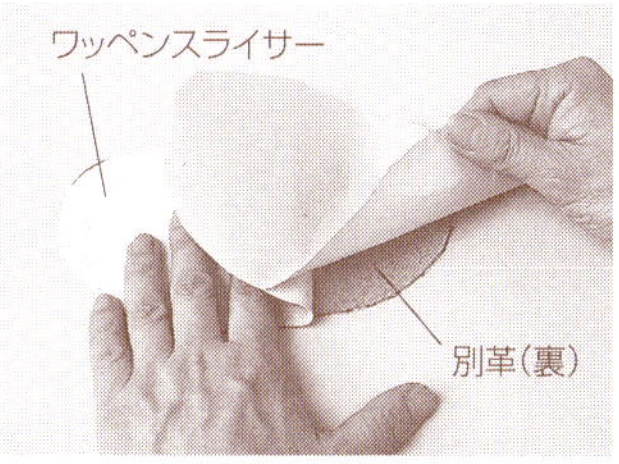

3 別革の床面にワッペンスラ·イサをはる。ワッペンスライサーは粗裁ちをし、別革にはってから周囲の余分をカットする。

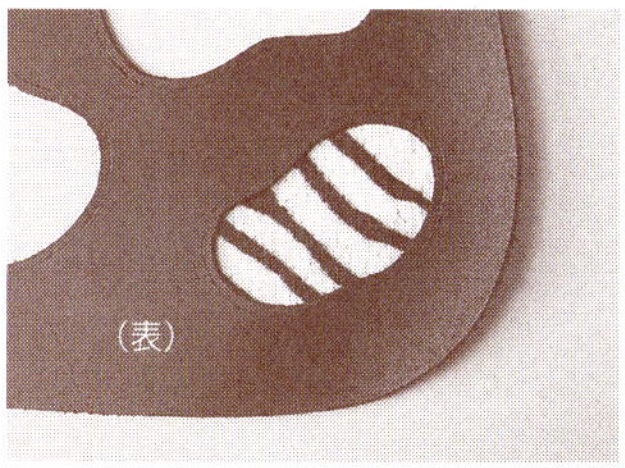

4 胴床面のカット·ワ　ク位置の縫い代を荒らし、ボンドをつけて別革をはる。

5 縫い線に菱目打ちで穴をあけ、平縫いで縫う。すべての図案を縫ってから、胴の周囲に穴をあけ、持ち手を作ってつける。

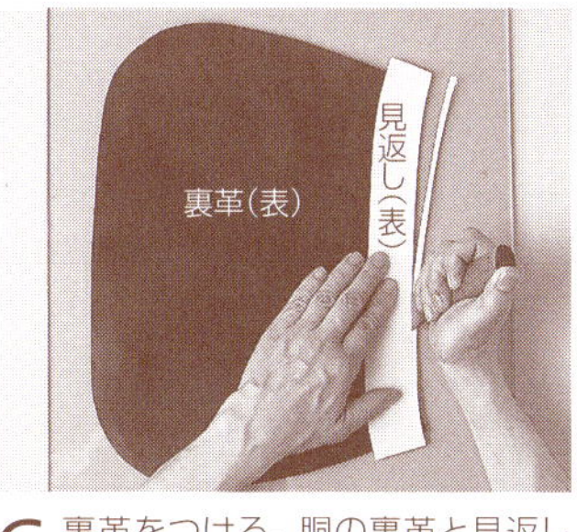

6 裏革をつける。胴の裏革と見返し(写真ではわかりやすいよう、別の革を使用)を粗裁ちする。ただし見返しの下側は型紙どおりに裁っておく。裏革の銀面に見返しを重ねてはり、口側を型紙どおりにカットする。

7 持ち手をつけた胴と6の裏革を外表にはり合わせる。裏革の周囲を表胴に沿って包丁でカットする。

尾錠・差し錠のつけ方

尾錠、差し錠はそれぞれ単独で止め具に使えます。
ここでは19ページのブリーフケースを例にとって、
2つを組み合わせた止め具の作り方を説明します。
ブリーフケースの型紙は付録B面に掲載。作り方は66ページを参照。

＊必要なパーツ
革のパーツは、裁断後コバに色さしをして磨いておく(p.68参照)。

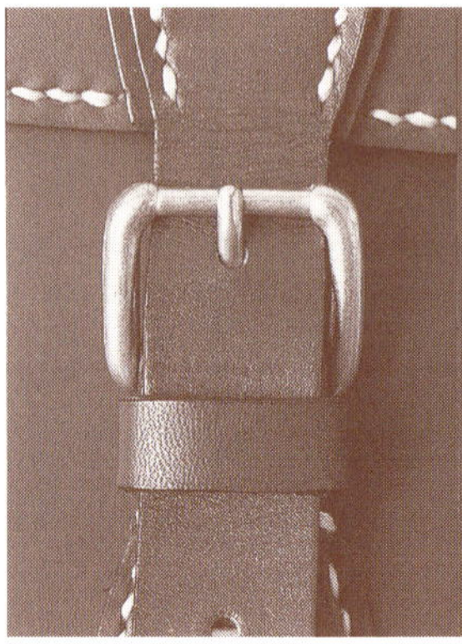

●尾錠

●差し錠

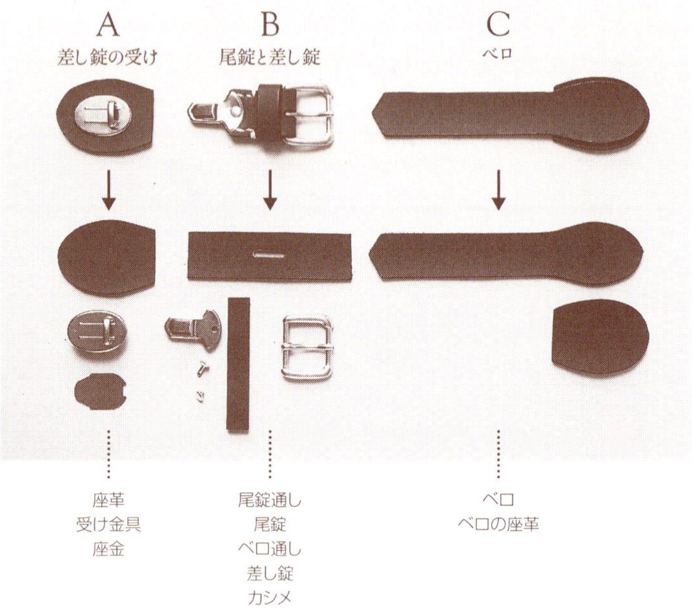

A 差し錠の受け

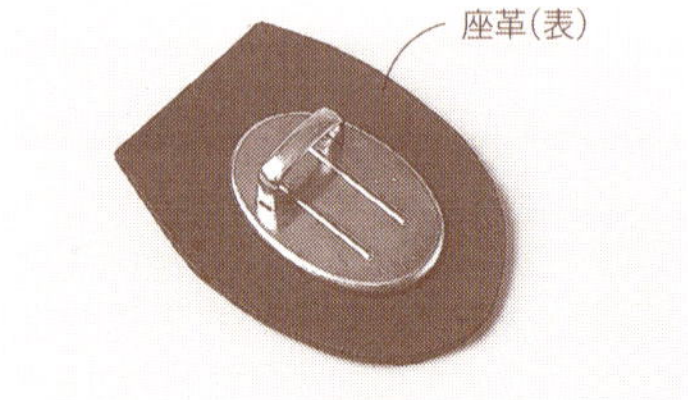

1 座革の切り込み位置に包丁で切り込みを入れ、表から金具の足を差し込む。裏面に座金を当て、足を内側に曲げて固定する。

2 座革の周囲に縫い線を引き、胴のつけ位置にゴムのりではる。目打ちで穴をあけ、平縫いで縫い止める。

B 尾錠と差し錠

1 ベロ通しの端を突き合わせ、2度縫いで縫い止めて輪にする。

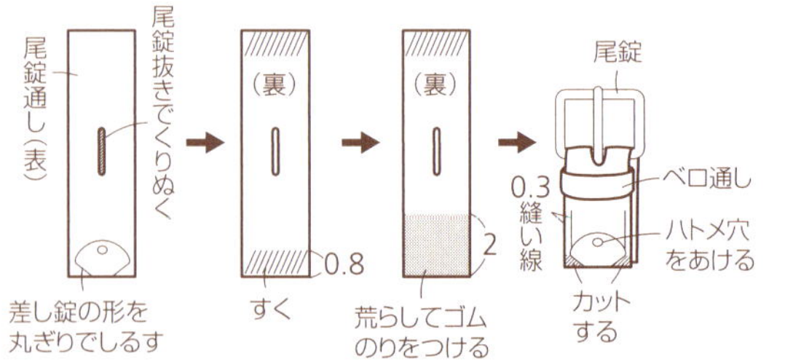

2 尾錠通しの端をすき(p.57参照)、尾錠とベロ通しを通して2つ折りにしてはる。尾錠抜きがない場合のくりぬき方は81ページを参照。下端は差し錠の形に合わせてカットし、断面は色さしをして磨いておく。

3 両わきを平縫いで縫い、差し錠をカシメで止めつける(p.65参照)。カバンが出来上がったら、ベロを尾錠に通して止める。

C ベロ

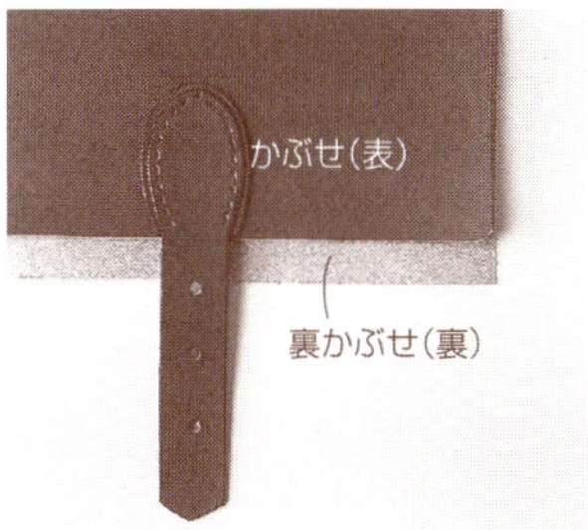

1 ベロにハトメ抜きで穴をあけ(p.65参照)、座革にはる。縫い線を引き、目打ちで穴をあけてから、かぶせのつけ位置にゴムのりではる。

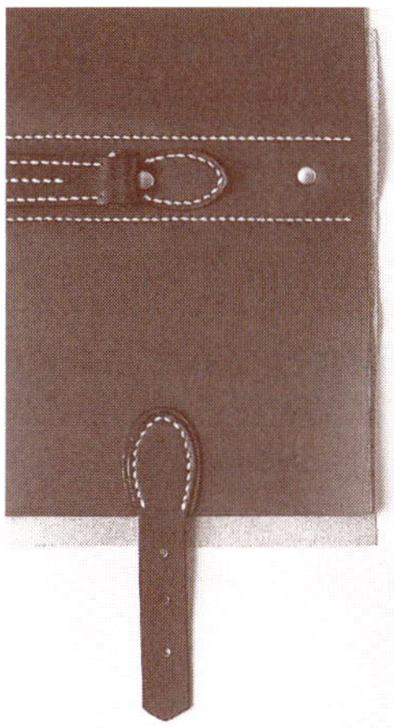

2 菱ぎりで突き目をしてかぶせに穴をあけ(p.61参照)、平縫いで縫い止める。このとき、裏かぶせはよけて表のかぶせにだけ縫い止める。縫い始めと縫い終わりは2度縫い。

裏布のつけ方

裏布は胴の裏側を覆いたいときにつけます。11ページの平縫いパッチワーク六角を例にとって説明します。平縫いパッチワーク六角の製図・作り方は60ページを参照。

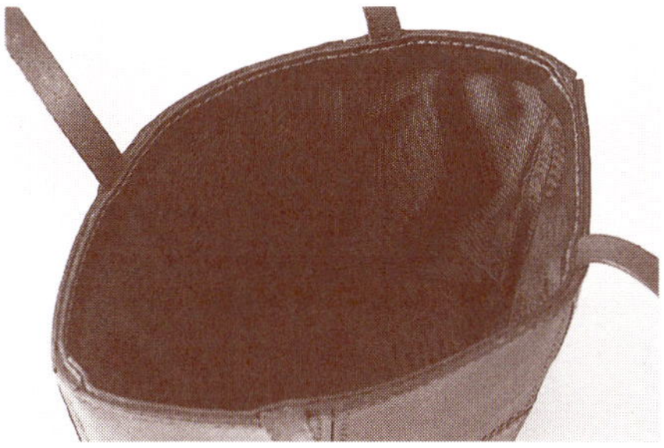

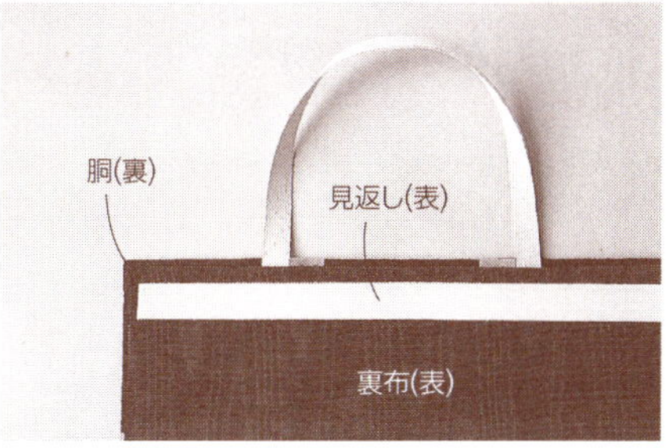

バッグに裏布をつけるときは、胴の内側に裏布、見返しの順に重ねてつける。内ポケットをつける場合は裏布と見返しに挟んで縫い止める。裏布はバッグ用として市販されているグログランやタフタを使い(手持ちの洋服地でもよい)、ミシンで縫い合わせてからカバンにつける。ミシン糸は生地の厚さに合うものを使う。見返しは厚さ1.2mmにベタすきしておく。

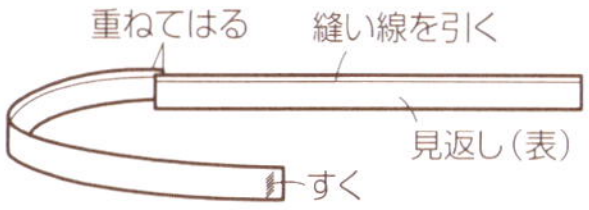

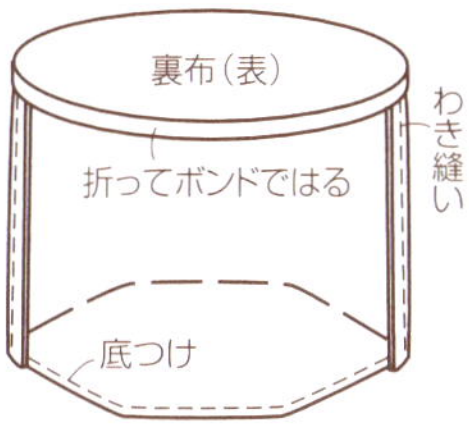

1 裏布はわきを縫って底をつけ、口の折り代を裏面に折ってボンドではる。見返しは重ね分をすいてから(コラム参照)、まず片側を重ねてはり、縫い線を引き、もう一方をはって輪にしておく。

2 胴の内側に裏布を入れ、口をゴムのりではる。

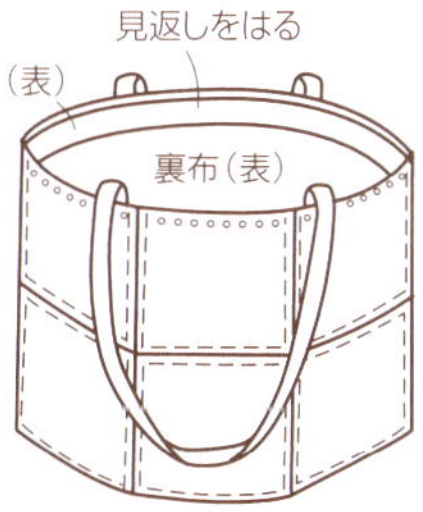

3 裏布の上に見返しを重ねてゴムのりではる。この後、表から突き目をして3枚を一緒に平縫いで縫う。

column

自分でできる「小さな」革すき

見返しを重ねて縫い合わせるときや、2つ折りにした革を金具に挟み込むとき、つりベルトを2つ折りにしてつけるときなど、部分的にほんの少しだけ革を薄くしたい場合には、自分で革すきをします。革すき器や包丁で、革の端を薄く削るようにしてすきます。すく前には、裁ち落としの端革で削り方や厚みを試しておきましょう。薄くしすぎると、かかる力に耐えられなくなってしまうので、厚みの半分ぐらいを目安にすいてください。

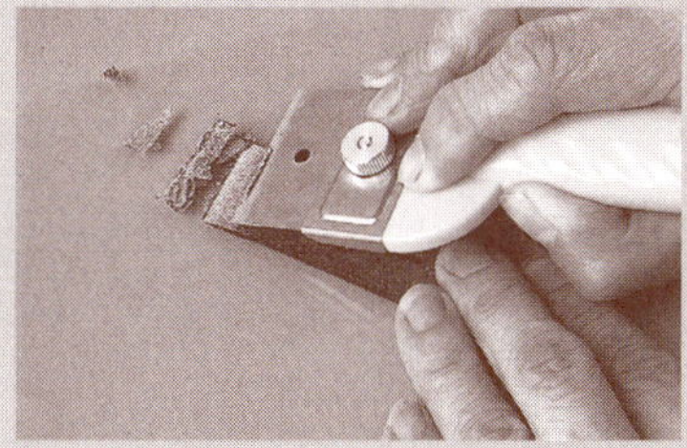
●包丁形ナイフですく

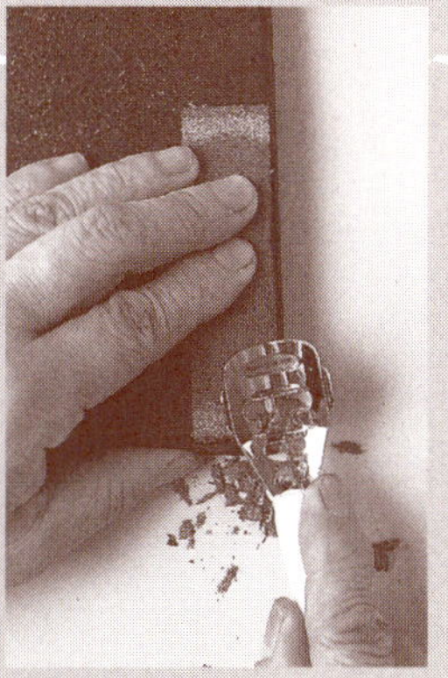
●革すき器ですく

父が長年愛用し、遺した道具。どれも使いよくて美しい。今ではこんな道具を作れる職人さんも少なくなった。

各作品の作り方

それぞれの作品の作り方を解説していきます。
ここからは裁断までの工程を省略しますので、
縫い始める前に粗裁ちをし、床面を洗ってから本裁ちをしておきましょう。
（p26〜27、34〜35を参照）

＊1デシ＝10×10cm
＊製図内寸法の数字の単位はすべてcm、縫い代込みの寸法
＊革の厚さは特に表示のない限り2.2〜2.4mm
＊用具・材料はp.24〜25を参照
＊革は表側を銀面、裏側を床面というが、ここからの作り方説明では便宜上（表）（裏）で表す

角形トートバッグ

作品5ページ

＊出来上がり寸法 37×35×9cm

＊材料 成牛ヌメ革……約64デシ

＊製図

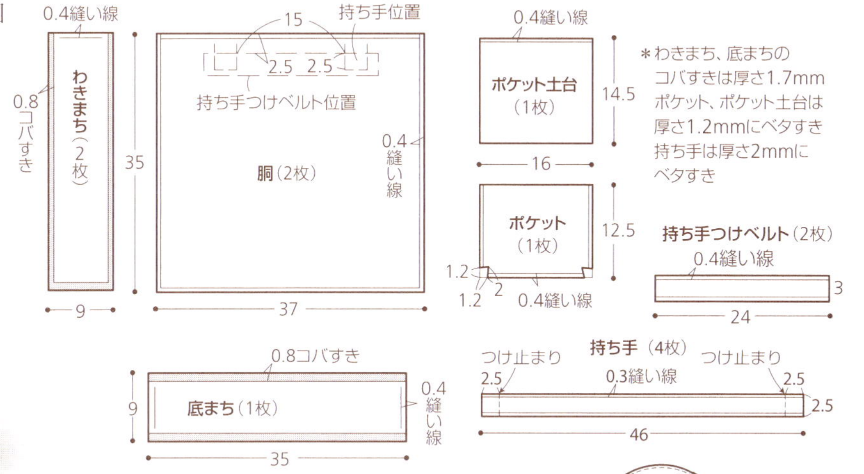

＊わきまち、底まちのコバすきは厚さ1.7mm
ポケット、ポケット土台は厚さ1.2mmにベタすき
持ち手は厚さ2mmにベタすき

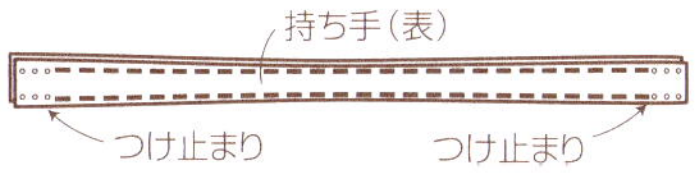

1 持ち手を作る。2枚の持ち手を外表にゴムのりではり、つけ止まりまでを平縫いで縫う（p.45参照）。2本作る。

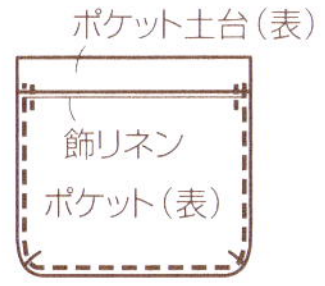

2 内ポケットを作る（p.53参照）。

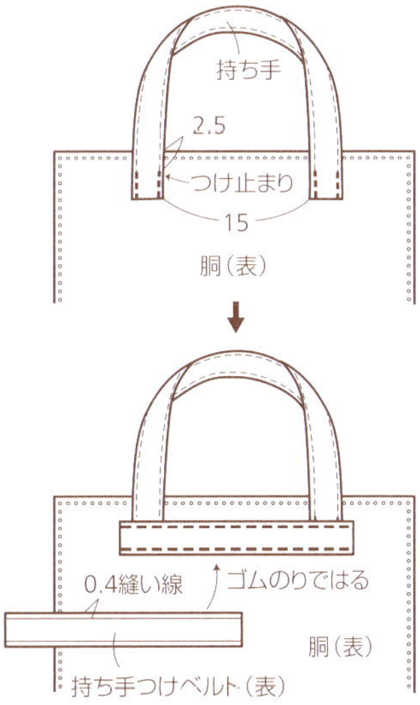

3 胴とまちの上端、持ち手つけベルトの周囲のコバ磨きをし、胴の周囲に目打ちで穴をあけておく。持ち手を胴のつけ位置にゴムのりではり、持ち手の穴に合わせて胴まで穴をあけ、平縫いで縫い止める。その上に持ち手つけベルトを重ねてはり、穴をあけて平縫いで縫う。

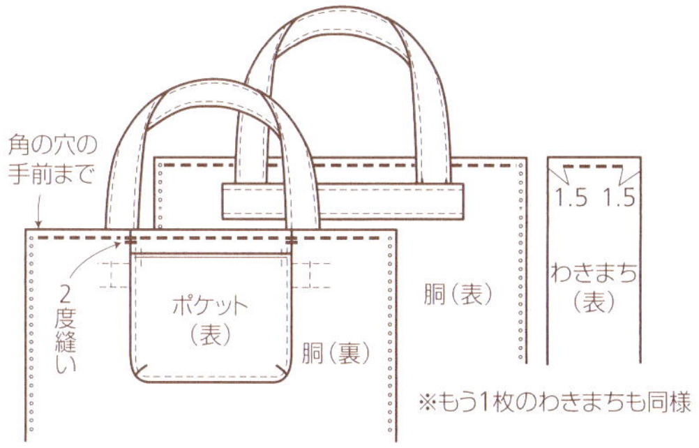

4 持ち手をよけて胴の上端を平縫いで縫う。このとき、片方の胴は裏面に内ポケットを一緒に縫い止める。わきまちも上端に穴をあけて縫う。

5 わきまちと底まちを縫い合わせ、胴にまちをつけてコバ磨きをして仕上げる（p.51〜52参照）。

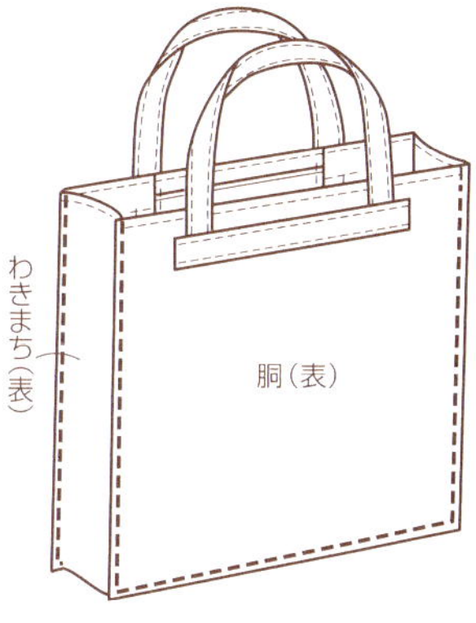

平縫いパッチワーク六角

作品11ページ

＊出来上がり寸法　24×20×18cm

＊表底、裏底の実物大型紙は付録B面に掲載。

＊材料　成牛ヌメ革……約37デシ
裏布（グログラン）……90×25cm
そのほかに革用染料

＊製図

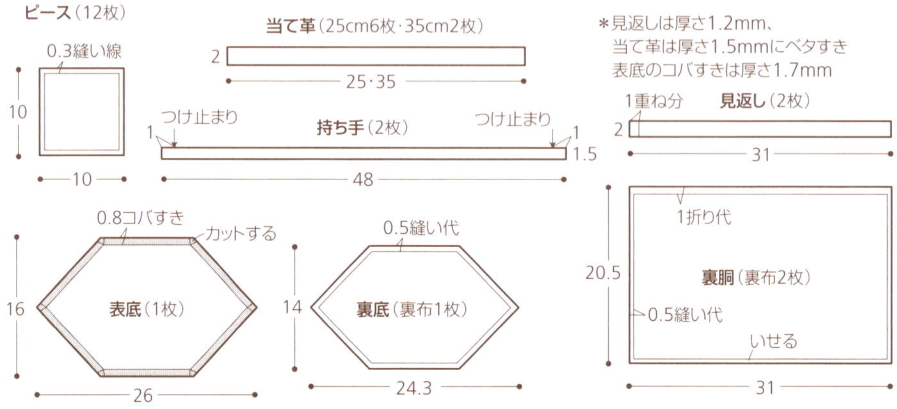

1 ピースを縫い合わせる

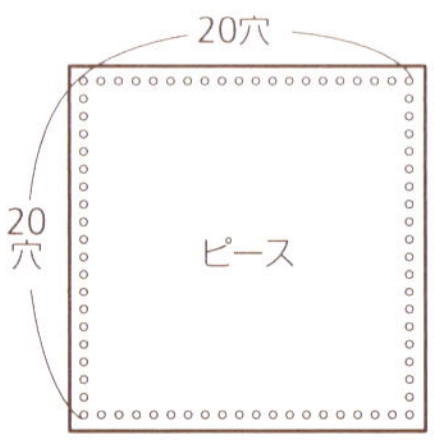

1 ピースは一辺を除いてコバに色さしをし、磨いておく（p.68参照）。表から0.3cm幅の縫い線を引き、目打ちで穴をあける。

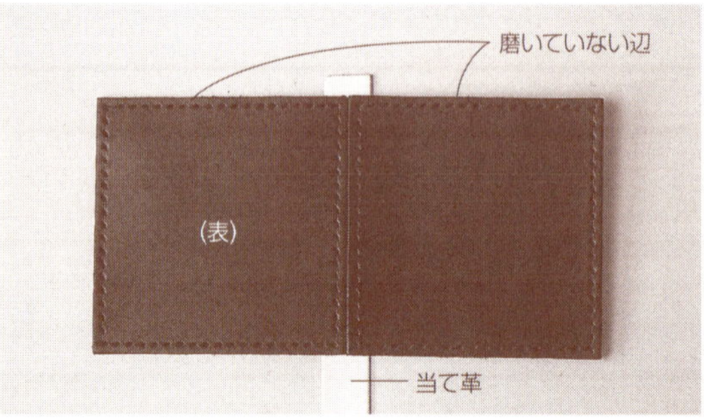

2 磨いていない辺を口側（上）にしてピース2枚を突き合わせにし、ゴムのりで25cmの当て革にはる（当て革は、写真ではわかりやすいように別の革を使用）。

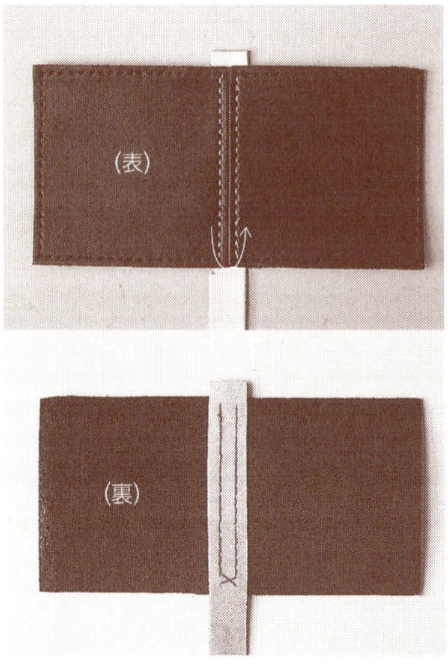

＊下端の糸の渡し方

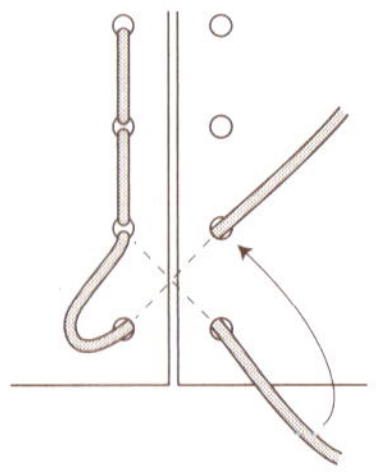

3 ピースの穴に合わせて、もう一度目打ちで当て革まで通して穴をあけ、平縫いで縫う。まず左側のピースを上から下に縫い、続けて右側のピースを下から上に縫う。

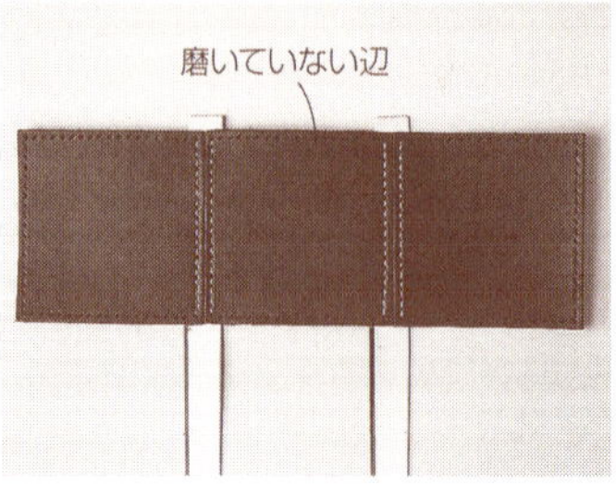

4 横にもう1枚ピースを突き合わせに並べ、25cmの当て革を当ててゴムのりではり、3と同じ要領で縫う。

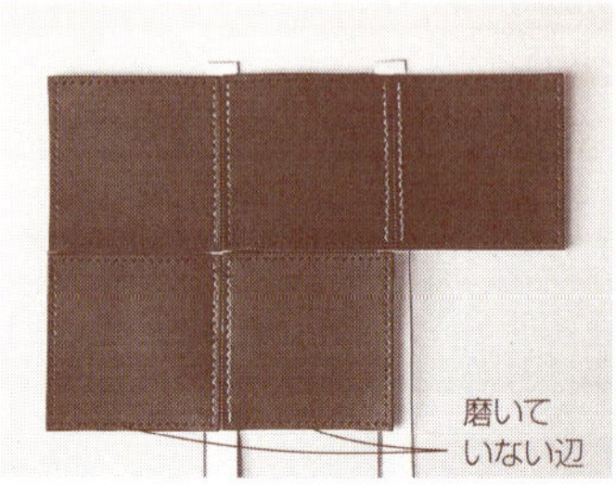

5 下段に、磨いていない辺を底側（下）にして2枚のピースを突き合わせ、当て革にはって平縫いで縫う。

6 5の横にもう1枚ピースを並べて当て革にはり、平縫いで縫う。

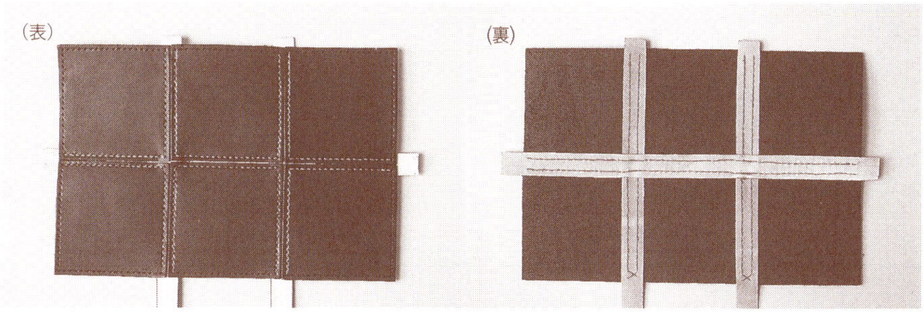

7 上下のピースの間に、横に35cmの当て革を当てて、横の縫い目を平縫いで縫う。この6枚はぎのブロックを2組作る。当て革のはみ出している部分はカットしておく。

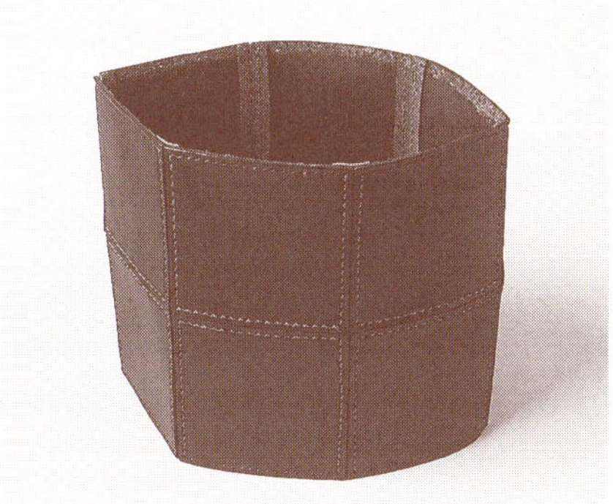

8 6枚はぎのブロック2枚を、当て革を当てて縫い合わせ、筒状にする。これで胴の出来上がり。

2 底をつける

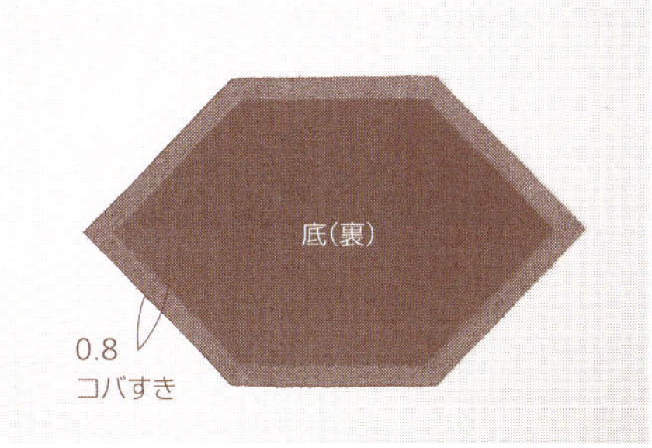

1 底は0.8cm幅でコバすきをしておく。表面にはねじネンで0.3cm幅の縫い線を引く。

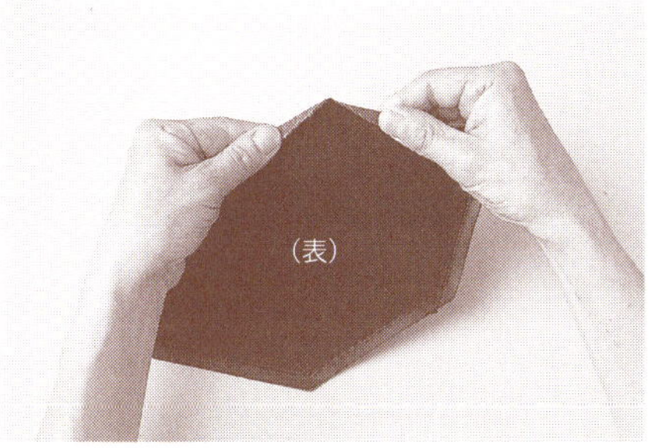

2 底の周囲をコバすきのきわから表側に折って、折りぐせをつける(p.51参照)。

3 六角形の角を包丁で三角に切り落とす。

4 底裏面の周囲にゴムのりをつけ、胴の内側にはめ込むようにして外表にはる。底の角を胴のピースのはぎ目に合わせ、カットした部分の革の端を突き合わせながらはり合わせる。

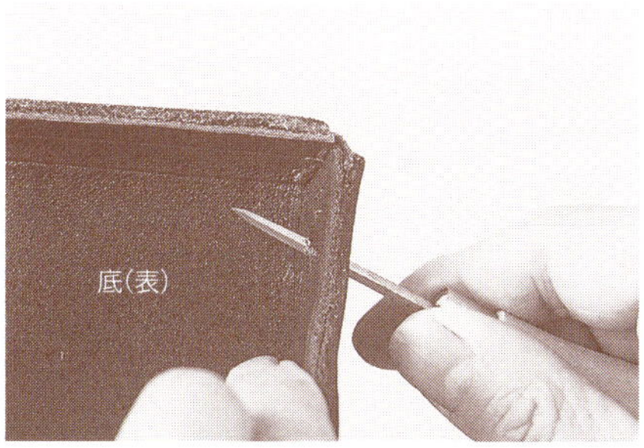

5 ピースの穴から1目ずつ菱ぎりで突き目をし、底の革に穴をあける。菱ぎりをまっすぐに刺すのは難しいので、底に引いた縫い線を目標にして菱ぎりを刺す。また、糸が通っている穴は、菱ぎりだと糸が切れてしまうので、丸ぎりで突き目をする。

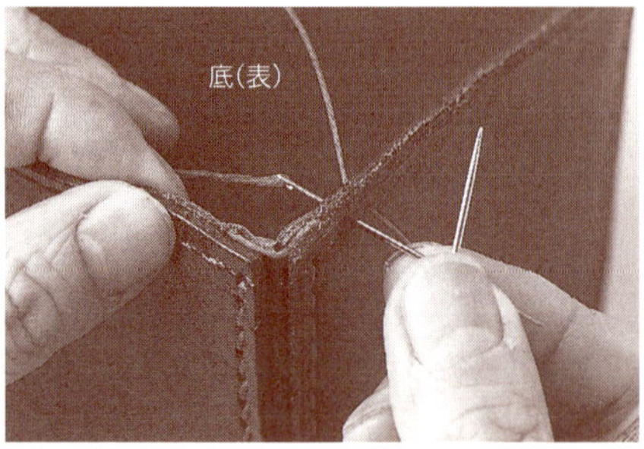

6 底を平縫いで縫う。縫い始めは角の3〜4目手前から、角に向かって縫う。

7 角では糸を2回渡して2度縫いをしながら縫い進む。

8 底を縫い終わったら、コバにやすりをかけ、色さしをして磨く(p.68参照)。

3 裏布をつける

1 裏胴の布2枚を中表に合わせ、両わきをミシンで縫う。

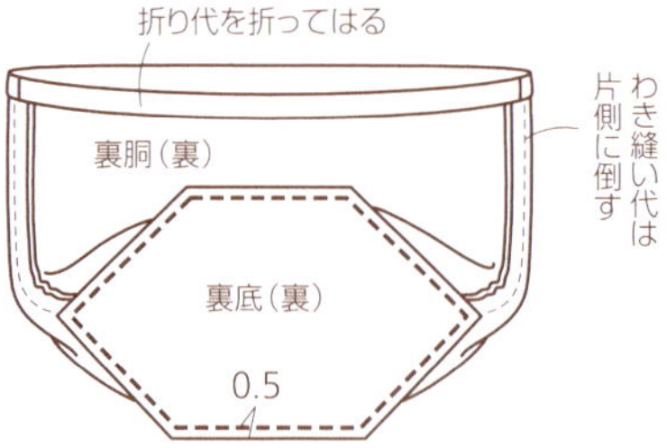

2 裏胴と裏底の布を中表に合わせ、底をミシンで縫う。上端は折り代1cmを裏面に折り、ボンドではっておく。

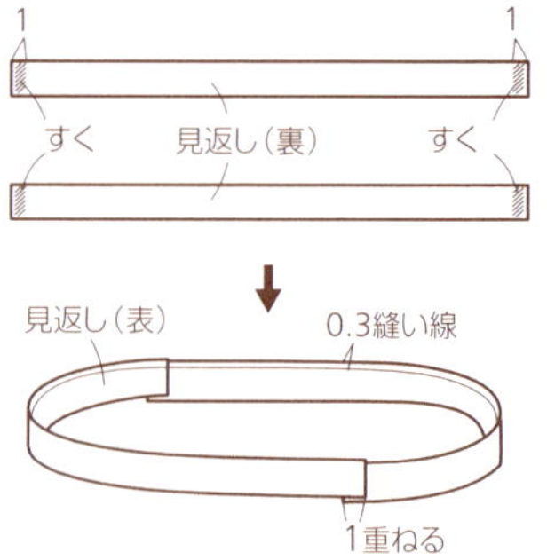

3 見返し2枚は両端を幅約1cmすく(p.57参照)。まず片側を重ねてゴムのりではり、1本にした状態で0.3cm幅の縫い線を引く。それから残った端同士をはって輪にする。

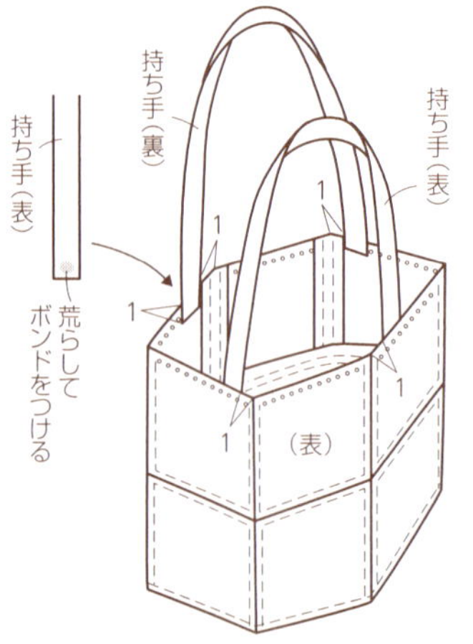

4 持ち手はコバに色さしをして磨き、表面の端を約1cm幅荒らす。そこにボンドをつけて胴の内側に持ち手をはる。

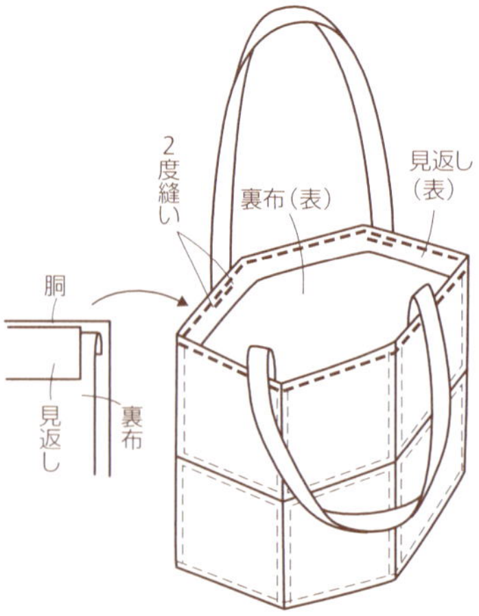

5 口の内側に裏布、見返しの順に重ねてゴムのりではる。底と同様に菱ぎりで突き目をして見返しに穴をあけ、平縫いで縫う。持ち手つけ位置は2度縫い。口にやすりをかけ、色さしをして磨き、出来上がり。

平縫いパッチワーク四角

作品10ページ

＊出来上がり寸法 28.5×19×9.5cm

＊材料 成牛ヌメ革……約32デシ
そのほかに革用染料

＊製図

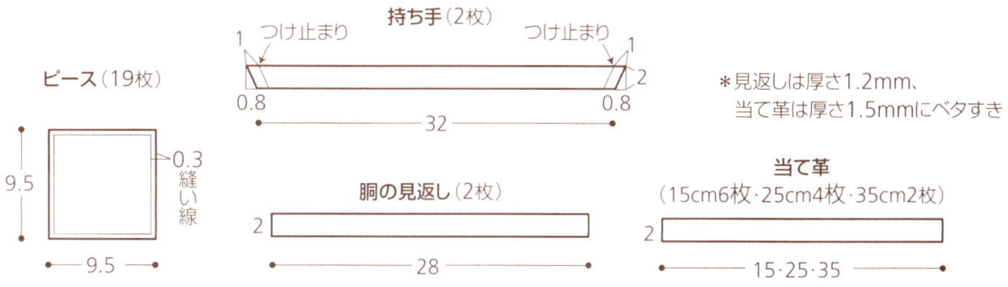

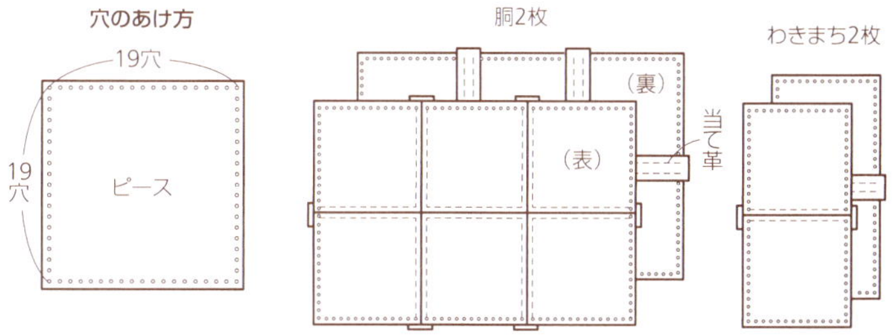

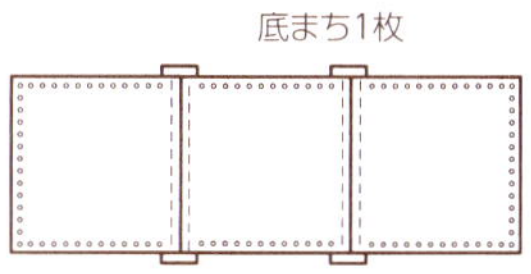

1 ピースはあらかじめコバに色さしをし、磨いておく（p.68参照）上段の8枚のピースは、口になる1辺には色さし・コバ磨きをしない。縫い線を引き、目打ちで穴をあける。ピースを突き合わせに並べ、当て革を当てて平縫いで縫い合わせる（p.60参照）。胴はピース6枚を、わきまちは2枚を、底まちは3枚をはぎ合わせる。

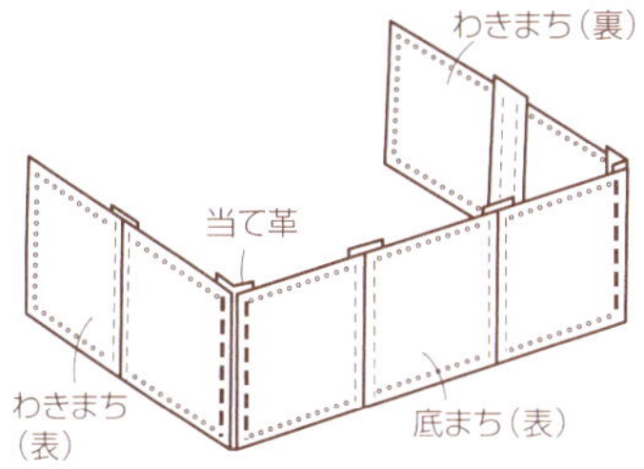

2 わきまちと底まちを直角に突き合わせ、当て革を当ててゴムのりではり、平縫いで縫う。

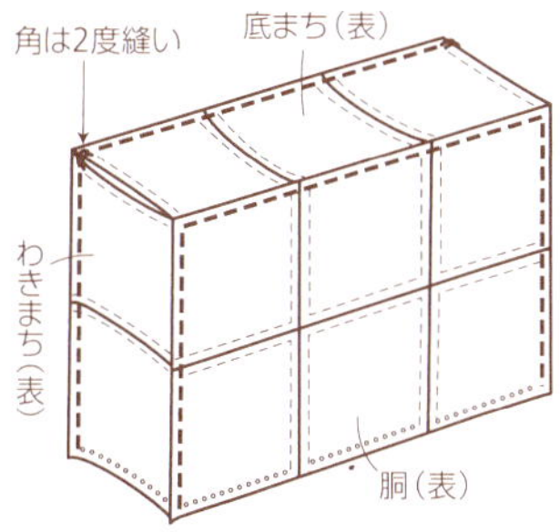

3 胴とまちの裏面ののりしろにゴムのりをつけ、穴の位置を合わせながら、胴とまちを外表にはり合わせる。菱ぎりで突き目をしながら平縫いで縫い合わせる（p.61参照）。糸が通っている穴は、菱ぎりだと糸が切れてしまうので、丸ぎりで突き目をする。

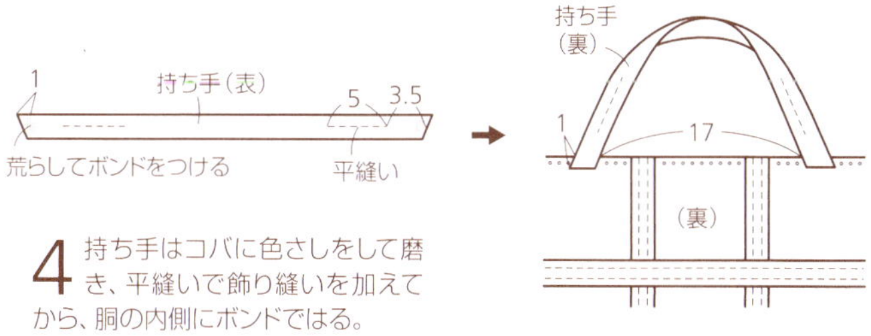

4 持ち手はコバに色さしをして磨き、平縫いで飾り縫いを加えてから、胴の内側にボンドではる。

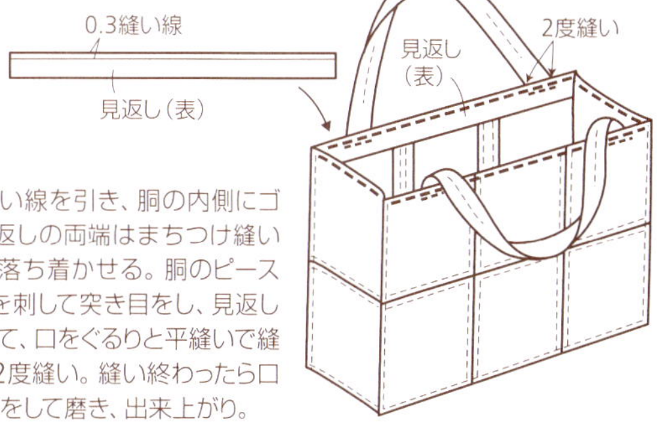

5 見返しの表面に縫い線を引き、胴の内側にゴムのりではる。見返しの両端はまちつけ縫い目のきわに押し込んで落ち着かせる。胴のピースの穴に1目ずつ菱ぎりを刺して突き目をし、見返しの縫い線上に穴をあけて、口をぐるりと平縫いで縫う。持ち手つけ位置は2度縫い。縫い終わったら口にやすりをかけ、色さしをして磨き、出来上がり。

カットワークのバッグ

作品9ページ

＊出来上がり寸法　35×25×8cm

＊実物大型紙は付録A面に掲載。

＊材料　成牛ヌメ革……約72デシ
ハラコ風ヘアカーフプリント(以下「ハラコ」)……約7デシ
ワッペンスライサー(厚さ0.6mm)……35×30cm
持ち手しん用綿ロープ(太さ0.6〜0.8cm)……90cm
そのほかに革用染料

＊型紙

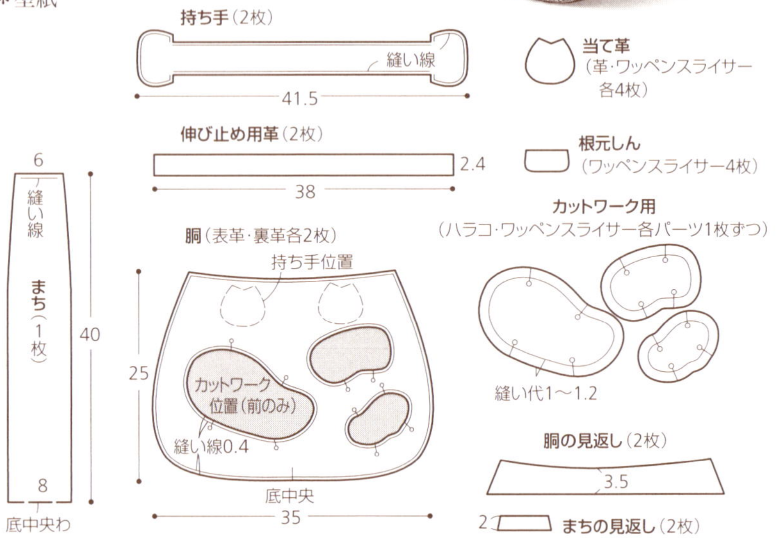

＊まち・持ち手・当て革は厚さ1.6mm、見返しは厚さ1mm、裏革・伸び止め用革は厚さ0.5mmにベタすき

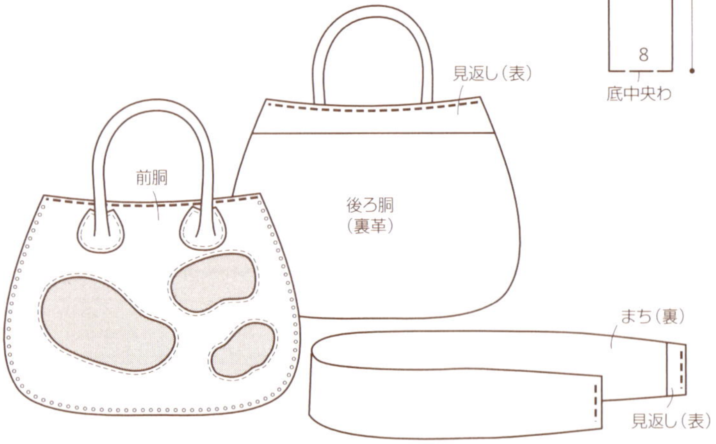

1 前胴にカットワークをし、持ち手を作ってつけ、裏革をつける(p.54、55参照)。次に胴の口を縫う。まず、前胴の穴に合わせてもう一度目打ちで見返しまで穴をあけ、平縫いで縫う。まちは裏面に見返しをはり、口に穴をあけて平縫いで縫う。胴、まちとも口のコバに色さしをして磨いておく(p.68参照)。

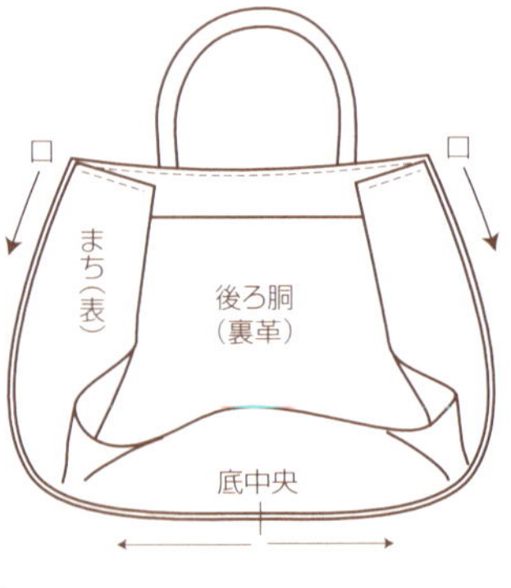

2 後ろ胴の裏革側の周囲を荒らし、ゴムのりをつけてまちをはる。カーブ部分が伸びてしまわないように、まず底中央、次に口をはり、間をはり合わせていく。

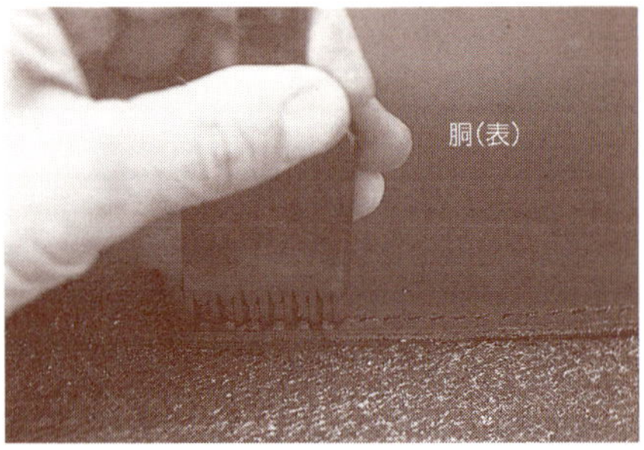

3 胴の穴に合わせて、もう一度目打ちでまちまで通して穴をあける。

4 胴とまちを平縫いで縫い合わせる。

5 前胴も同じ要領でまちと縫い合わせる。コバにやすりをかけ、色さしをし磨いて出来上がり。

目打ち形キーホルダー

作品12ページ

＊出来上がり寸法 4.2×10cm

＊材料 成牛ヌメ革(厚さ1.5mm)……1デシ
キーホルダー用金具(三連馬蹄形)……1個
両面カシメ(直径0.5cm)……2組
そのほかに革用染料

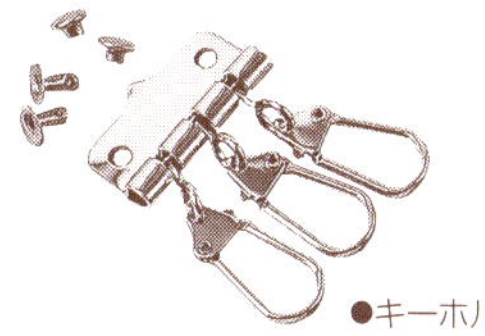

●キーホルダー用金具(馬蹄形)

1 2枚とも下端のコバに色さしをして磨き(p.68参照)、表面の周囲に縫い線を引く。

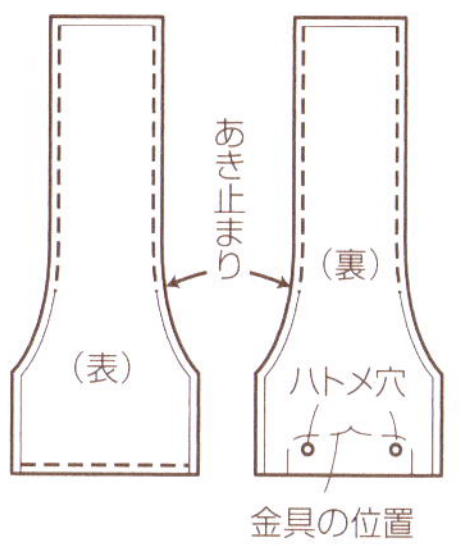

2 2枚とも両わきの上端からあき止まりまで、目打ちで穴をあける。そのうち1枚には下端にも穴をあけ、それぞれ平縫いで縫う。もう1枚にはキーホルダー用金具を当てて位置を決め、穴の位置にハトメ穴をあける。

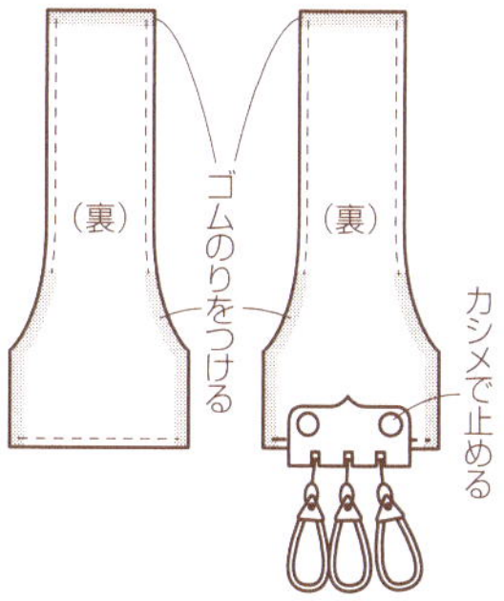

3 穴をあけたほうの下端に、カシメを打って金具を止めつける。2枚とも裏面の上端とあき止まりから下を荒らしてゴムのりをつける。

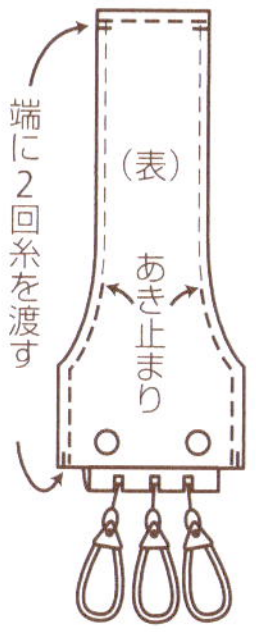

4 2枚を外表にはり合わせ、上端とあき止まりから下に目打ちで穴をあけ、平縫いで縫う。縫い終わったら、周囲にやすりをかけ、色さしをしてコバを磨いて出来上がり。

column

カシメの打ち方

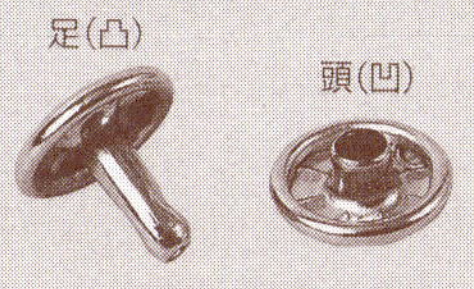

●両面カシメ1組

カシメは革を挟んで固定するのに使う代表的な金具です。カバンや小物作りにしばしば登場するので、打ち方を覚えておきましょう。カシメは片面のものと両面のものがあり、この本ではすべて両面を使用しています。打ち台の平らな面を使うと裏が平らにつぶれ、後で縫い合わせるとき表面にひびきません。カシメの裏面を平らにしたくないときは打ち台のくぼんだ面を使いましょう。

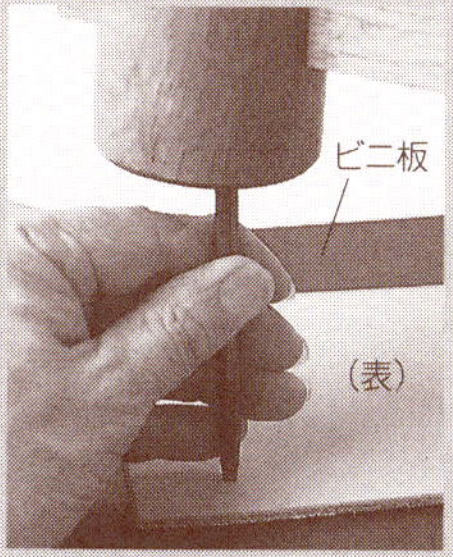

1 ハトメ抜きで穴をあける。足の長さは革の厚みに、ハトメ抜きの穴の大きさは足の太さに合わせる。

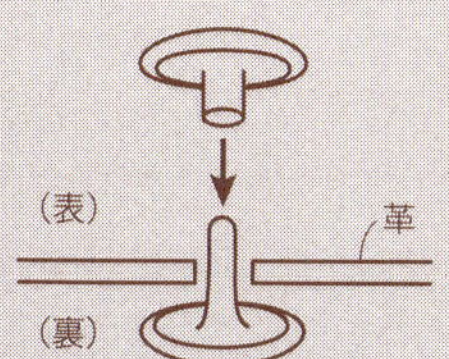

2 カシメで革を挟む。下(裏)から足を差し、上(表)から頭をかぶせる。

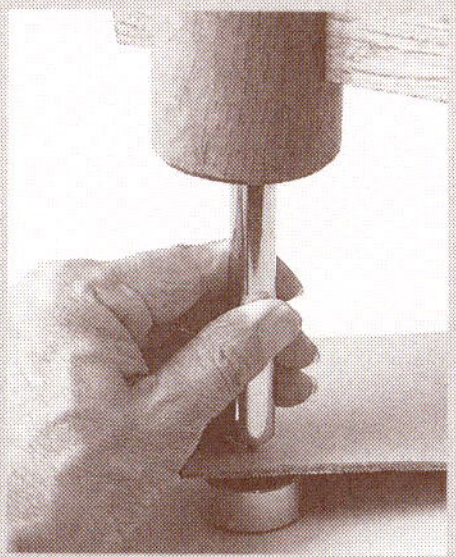

3 打ち台にのせ、頭に打ち棒を当てて木づちで打って固定する。

●打ち台の平らな面を使った場合

＊実物大型紙

ブリーフケース

作品19ページ

＊出来上がり寸法 39×25×7cm

＊実物大型紙は付録B面に掲載。

＊材料 成牛ヌメ革……約92デシ
※このうち仕切り用(25×39cm・約12デシ分)は表に出ないので、キズのある部分、別のヌメ革の端革、ベタすきの際に出た床革などを使ってもよい。
ワッペンスライサー……2×40cm
帯鉄……2×35cm
角カン(2.5cm幅)……2個
カシメ(持ち手用)直径0.9cm……4組
(差し錠用)直径0.5cm……2組
尾錠(2.5cm幅)……2個
差し錠……2組
そのほかに革用染料

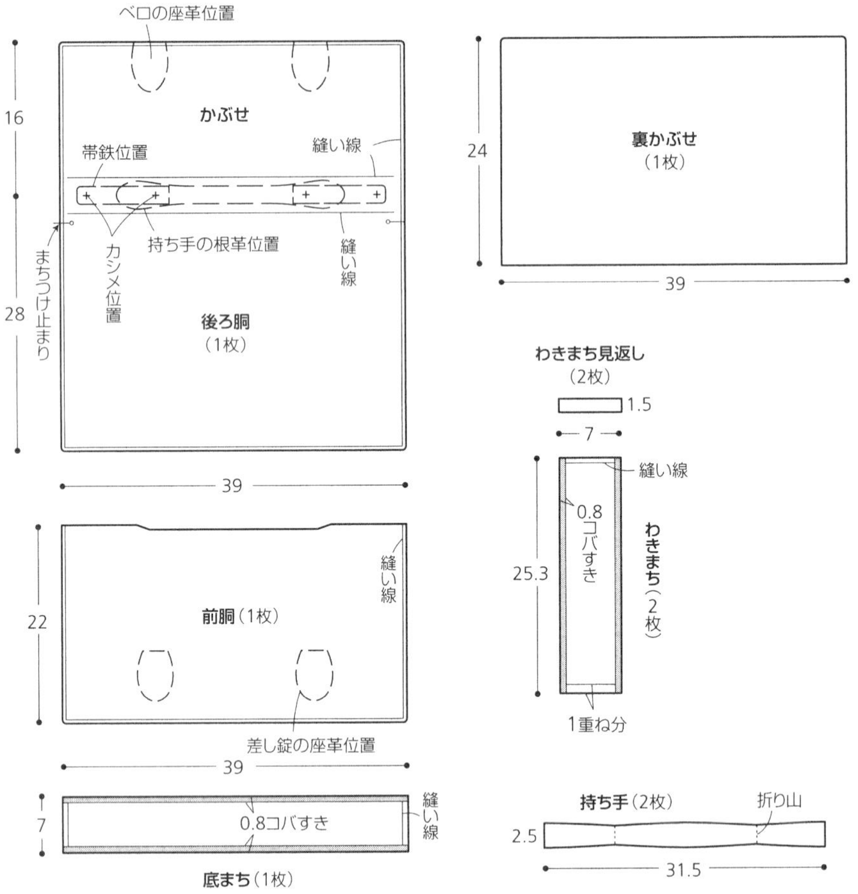

＊型紙

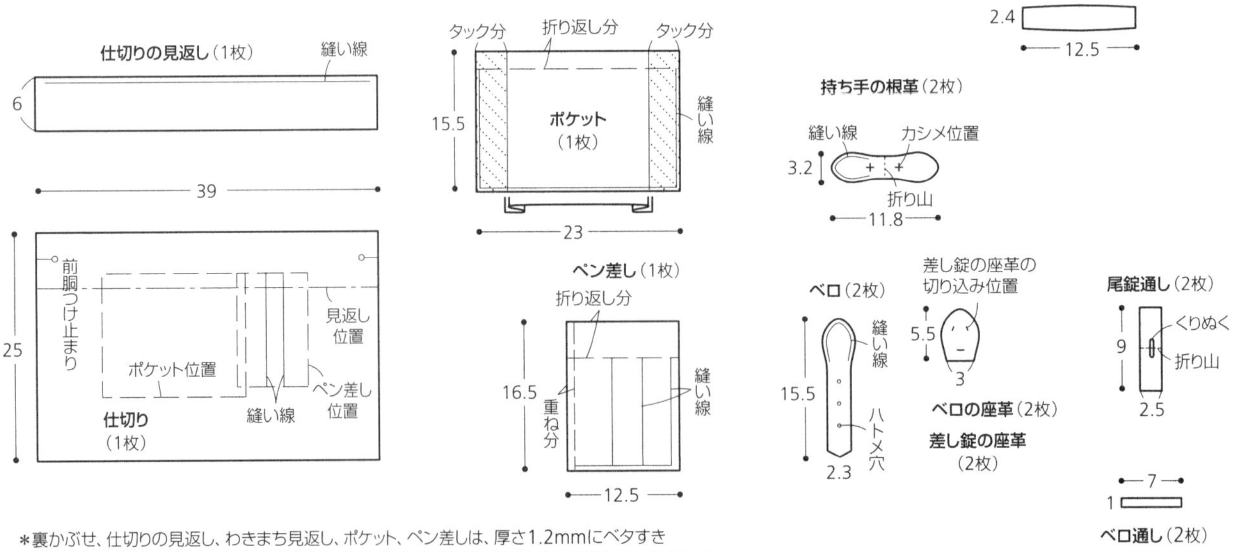

＊裏かぶせ、仕切りの見返し、わきまち見返し、ポケット、ペン差しは、厚さ1.2mmにベタすき
仕切りは厚さ1.5mmにベタすき、わきまち、底まち、持ち手、持ち手のしんは厚さ2mmにベタすき
わきまち、底まちのコバすきの厚さは1.5mm

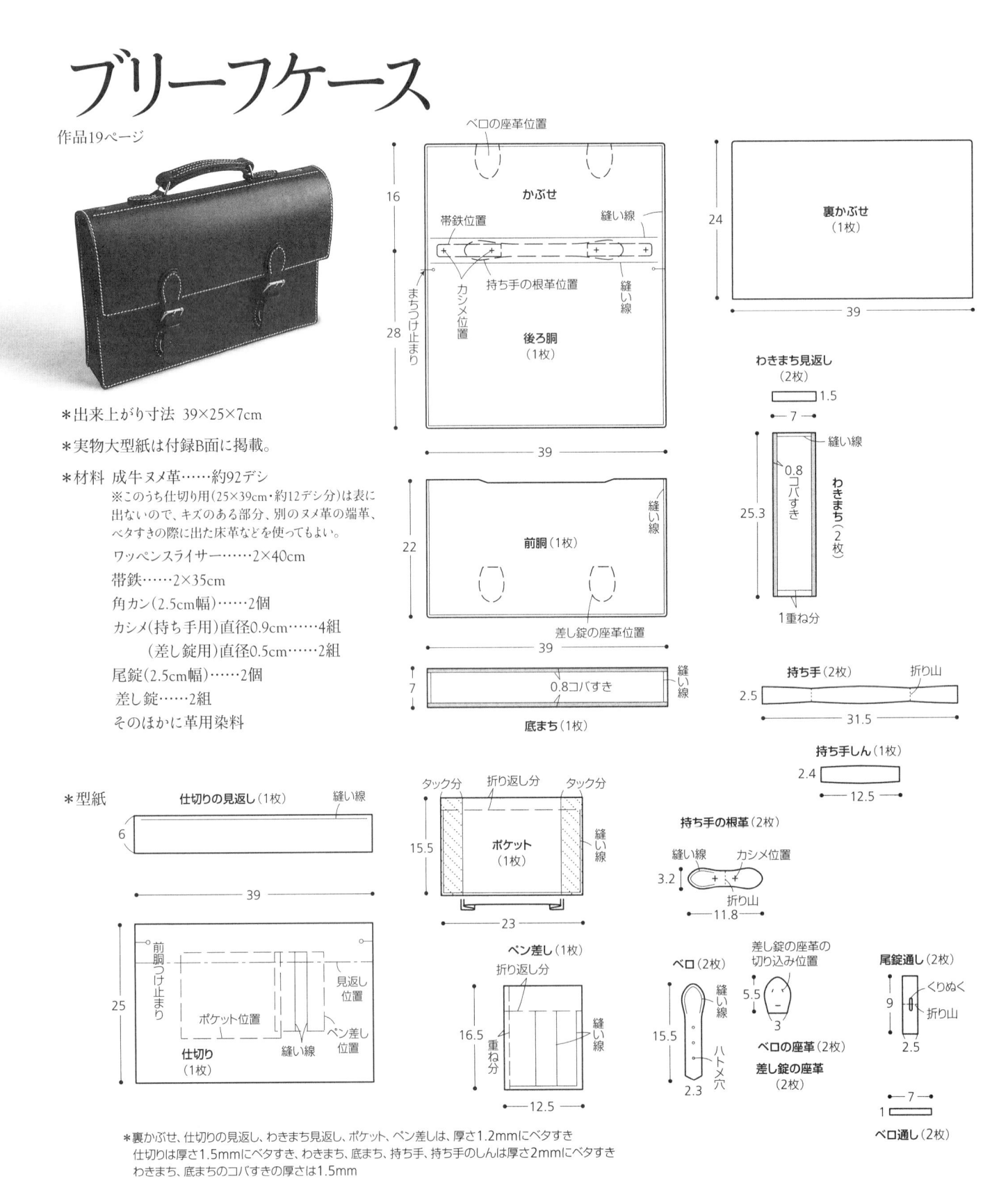

1 持ち手を作る

＊持ち手の材料
A 持ち手の根革…2枚　B 持ち手…2枚　C 持ち手しん…1枚
D 角カン…2個　E カシメ…4組　F ワッペンスライサー…2×35cm 1枚
G 帯鉄（カシメ位置に穴をあけておく。95ページを参照）…1枚

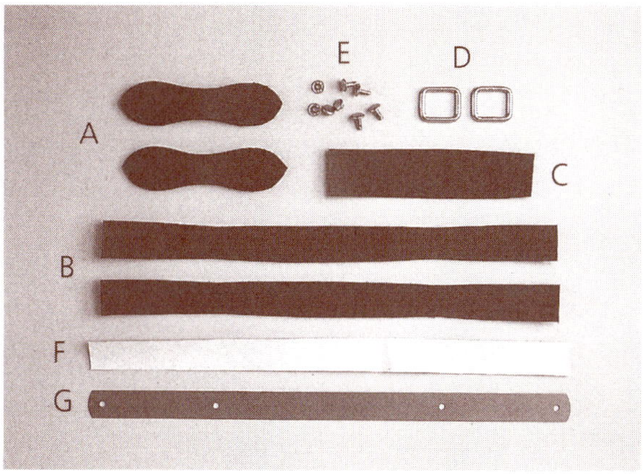

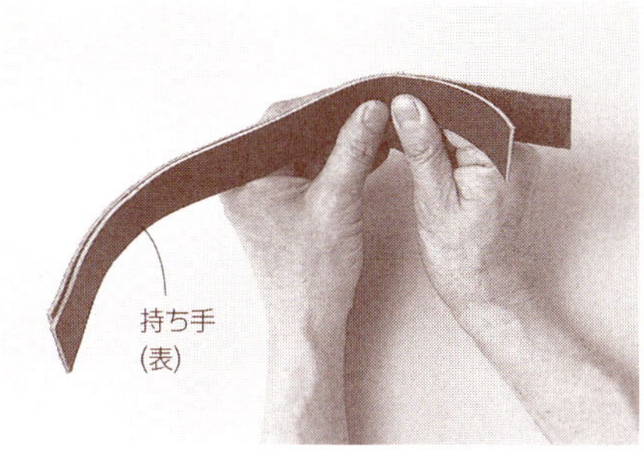

1 持ち手の革2枚の裏面を荒らし、ゴムのりで外表にはり合わせる。はるときは折り山で折るようにしながらはり合わせる。

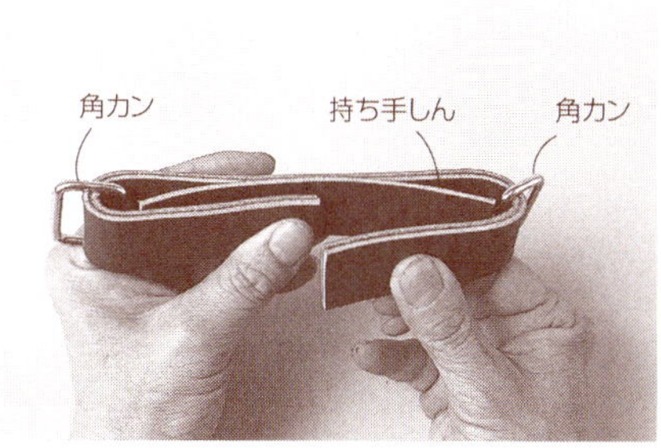

2 角カンを持ち手の両側に通す。持ち手の端を突き合わせ、折り山で両側を折り、間に持ち手しんを挟んで位置を確認する。

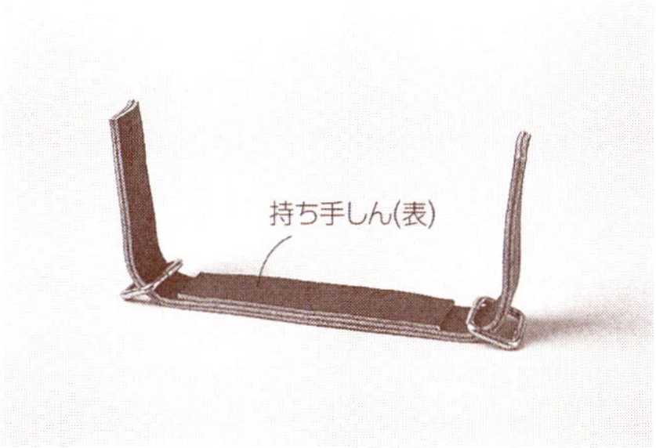

3 持ち手内側の、角カンの間を持ち手しんの長さだけ荒らし、ゴムのりで持ち手しんをはる。

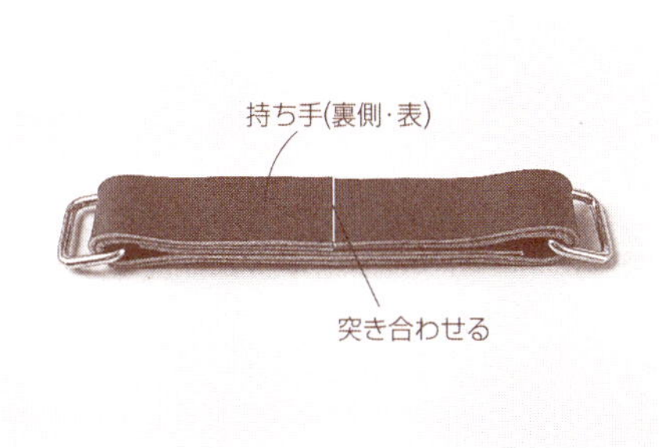

4 持ち手しんの表面と持ち手の残りの内側を荒らし、両端を突き合わせてはる。

5 持ち手の表側に縫い線を引く。中心の線は丸ぎりで、端は0.5 cm幅にねじネンで引き、目打ちで穴をあける。裏側の中央は革が突き合わせになっているので、そのはぎ目をまたぐように、また左右は同数の穴をあける。持ち手は厚みがあるので、裏側まで穴を通すのが難しいが、できるだけ深く目打ちを打ち込む。

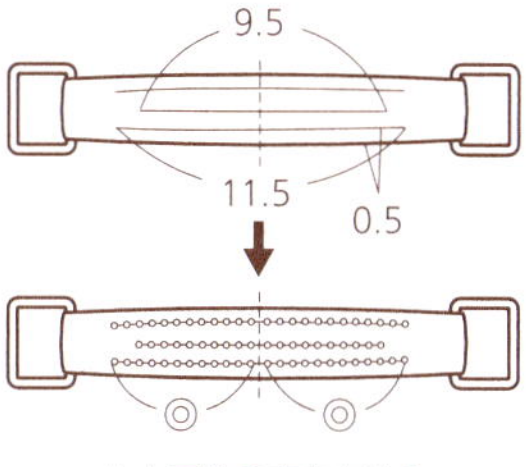

左右同数の穴をあける

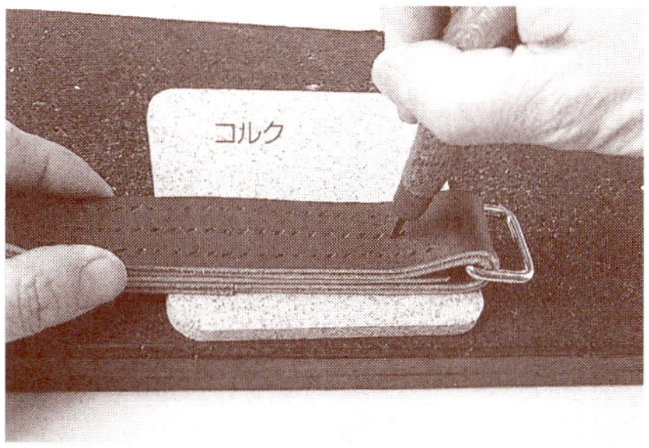

6 持ち手の下にコルクの板（コースターを利用するとよい）を敷き、目打ちの穴に1目ずつ菱ぎりをまっすぐに刺して、裏側まで穴を貫通させる。

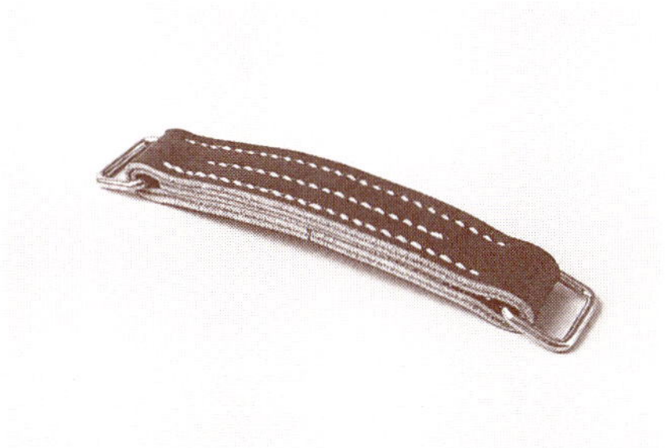

7 平縫いで縫う。縫い終わりは結び止め。

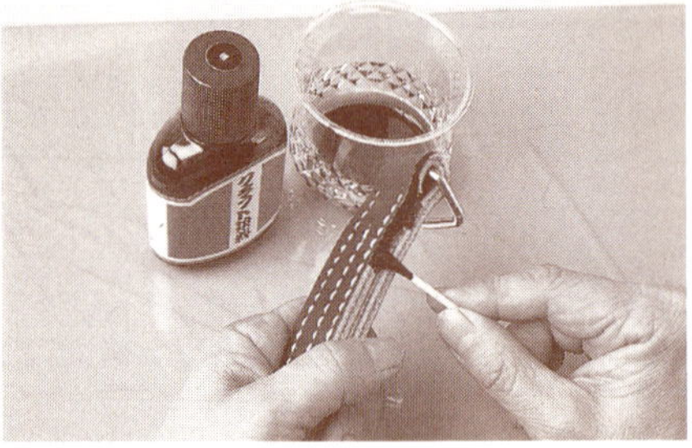

8 持ち手の側面をやすりで整えてから、コバに色さしをする。※ まずコバに綿棒で染料を塗り、乾かす。

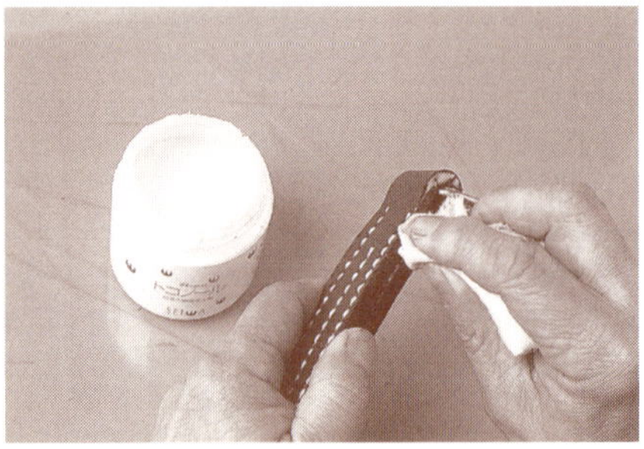

完全に染料が乾いたら、仕上げ剤を塗って布で磨く。

※主に色の濃い革などで、銀面とコバの色の違いが気になるとき、また、コバに特に色を入れたいときには、革用染料を塗ってから無色の仕上げ剤で磨く。本書では、ヌメ革の自然なキャメル色の革のコバには色さしせず、黒とワイン色の革のコバには黒の染料で色さしをしている。

2 持ち手をつける

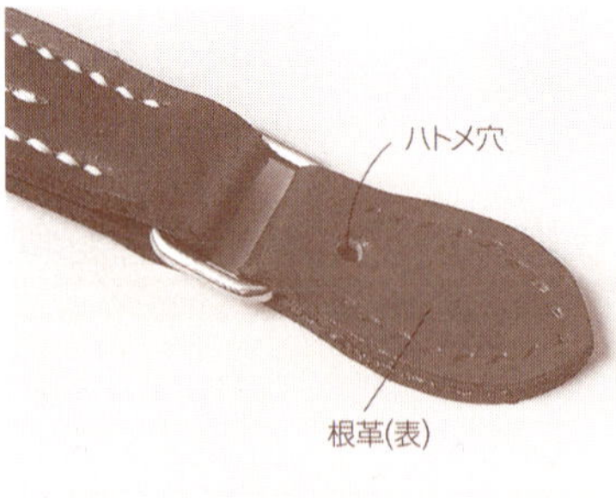

1 持ち手の根革の裏面を荒らし、裏面にゴムのりをつけて持ち手の角カンに通し、半分に折ってはり合わせる。縫い線を引き、2本目打ちで穴をあける。カシメ位置にハトメ抜きで穴をあけておく。

2 かぶせのカシメ位置4か所にハトメ穴をあけ、持ち手の根革つけ位置を丸ぎりでしるしておく。根革の位置は点でしるす。

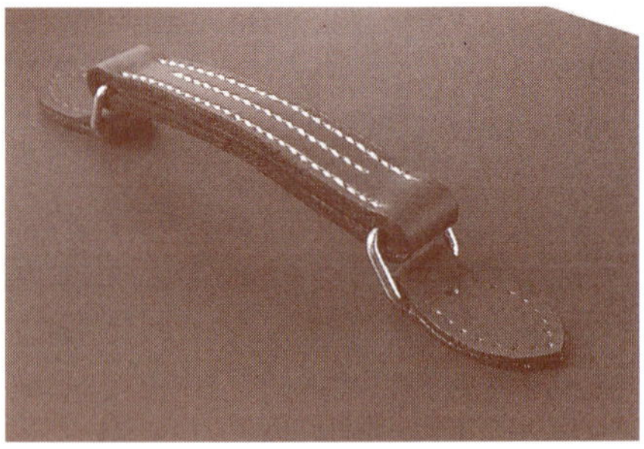

3 根革の裏側とかぶせの根革つけ位置を荒らし、ゴムのりではる。

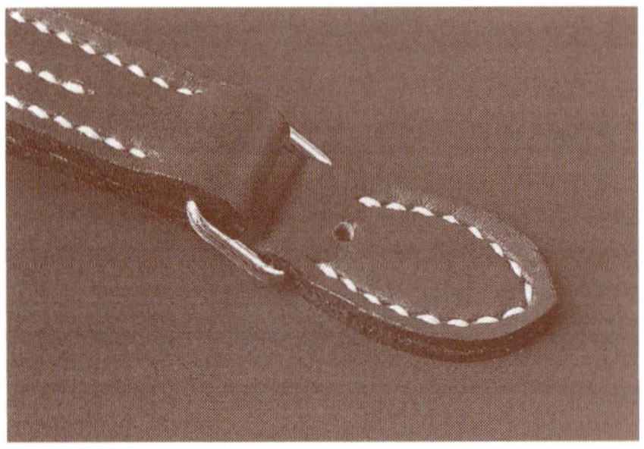

4 根革の穴にもう一度目打ちを当て、穴をかぶせまで通し、平縫いで縫い止める。縫い終わりは結び止め。

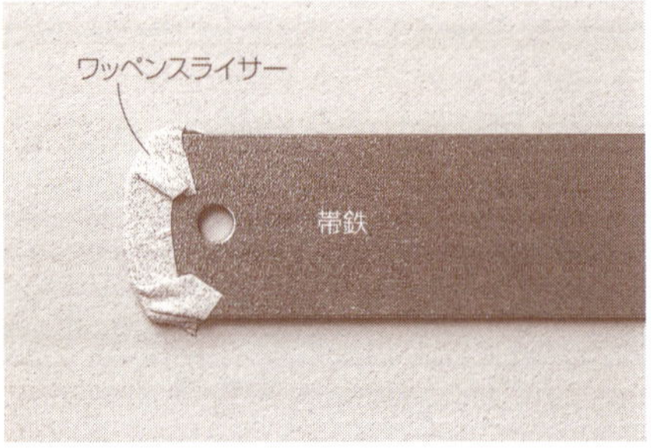

5 帯鉄の両端を小さく切ったワッペンスライサーでくるむ。このとき、穴にかからないように注意する。

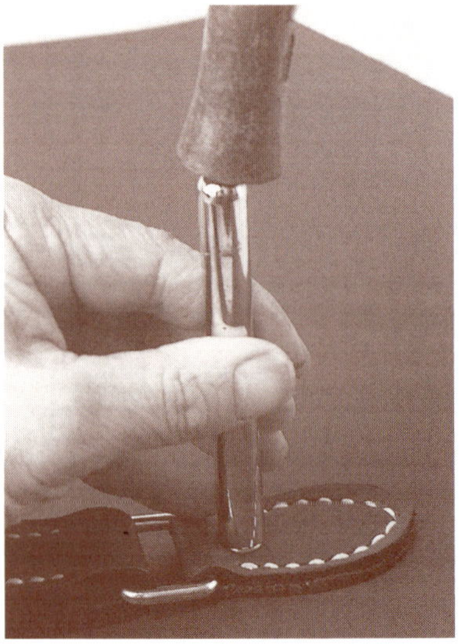

6 帯鉄を、かぶせ裏面のつけ位置に合わせ、表からカシメを打つ（p.65参照）。まず根革の穴にカシメを打つ。

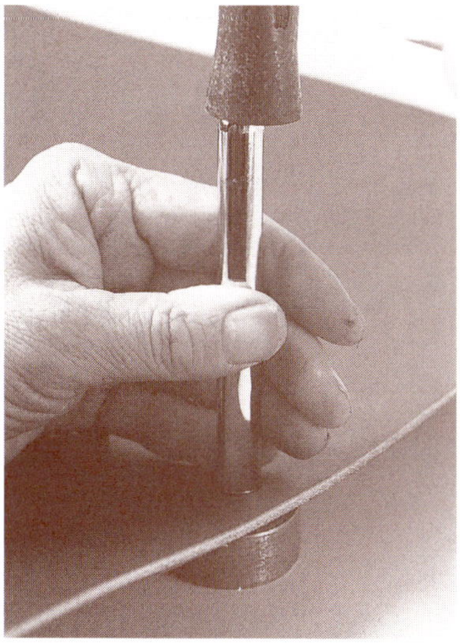

7 次に外側のカシメを打つ。

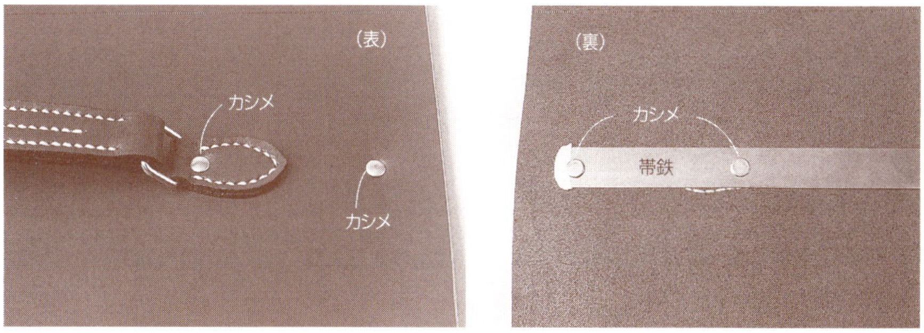

8 カシメで持ち手と帯鉄を止めつけた状態。

9 帯鉄にワッペンスライサーをはる。

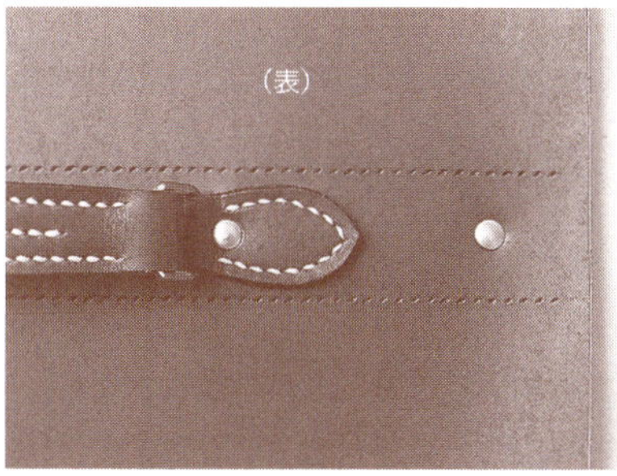

10 持ち手の前後に縫い線を引き、目打ちで穴をあける。

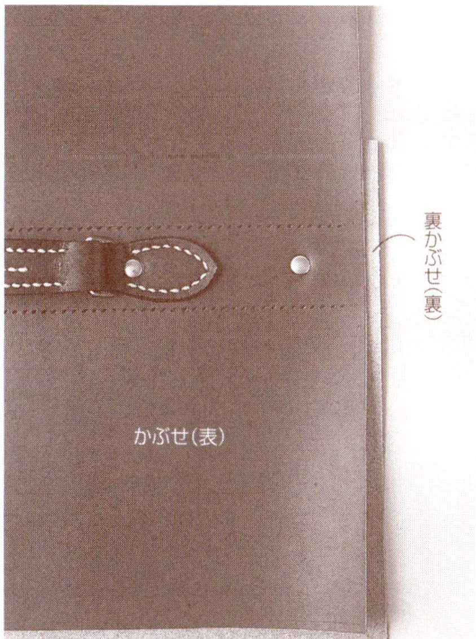

11 かぶせの縫い目位置の裏面を荒らし、ゴムのりをつける。かぶせと、粗裁ちをした裏かぶせを、外表にはる。

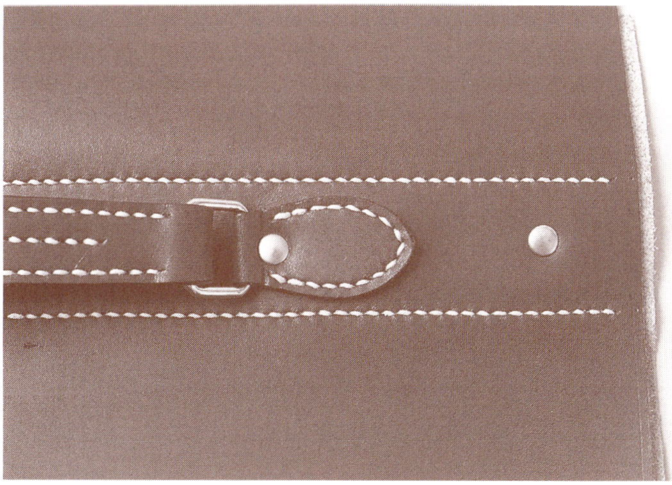

12 かぶせの穴にもう一度目打ちを当てて、裏かぶせまで穴を通して、平縫いで縫う。

3 止め具をつけ、裏かぶせをはる

1 差し錠の受けを座革につけ、前胴のつけ位置に縫い止める(p.56参照)。

2 差し錠と尾錠を作る(p.56参照)。

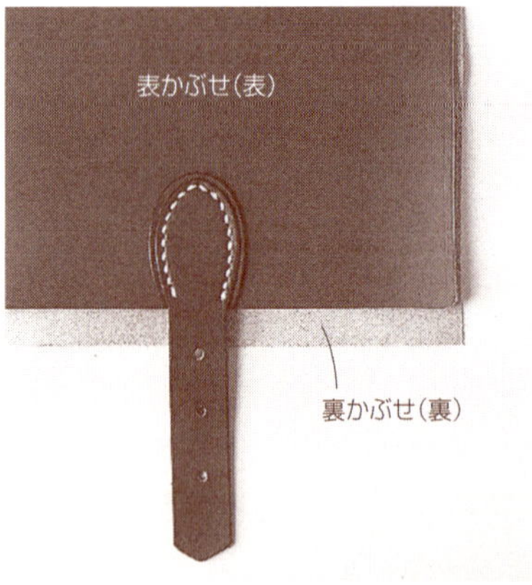

3 ベロを作り、かぶせのつけ位置に縫い止める。このとき、裏かぶせはよけて、表かぶせだけに縫い止める(p.57参照)。

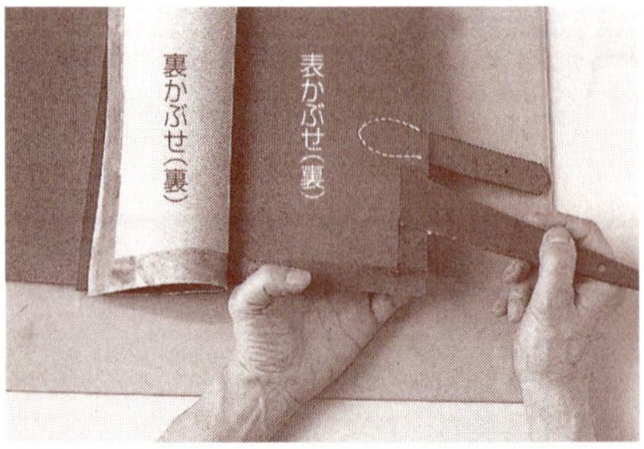

4 表かぶせ、裏かぶせとも、裏面の周囲の幅1.5cmにゴムのりをつける。

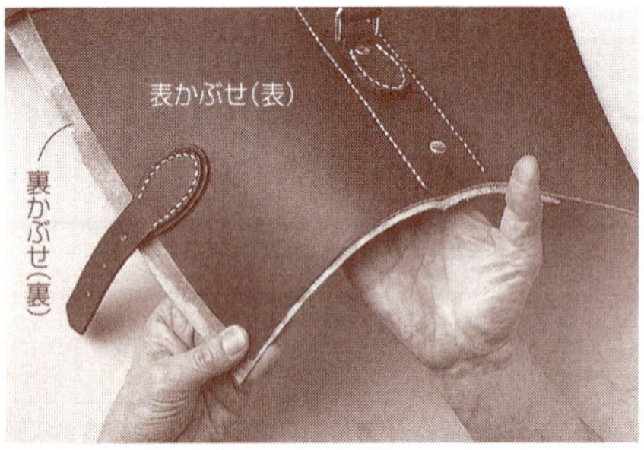

5 自然な丸みをつけながら、表、裏かぶせをはり合わせる。

6 表かぶせに合わせて、裏かぶせのはみ出した部分をカットし、周囲に縫い線を引いて穴をあける。

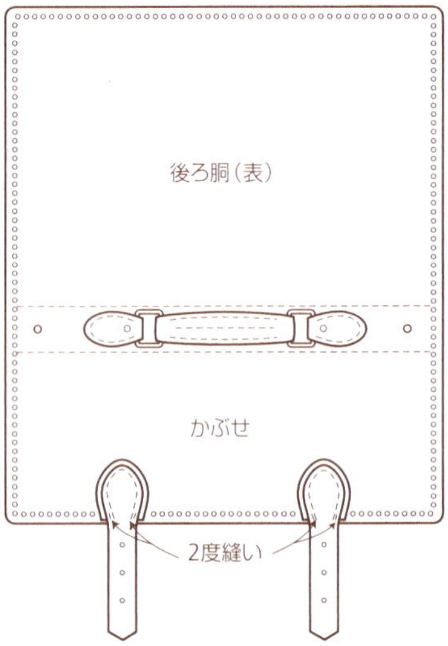

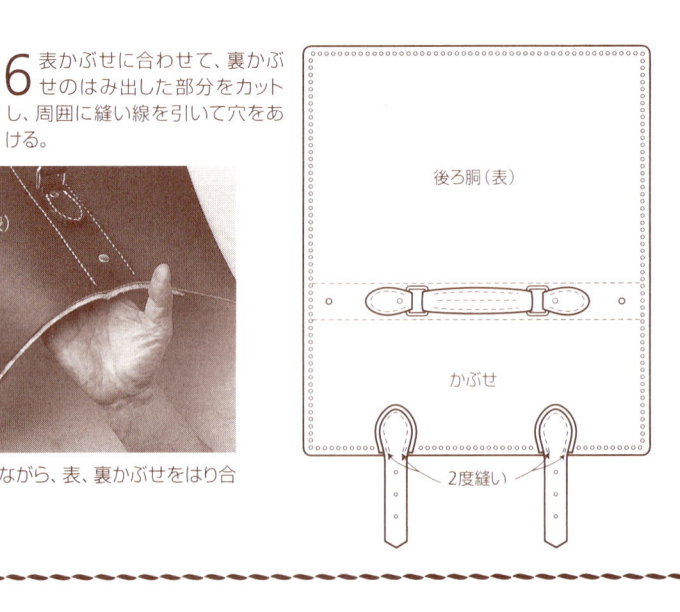

4 ペン差し、ポケットを仕切りにつける

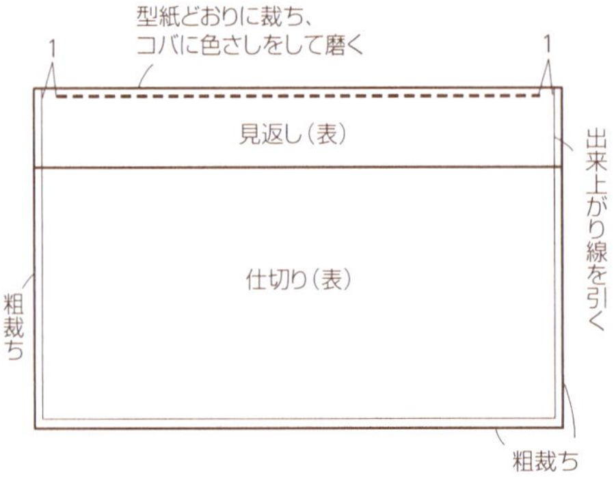

1 粗裁ちをした仕切りに見返しをはる。上端は型紙どおりに裁ち、コバに色さしをして磨いておく。表面に上端の縫い線と残り3辺の出来上がり線を丸ぎりで引く。上端は出来上がり線から左右1cm控えて穴をあけ、平縫いで縫う。

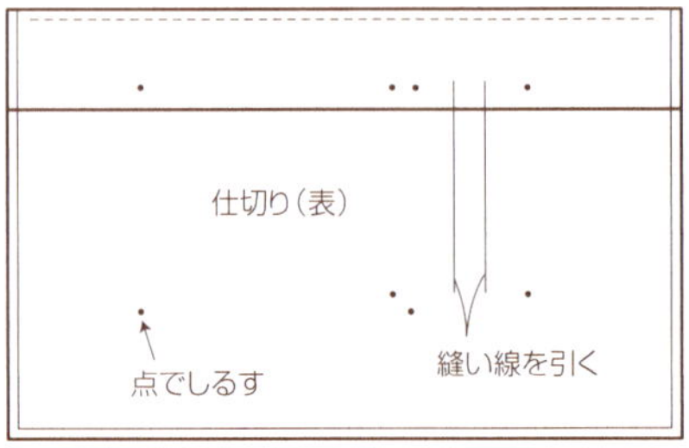

2 仕切りの表面にポケットとペン差しの位置を点でしるし、ペン差しの2本の縫い線を丸ぎりで引く。

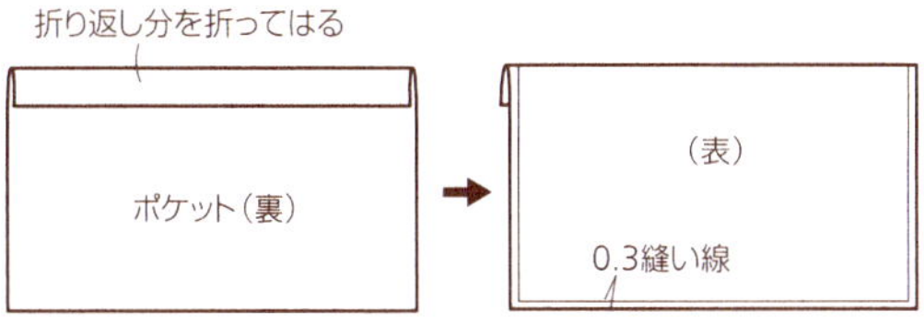

3 ポケットの折り返し分を裏側に折ってボンドではる。表面には縫い線を引いておく。

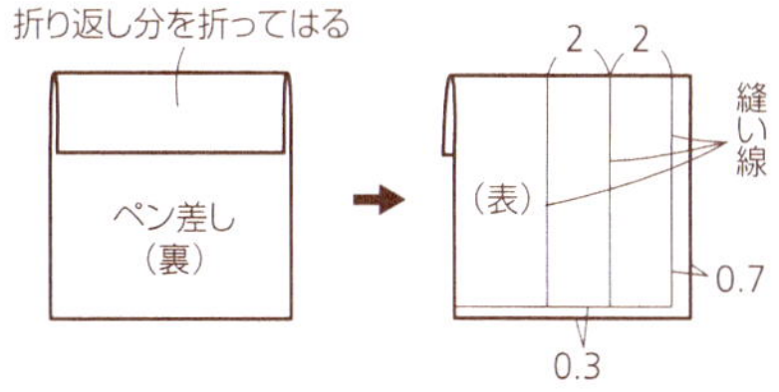

4 ペン差しの折り返し分を裏面に折ってボンドではり、表面には縫い線を引いておく。2cm幅の縫い線は丸ぎりで引く。

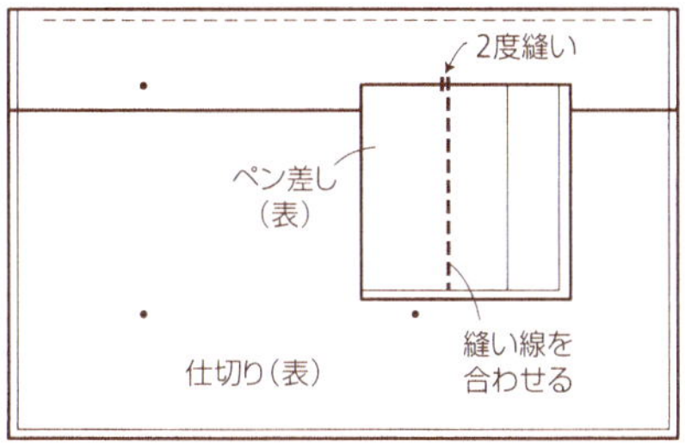

5 ペン差しと仕切りに引いた縫い線を合わせてボンドではり、穴をあけて平縫いで縫う。上端は2度縫いをする。

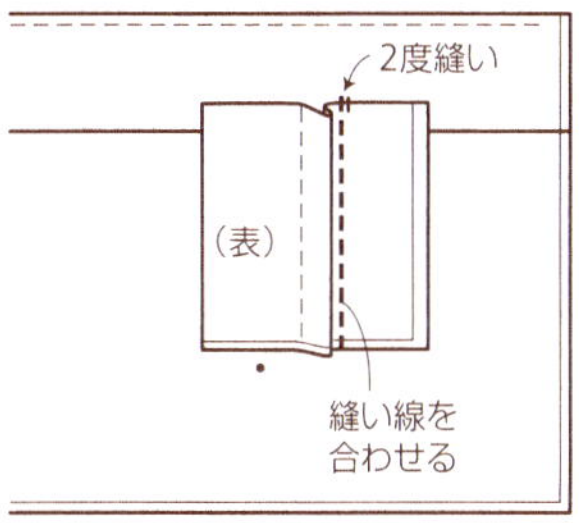

6 ペン差しと仕切りに引いたもう1本の縫い線を合わせて、同じように平縫いで縫う。ペンの入る部分が浮いた状態になる。

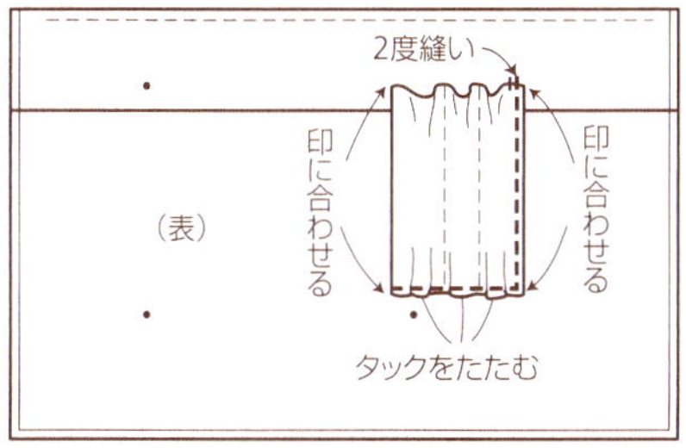

7 ペン差しの両わきと底を、仕切りの印に合わせてゴムのりではる。底の余った分は適当にタックをとってはり、右わきと底を平縫いで縫う。

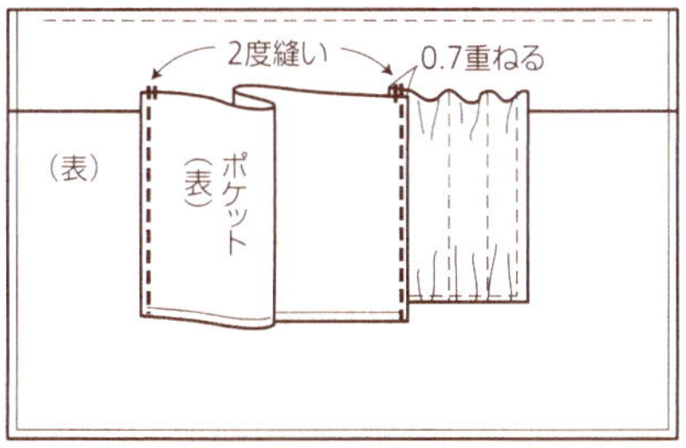

8 ポケットのわきの裏面にゴムのりをつけ、左側は印に合わせてはる。右わきはペン差しに0.7cm重ねてはる。両わきに穴をあけ、平縫いで縫う。

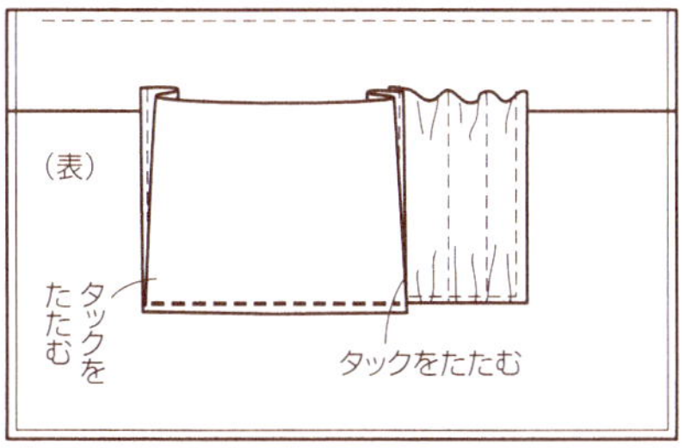

9 底の両わきでタックをたたみ、ゴムのりではって平縫いで縫う。

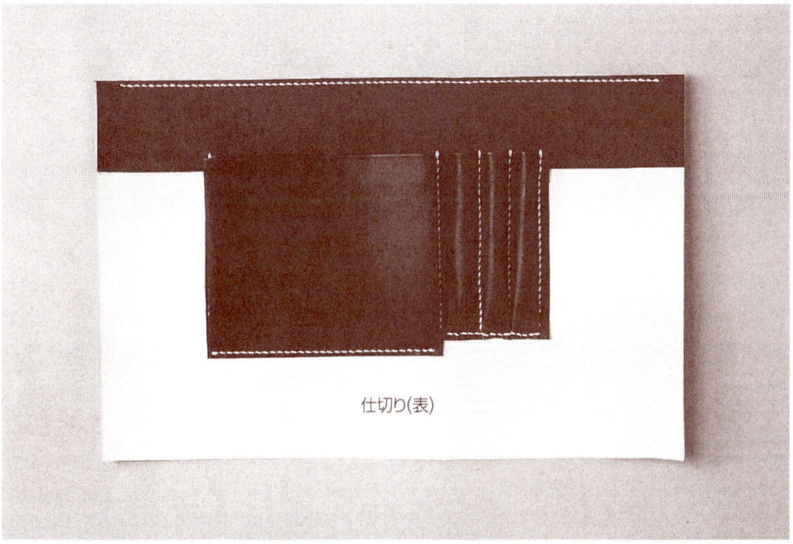

10 ペン差しとポケットの出来上がり。

5 胴とわきまち、底を縫い合わせる

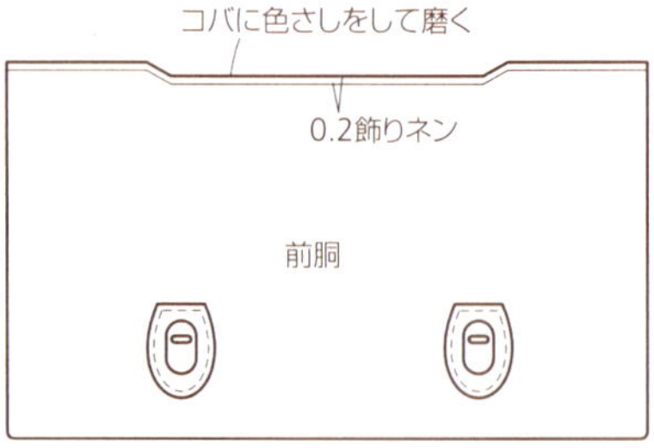

1 前胴の上端に飾りネンを引き、コバに色さしをして磨く。

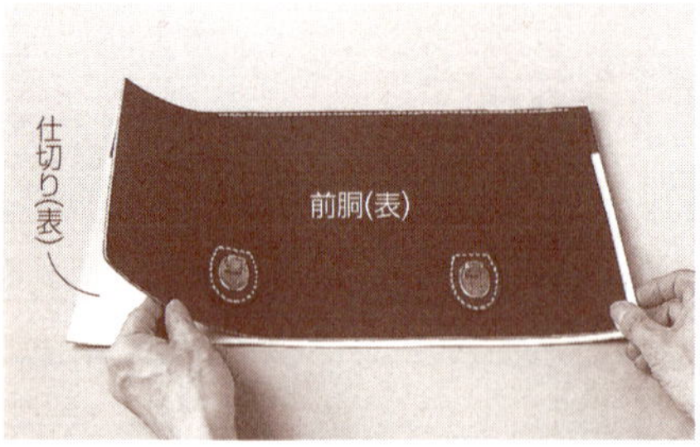

2 仕切り表面のわき(前胴つけ止まりまで)と底に約0.5cm幅ゴムのりをつける。前胴裏面のわきと底にもゴムのりをつけ、仕切りの上に重ねてはる。

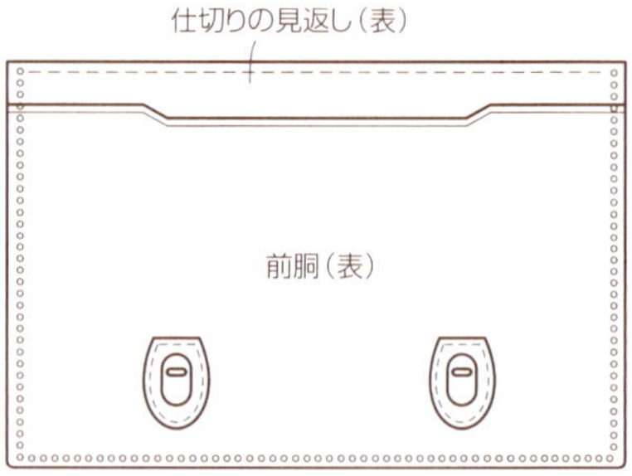

3 仕切りのわきと底を前胴に合わせてカットし、0.4cm幅の縫い線を引いて穴をあける。

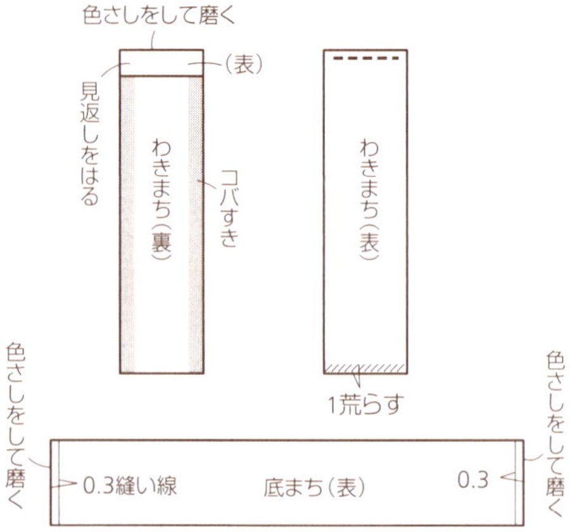

4 わきまち裏面の上端に見返しをはる。上端のコバに色さしをして磨き、平縫いで縫う。わきまちの底側は表面の重ね分を荒らしておく。底まちも両わきのコバを色さしして磨き、縫い線を引く。

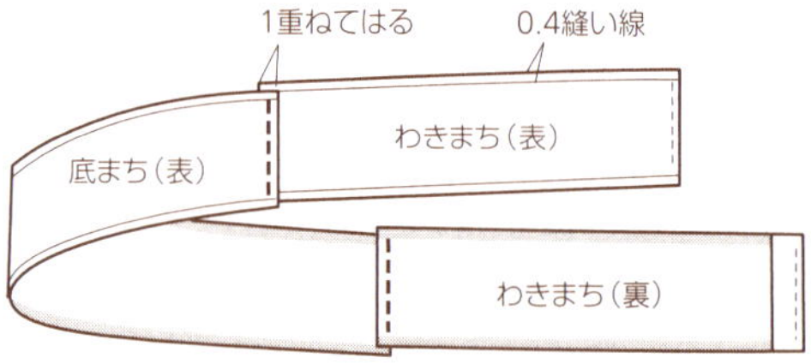

5 わきまちに底まちを1cm重ねてはり、平縫いで縫い合わせる。表面に縫い線を引き、コバすきのきわから革を表側に折って、折りぐせをつけておく。

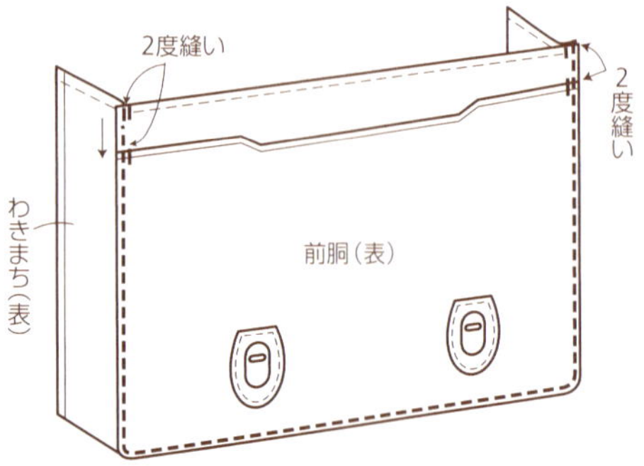

6 3の前胴裏面のわきと底の縫い代を荒らし、ゴムのりをつけて、5のまちと外表にはり合わせる。まちの縫い線を目標にして、前胴の穴から菱ぎりを刺して突き目をし、まちまで穴をあけて平縫いで縫う(p.61参照)。前胴の口のところは2度縫いをしておく。

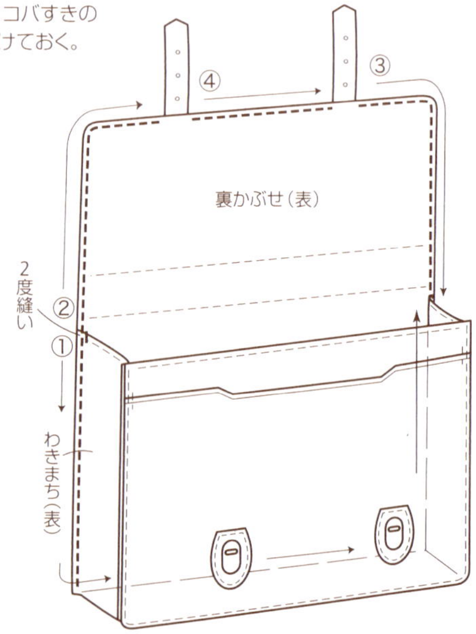

7 後ろ胴のわき(まちつけ止まりまで)と底の縫い代を荒らし、ゴムのりをつけてまちと外表にはり合わせる。6と同じように突き目をして平縫いで縫い合わせる。最後に周囲のコバにやすりをかけ、色さしをし、磨いて出来上がり。

一針一針ていねいに縫い締めることで、手縫い独特のふくよかな縫い目が生まれる。

かぶせつきショルダー

作品15ページ

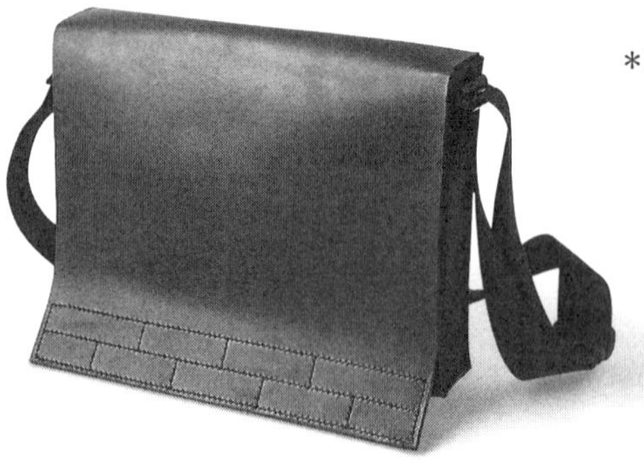

＊出来上がり寸法　36×27×7cm

＊材料　成牛ヌメ革……約55デシ
A 綿テープ（5cm幅）……180cm
B ショルダーパッド（5cm幅）……1個
C コキカン（5cm幅）……1個
D 角カン（5cm幅）……2個
カシメ……1個
そのほかに革用染料

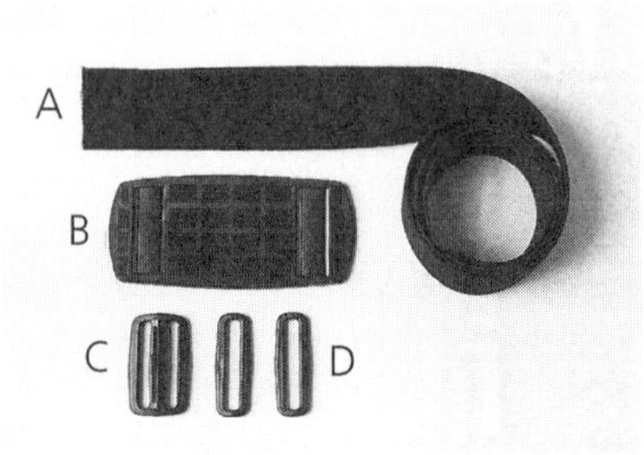

＊製図

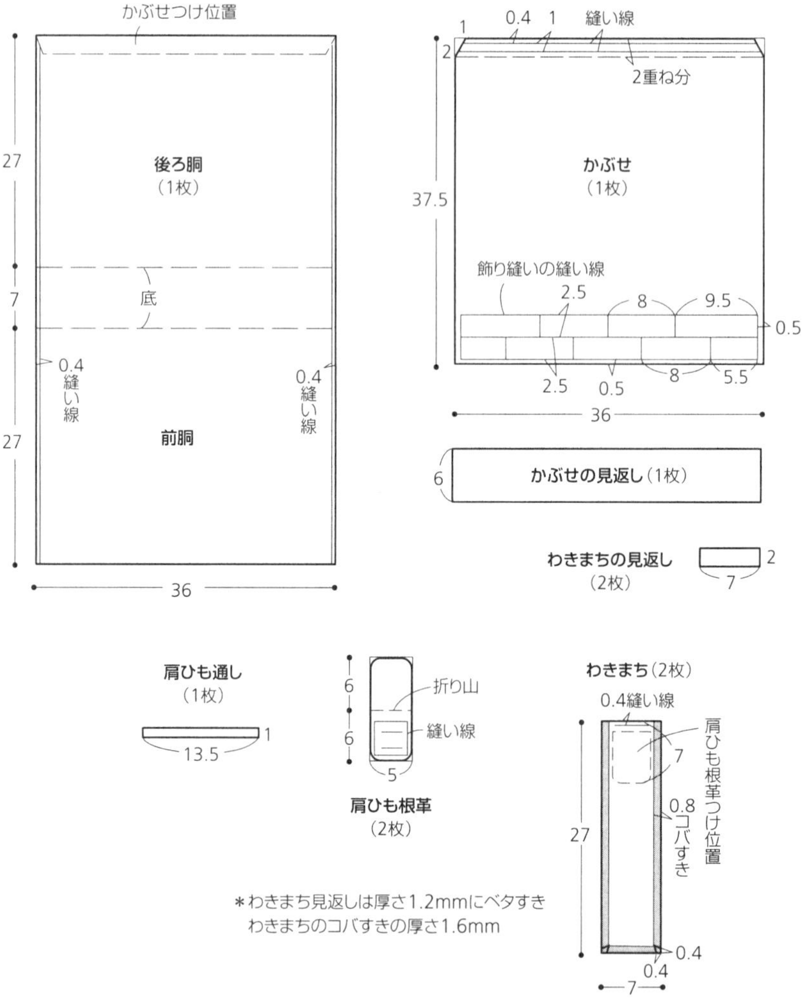

＊わきまち見返しは厚さ1.2mmにベタすき
　わきまちのコバすきの厚さ1.6mm

1 かぶせの表面に丸ぎりで図案線を引く。上端にはねじネンで縫い線を引く。

2 かぶせ裏面の見返しつけ位置と見返しの裏面を荒らし、ゴムのりをつけてはる。見返しは粗裁ちのままかぶせにはってから、かぶせに合わせて余分をカットする。

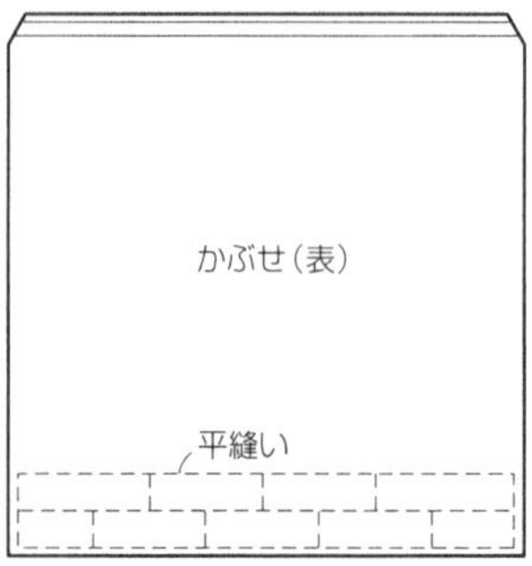

3 図案線に目打ちで見返しまで通して穴をあけ、平縫いで縫う。縫い終わったら周囲のコバに色さしをして磨く（p.68参照）。見返しをつけた部分はコバにやすりをかけてから色さしをして磨く。

4 後ろ胴表面のかぶせつけ位置を荒らす。かぶせ裏面のつけ位置も重ね分を荒らし、ゴムのりをつけて後ろ胴のつけ位置にはる。かぶせに引いた縫い線に目打ちで穴をあけ、平縫いで縫う。胴の両わきは縫い線を引き、穴をあけておく。

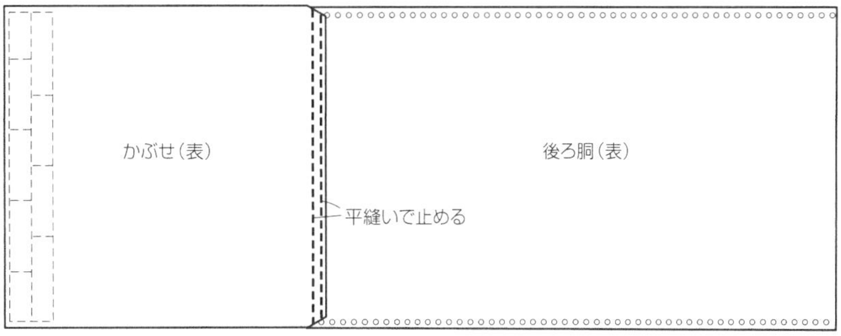

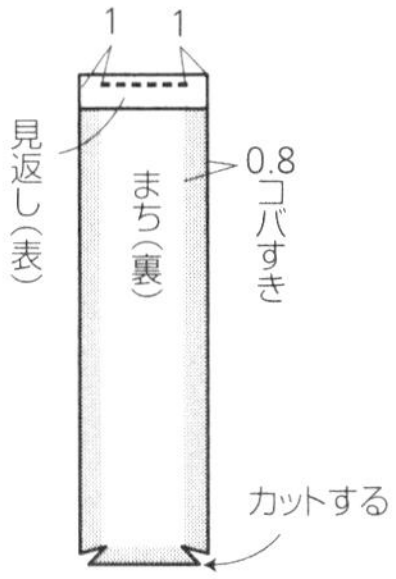

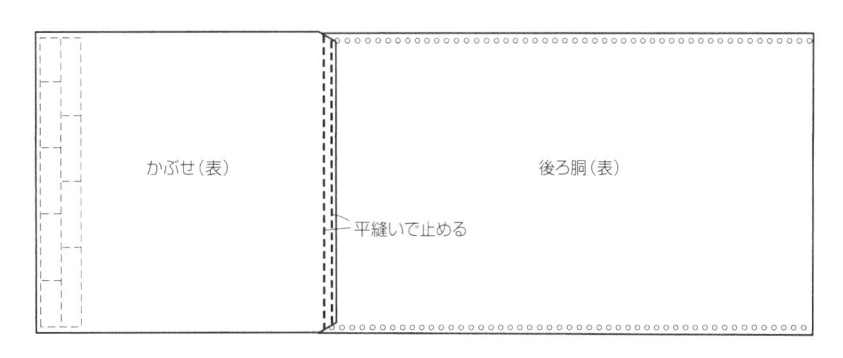

5 まちはコバすきのきわから革の端を表側に折って折りぐせをつけておく（p.51参照）。まちの裏面に見返しをはり、上端を平縫いで縫う。底の角は三角にカットしておく。

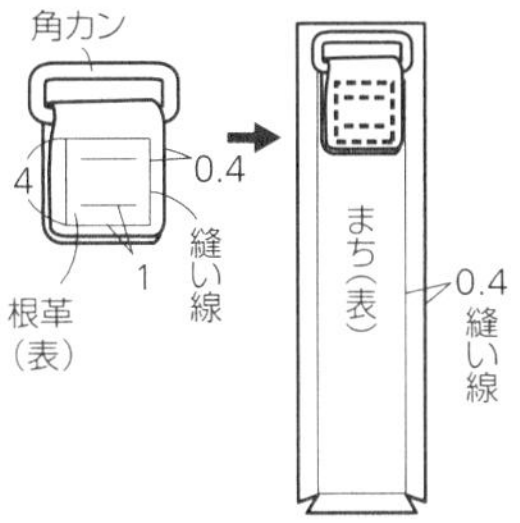

6 肩ひもの根革に角カンを通して外表に半分に折り、ゴムのりではり合わせて縫い線を引く。それをまちのつけ位置にはり、平縫いで縫い止める。もう1枚のまちも同様に作る。

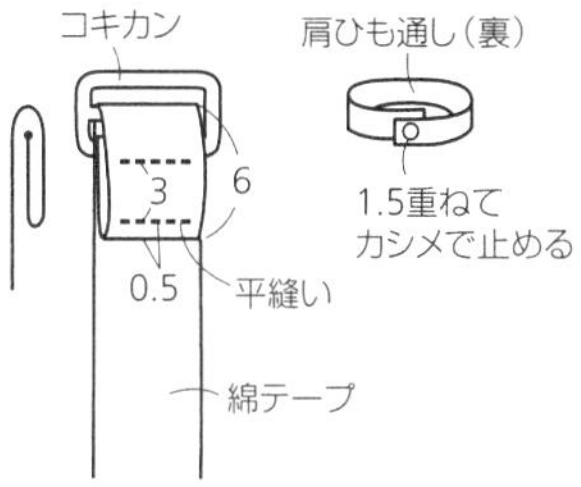

7 綿テープの片方の端にコキカンを通し、端を3つ折りにしてボンドではる。クリップなどでしばらく押さえておき、しっかり接着させてから目打ちで穴をあけ、平縫いで縫い止める。肩ひも通しは端を1.5cm重ねてカシメで止め、輪にする。

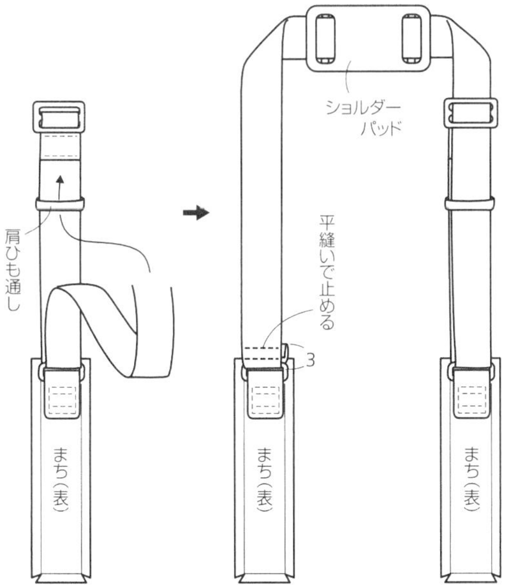

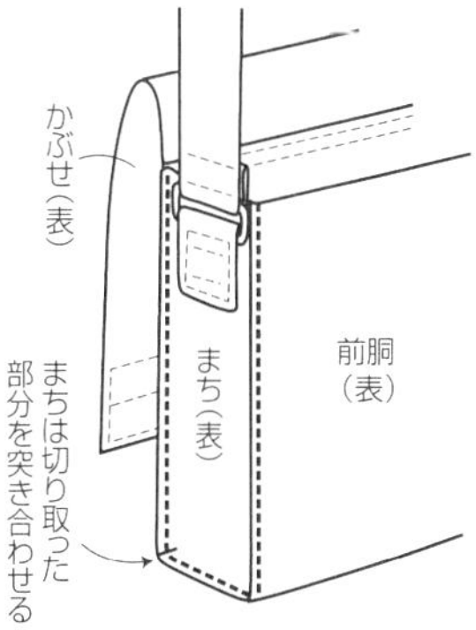

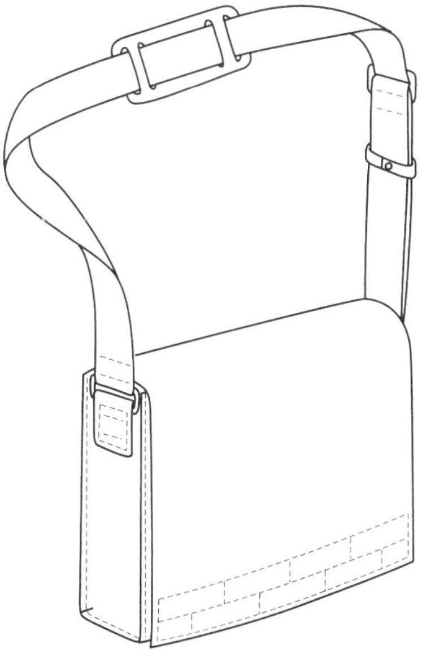

8 綿テープに輪にした肩ひも通しを通し、続けてまちにつけた角カンに通して折り返す。再度肩ひも通しとコキカンに通し、さらにショルダーパッドを通す。最後にもう1枚のまちにつけた角カンに通し、端を三つ折りにして平縫いで縫い止める。

9 胴の裏面のわきのりしろを荒らし、ゴムのりでまちと外表にはり合わせる。底の角はまちのカットした部分を突き合わせるようにしてはる。胴の穴から菱ぎりを刺し、突き目をしてまちにも穴をあけ、平縫いで縫う（p.61参照）。

10 もう1枚のまちも同様に縫いつけ、コバにやすりをかけ、色さしをして磨く。出来上がり。

端革のバッグ

作品16ページ

＊出来上がり寸法（バッグ部分）45×32cm

＊材料　成牛ヌメ革……適宜

＊製図

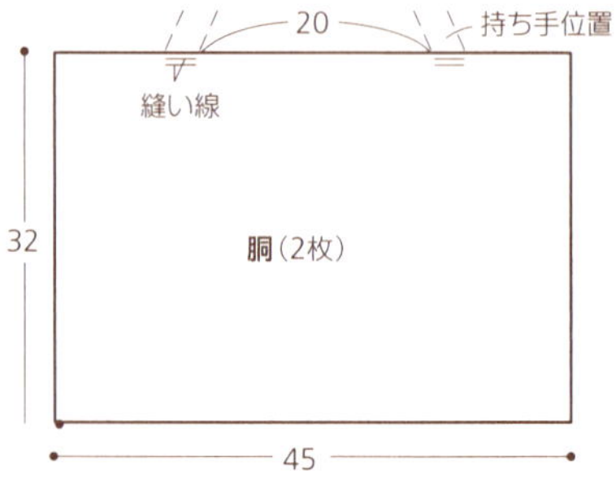

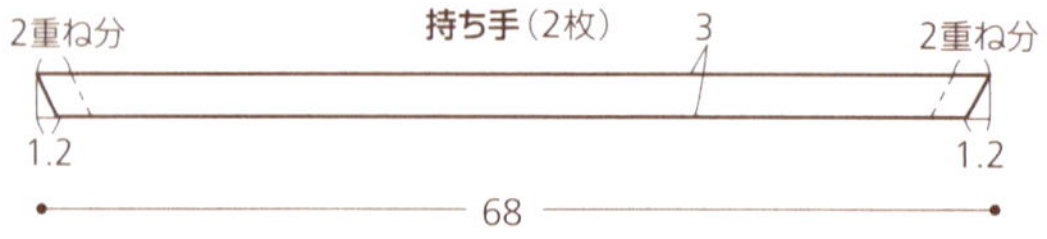

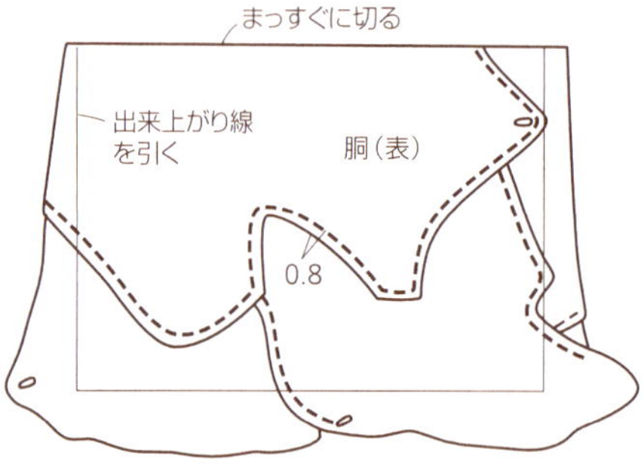

1 胴の型紙の大きさを目安に、端革を重ねて好みのデザインに配置する。はぎ目をゴムのりではり、表面に出来上がり線を丸ぎりで引いて、口側をまっすぐにカットする。はぎ目に縫い線を引いて目打ちで穴をあけ、平縫いで縫い合わせてパッチワークをする。口は、コバ磨きをしておく。

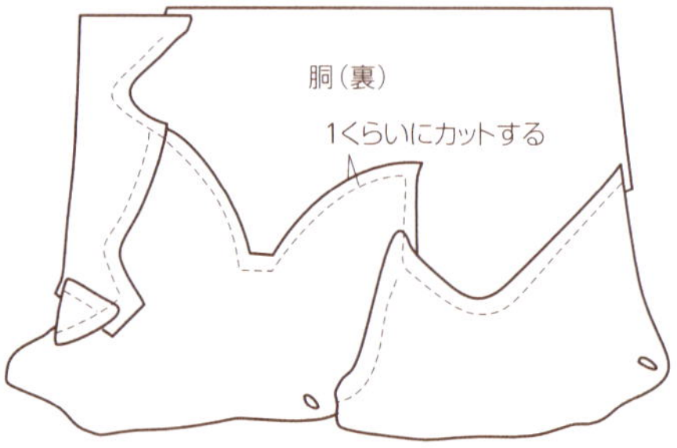

2 裏面は、はぎ目の縫い代を約1cm残してはさみ（革が切れるもの）で切り落とす。もう1枚の胴も同じ要領で作る。2枚の形はそろわなくてよい。

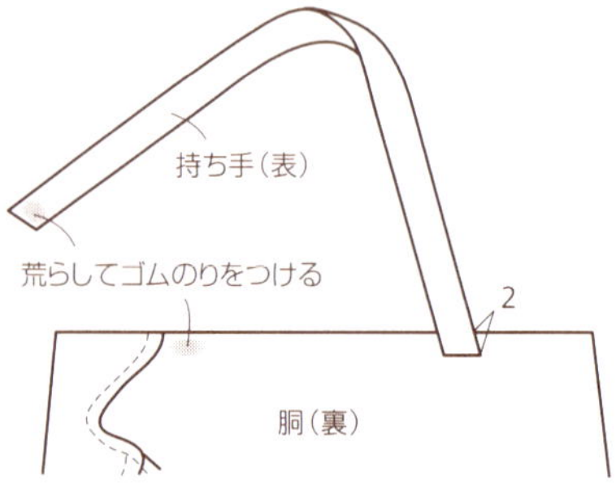

3 持ち手は2本とも周囲のコバ磨きをし、胴の裏面にゴムのりではる。

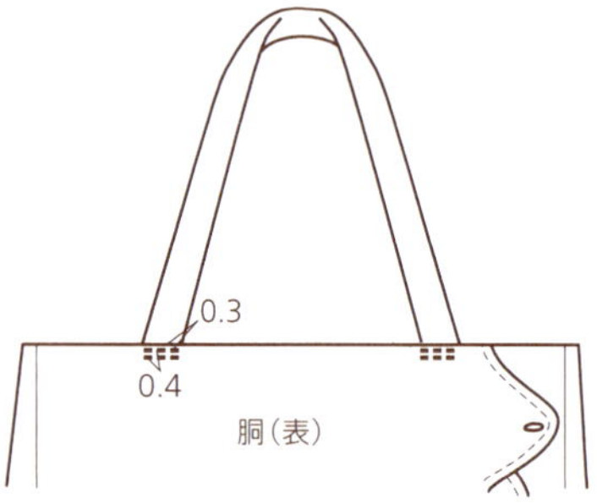

4 胴の表面の持ち手つけ位置に縫い線を引き、穴をあけて平縫いで縫い止める（2度縫い）。

5 胴の裏面の出来上がり線（縫い線）位置を荒らし、ゴムのりをつける。

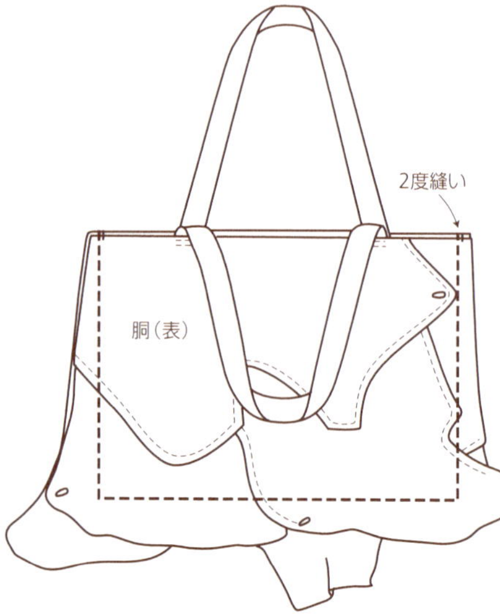

6 2枚の胴を外表にはり合わせ、縫い線に穴をあけて平縫いで縫う。出来上がり。

めがね入れ

作品17ページ

＊出来上がり寸法　8.5×17.5cm

＊実物大型紙は付録A面に掲載。

＊材料　成牛ヌメ革（厚さ1.8mm）……適宜
　　　　アメ豚（厚さ0.5mm）……4デシ

＊型紙

本体
（端革のパッチワーク・アメ豚 各1枚）

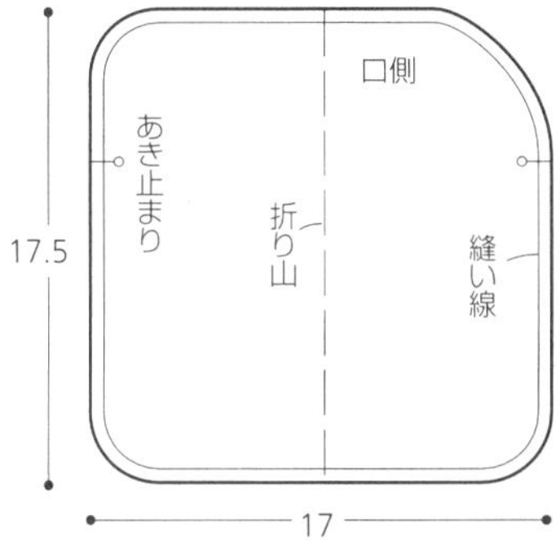

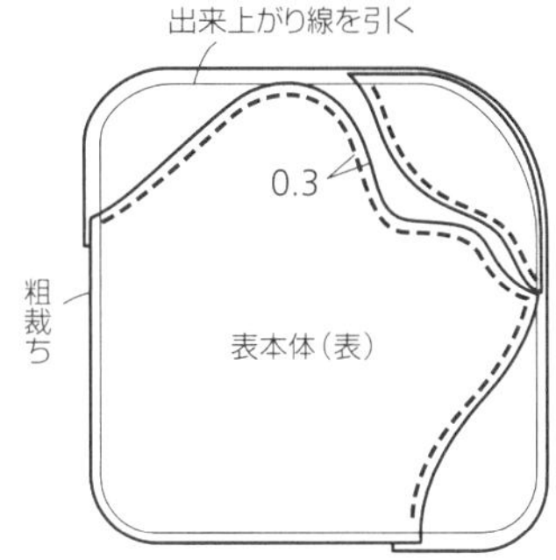

1　型紙に合わせて端革を重ねてデザインをし、はぎ目をゴムのりではる。次に出来上がり線を丸ぎりで引き、粗裁ちをする。はぎ目に縫い線を引き、目打ちで穴をあけ、平縫いで縫う。このとき、縫い目が出来上がり線より出ないように注意する。

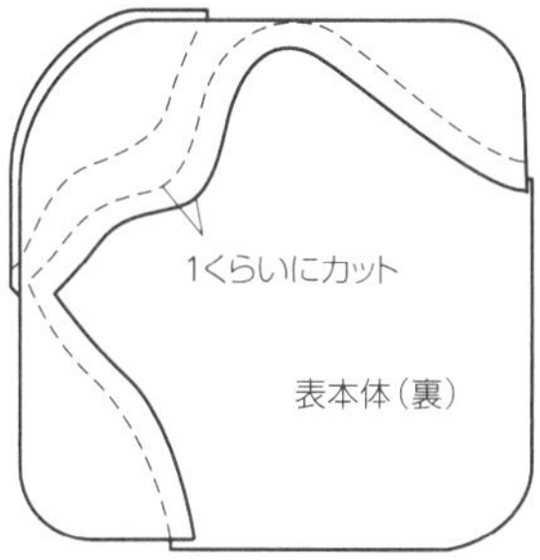

2　裏面は、はぎ目の縫い代を約1cm残してはさみ（革が切れるもの）で切り落とす。

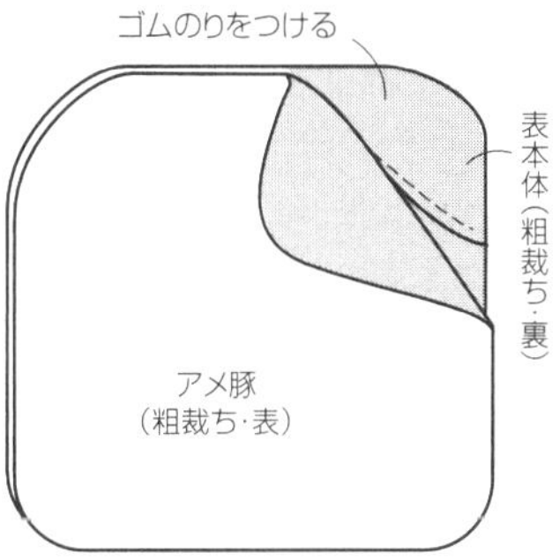

3　裏本体になるアメ豚を粗裁ちし、パッチワークをした表本体と、ゴムのりで外表にはり合わせる。

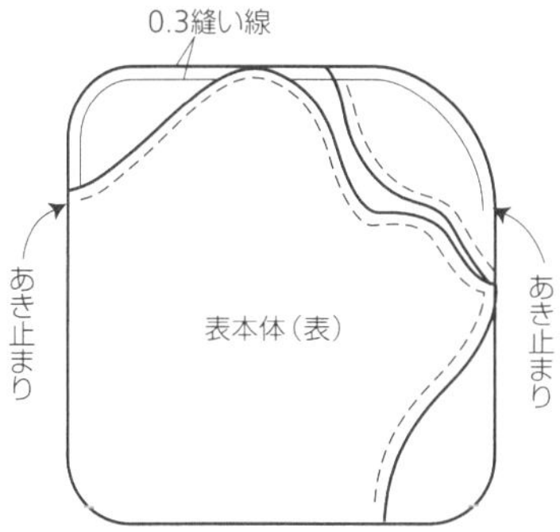

4　型紙どおりに本裁ちをする。あき止まりから上のコバにやすりをかけ、仕上げ剤をつけて磨く。

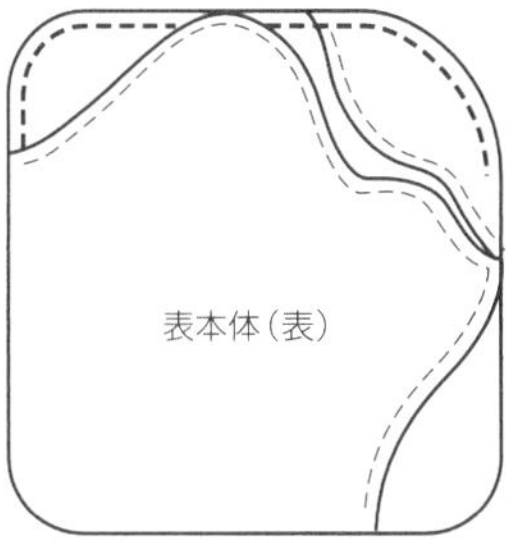

5　縫い線上に目打ちで穴をあけ、平縫いで縫う。

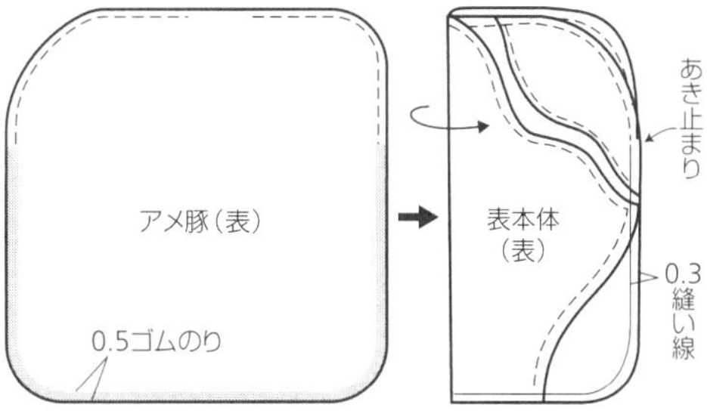

6　アメ豚面のあき止まりから下ののりしろを荒らし、ゴムのりをつけ、半分に折ってはり合わせる。あき止まりから下に縫い線を引く。

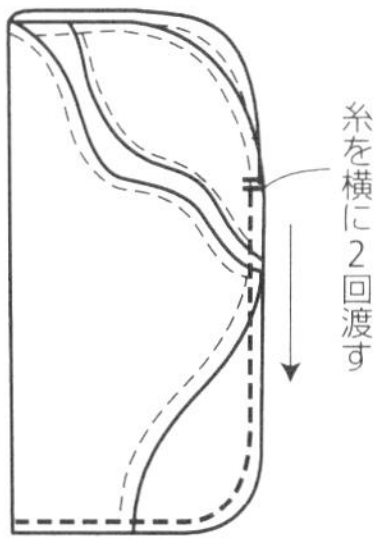

7　縫い線上に穴をあけ、平縫いで縫う。あき止まりは糸を横に2回渡してしっかり止めておく。最後にコバにやすりをかけ、仕上げ剤をつけて磨く。出来上がり。

クロス縫いパッチワーク角

作品6ページ

＊出来上がり寸法　27×18×9cm

＊材料　成牛ヌメ革……約25デシ

＊製図

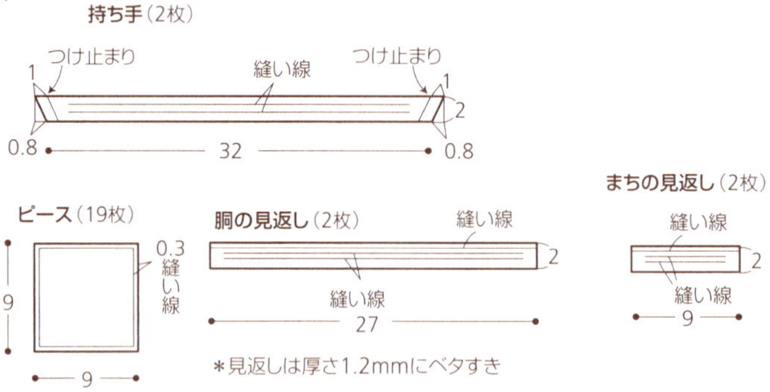

＊見返しは厚さ1.2mmにベタすき

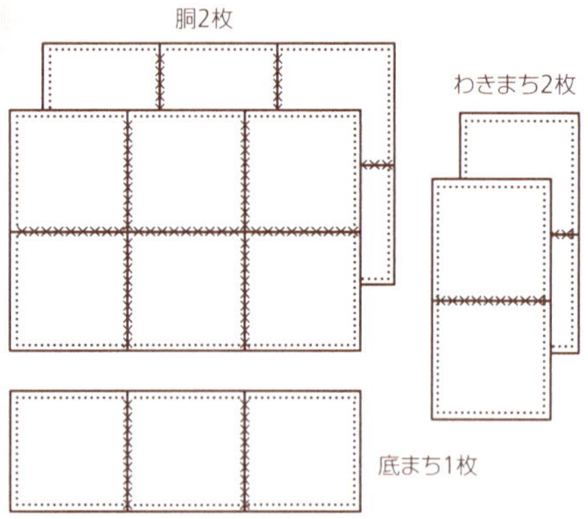

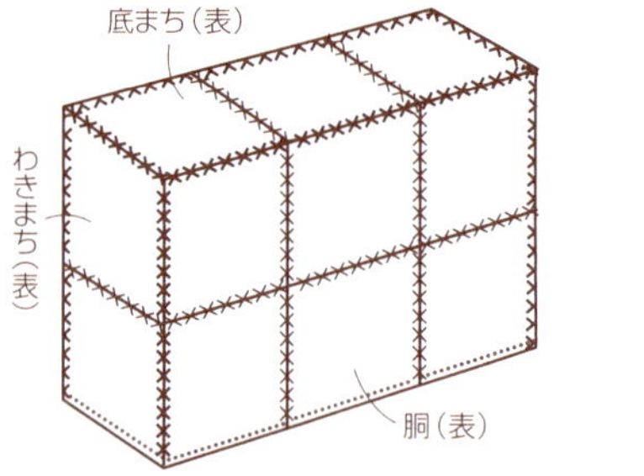

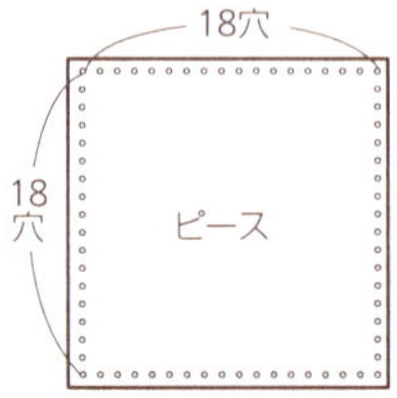

1 ピースの周囲に0.3cm幅の縫い線を引き、目打ちで穴をあける。各辺18穴ずつあける。上段8枚の口側になる辺以外はコバを磨いておく。

2 ピースをクロス縫いで縫い合わせる（p.47参照）。胴用には6枚を縫い合わせたもの2組、わきまち用には2枚を縫い合わせたもの2組、底まち用には3枚を縫い合わせたものを作る。

3 胴とまちをクロス縫いで縫い合わせる（p.48参照）。まず胴とわきまちを縫い合わせてから底まちをつける。

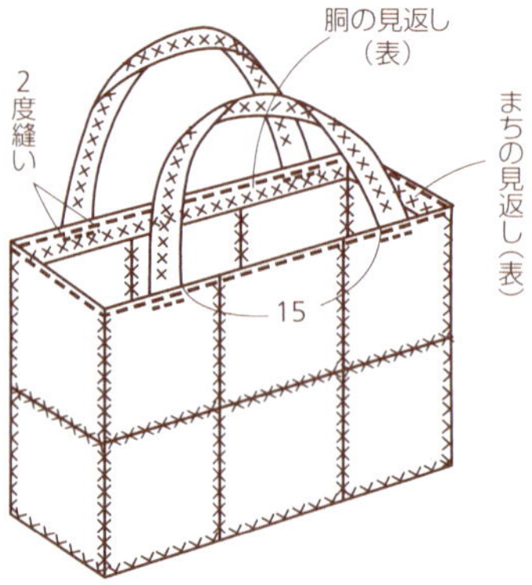

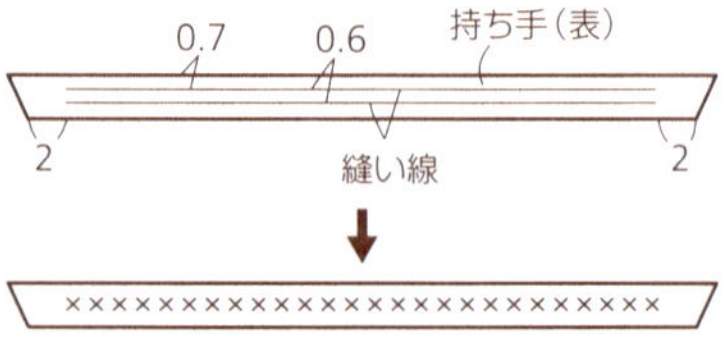

4 持ち手はコバを磨き、中央に0.6cm幅で2本の縫い線を引き、目打ちで穴をあけてクロス縫いをする。

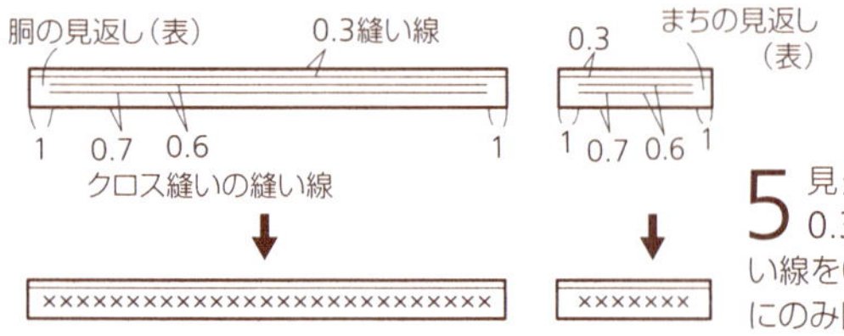

5 見返しの上端に口を縫うときの縫い線を0.3cm幅で引き、その下にクロス縫い用の縫い線を0.6cm幅で2本引く。クロス縫いの縫い線にのみ目打ちで穴をあけ、クロス縫いをする。

6 持ち手のつけ位置と見返しの口側ののりしろを荒らし、ゴムのりをつけて胴の内側にはる。ゴムのりが乾いたら、ピースの穴から1目ずつ菱ぎりで突き目をし、見返しまで穴を通す（p.61参照）。糸が通っている穴は、菱ぎりだと糸が切れてしまうので、丸ぎりで突き目をする。口にぐるりと穴をあけたら、平縫いで縫う。持ち手つけ位置は2度縫い。口のコバにやすりをかけ、磨いて出来上がり。

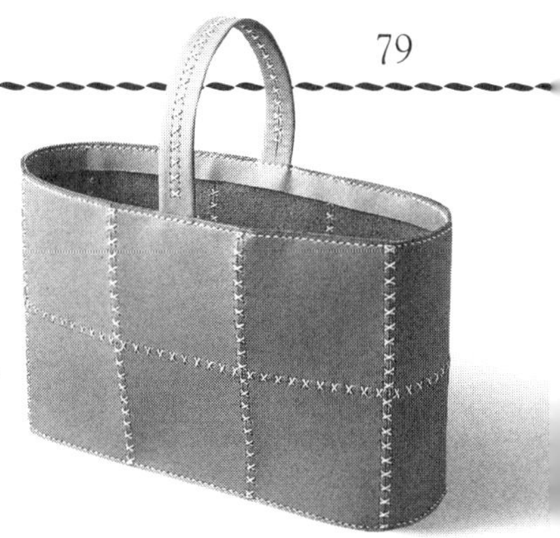

クロス縫いパッチワーク丸

作品6ページ

＊出来上がり寸法 34.5×20×12cm

＊材料 成牛ヌメ革……約33デシ

＊製図

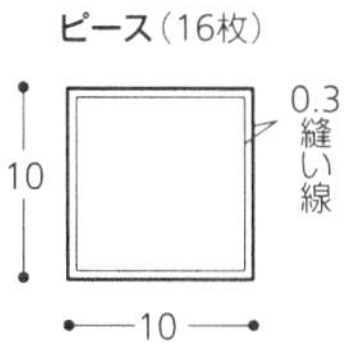

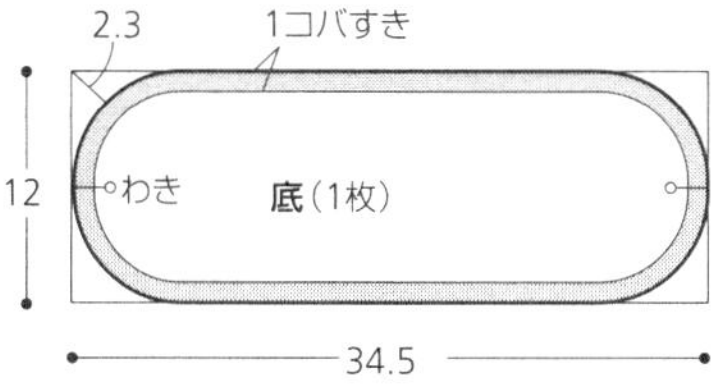

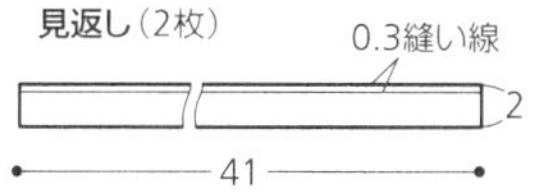

＊底まちのコバすきは厚さ1.6mm
見返しは厚さ1.2mmにベタすき

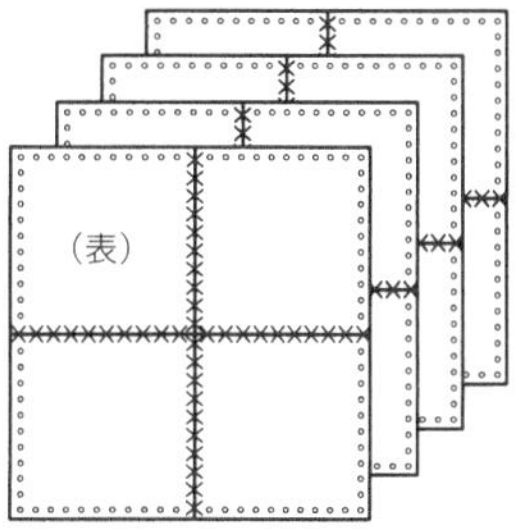

1 ピースの1辺に20穴ずつ穴をあけ、それぞれ口または底になる1辺を除いてコバを磨く。ピース4枚をクロス縫いで縫い合わせる(p.47参照)。4組作る。

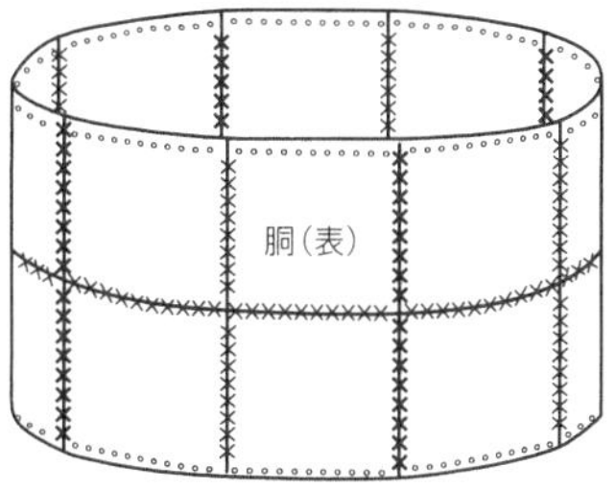

2 4組をクロス縫いで縫い合わせて輪にする。これが胴になる。

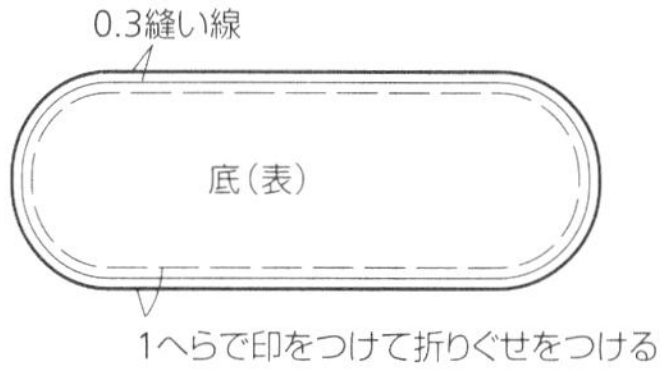

3 底の表面に0.3cm幅の縫い線を引き、コバすきのきわにへらで印をつける。へらの印位置から縫い代を表側に折って折りぐせをつける(p.51参照)。

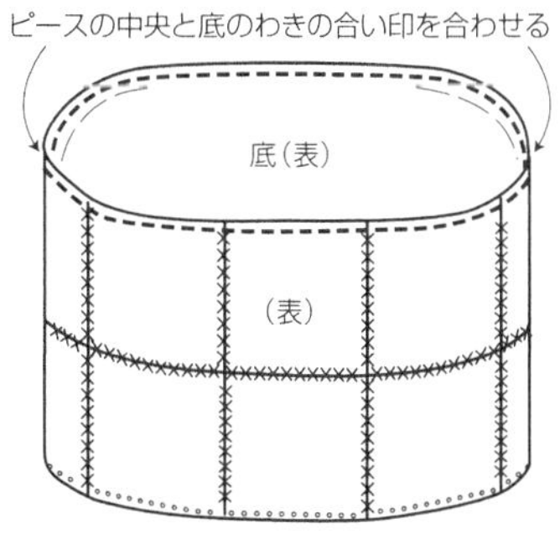

4 底をつける。底の裏面の周囲にゴムのりをつけ、胴の内側に底をはめ込むようにしてはる。胴のピースの穴から1目ずつ菱ぎりで突き目し、底まで穴を通す(p.61参照)。糸が通っている穴は、菱ぎりだと糸が切れてしまうので、丸ぎりで突き目をする。穴をあけた後平縫いで縫う。

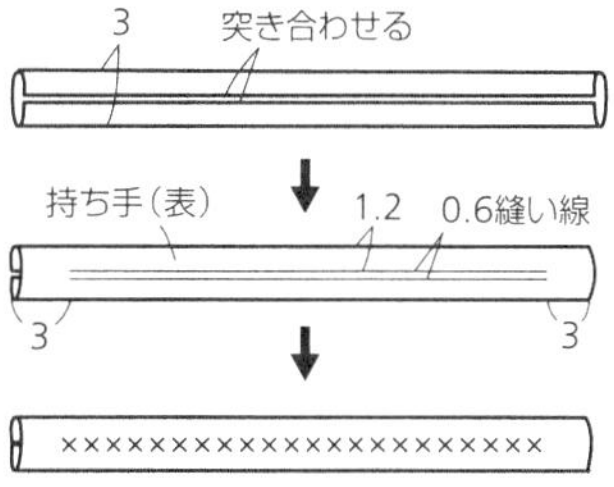

5 持ち手を3cm幅に折ってゴムのりではり、中央に0.6cm幅の縫い線を引いてクロス縫いをする。

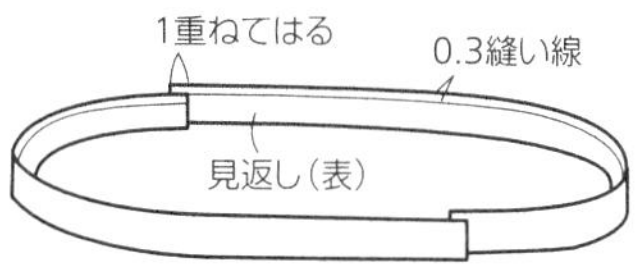

6 見返し2本は両端を幅約1cmすく(p.57参照)。まず片側を重ねてゴムのりではり、1本にした状態で0.3cm幅の縫い線を引く。それから残った端同士をはって輪にする。

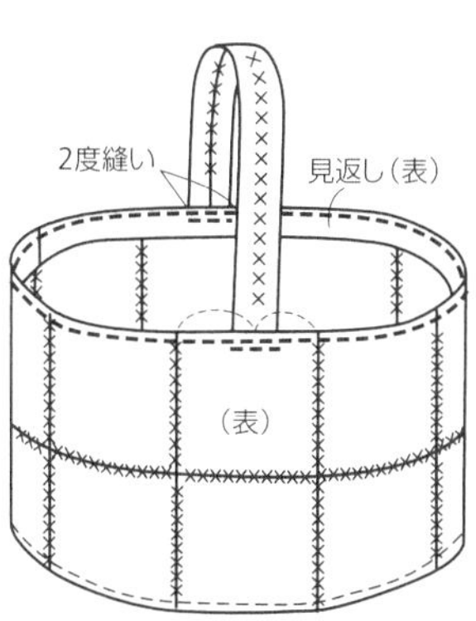

7 口の内側に持ち手、見返しの順に重ねてゴムのりではり、底と同様に菱ぎりで突き目をして見返しに穴をあけ、平縫いで縫う。持ち手つけ位置は2度縫い。口と底のコバにやすりをかけ、磨いて出来上がり。

ウエストバッグ角

作品14ページ

＊出来上がり寸法 14×17.5×5cm

＊材料 成牛ヌメ革……約18デシ
そのほかに革用染料

＊製図

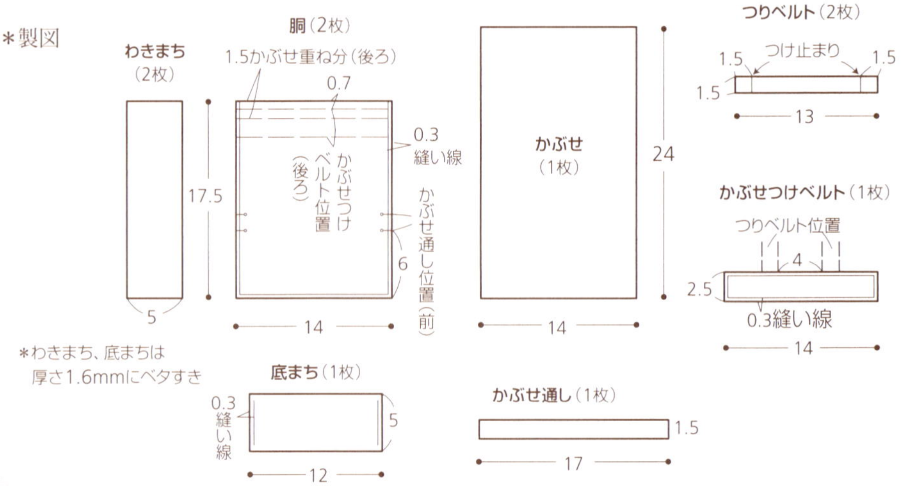

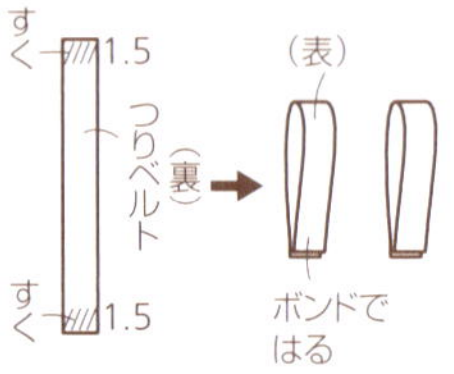

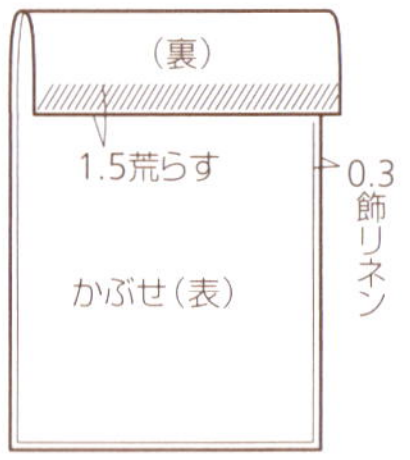

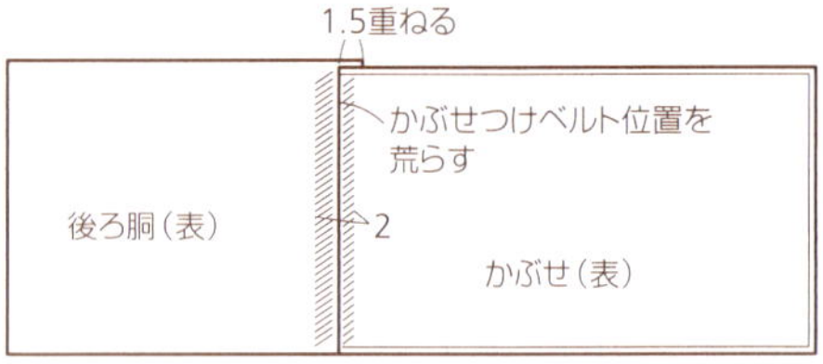

1 つりベルトは2本ともコバに色さしをして磨き（p.68参照）、両端を幅約1.5cmすく（p.57参照）。2つ折りにしてボンドではり、輪にする。

2 かぶせは上端以外の3辺のコバに色さしをして磨き、飾りネンを引く。上端は裏面を荒らす。

3 後ろ胴表面の上端の重ね分を荒らしてゴムのりをつけ、かぶせを重ねてはる。次にかぶせつけベルトのつけ位置を荒らしておく。

ステッチ入りのベルト

作品14ページ

＊出来上がり寸法 4×99cm

＊材料 成牛ヌメ革（厚さ3.5mm）……約11デシ
※この作品はベルト用革として市販されている、裁断済みの革を使用した。
尾錠（4cm幅）……1個
そのほかに革用染料

＊製図

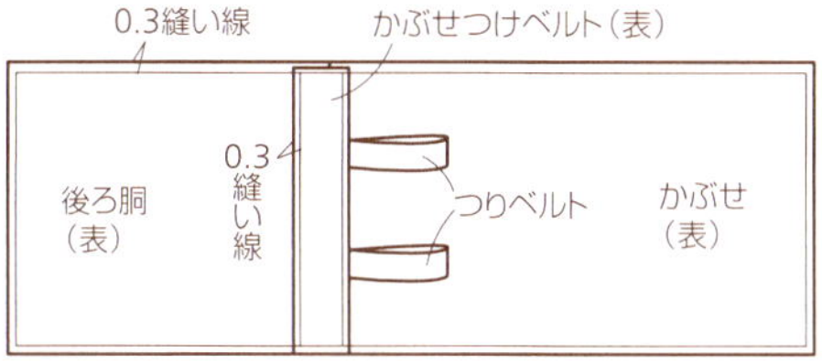

4 かぶせつけベルトはコバに色さしをして磨いておく。後ろ胴の表面につりベルトをはさんで、かぶせつけベルトをゴムのりではる。かぶせつけベルトと後ろ胴に縫い線を引く。

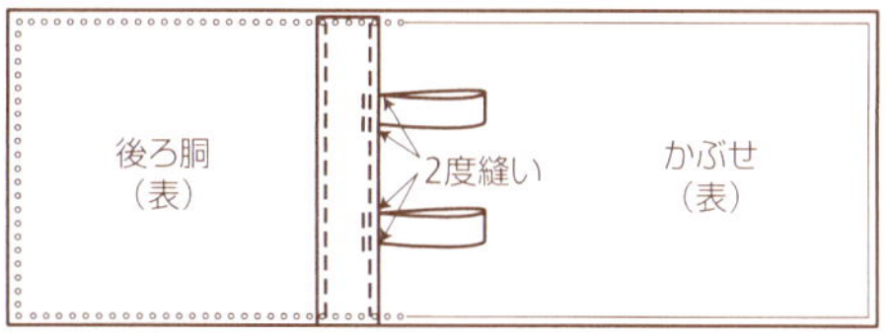

5 かぶせつけベルトと後ろ胴の縫い線に目打ちで穴をあけ、かぶせつけベルトの上下を平縫いで縫う。つりベルトつけ位置は2度縫い。

6 前胴上端のコバに色さしをして磨き、わきと底は縫い線を引いて穴をあける。かぶせ通しはつりベルトと同じ要領で両端をすいておく。

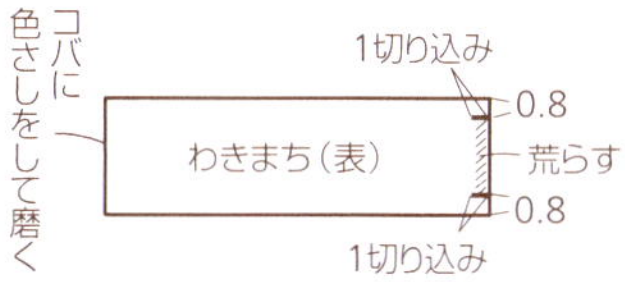

7 わきまち上端のコバに色さしをして磨く。底側は切り込みを入れ、縫い代の表面を荒らしておく。

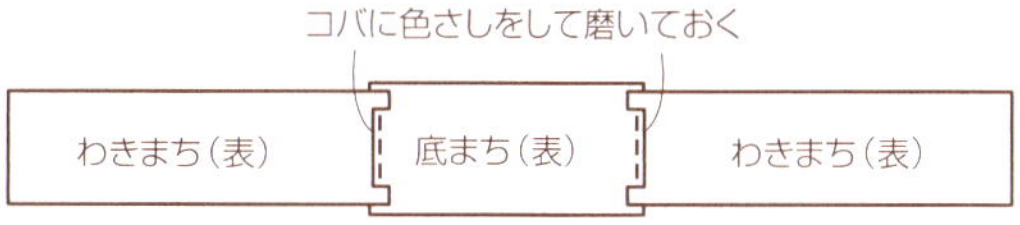

8 わきまちの切り込みに底まちをはめ込み、平縫いで縫い合わせる（p.52参照）。

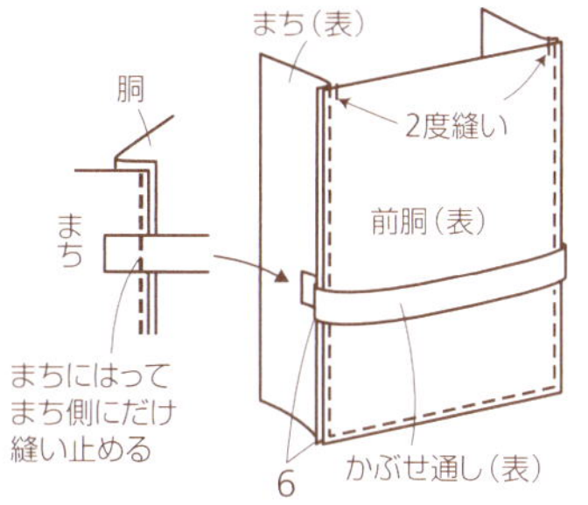

9 かぶせ通しの周囲のコバを色さしをして磨いておく。前胴と8のまちを縫い合わせる（p.52参照）。このとき、底から6cmの位置にかぶせ通しを一緒に縫い止める。

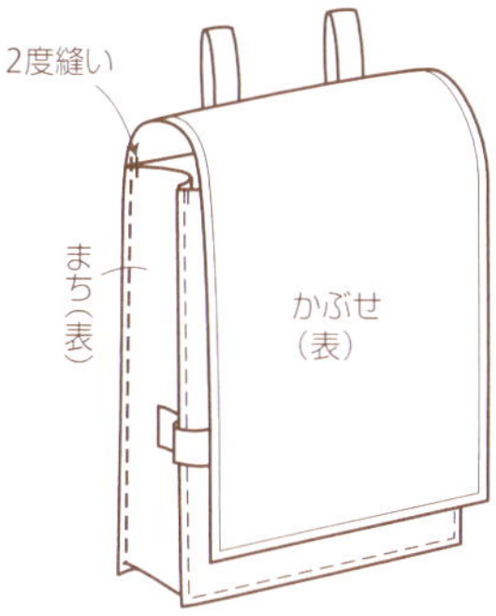

10 後ろ胴とまちを縫い合わせる（p.52参照）。縫い終わったら、コバにやすりをかけ、色さしをして磨く。出来上がり。

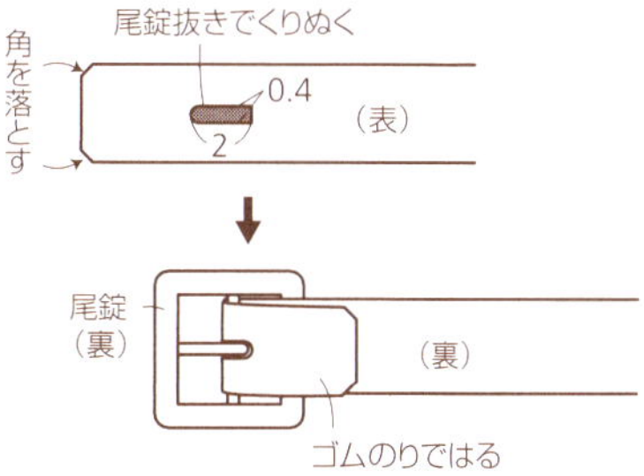

＊尾錠抜きがない場合

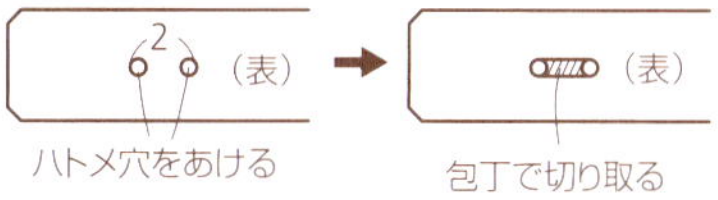

1 ベルトの折り返し分の端の角を、ほんの少し落とし、革の周囲のコバに色さしをして磨く。次に尾錠の針を通す穴をくりぬき、尾錠を通して折り返し分を裏面に折り、ゴムのりではる。

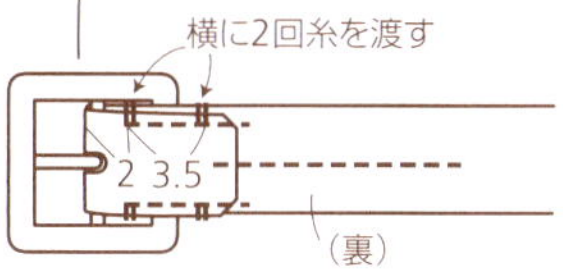

2 折り返し分を縫い止める縫い線、飾り縫いの縫い線を引く。飾り縫いの縫い線は丸ぎりで引く。目打ちで穴をあけ、それぞれ平縫いで縫う。ハトメ穴をあけて出来上がり。

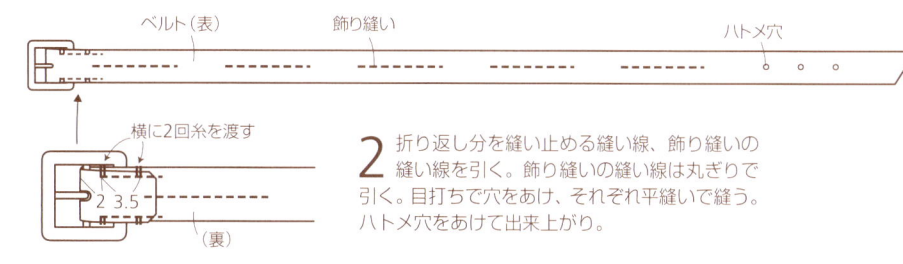

ウエストバッグ丸

作品8ページ

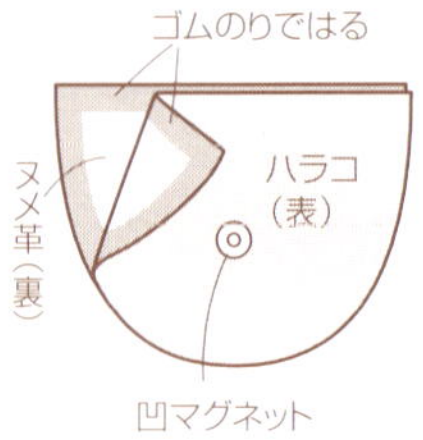

1 前胴のヌメ革裏面の周囲を幅約1cm荒らし、ゴムのりをつけてハラコと外表にはり合わせる。次に凹マグネットをつける（p.45参照）。裏側には当て革をはって、マグネットの座金を隠す。

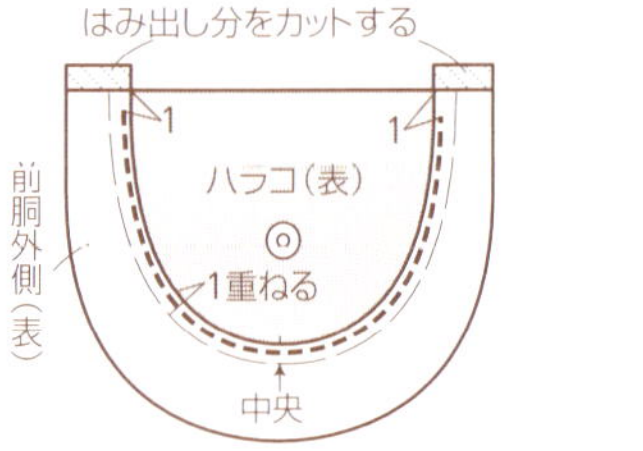

2 前胴外側の革の、内側のコバに色さしをして磨き、裏面の重ね分を荒らしてゴムのりをつける。前胴のハラコに1cm重ね、中央の合い印を合わせてはる。縫い線を引き、目打ちで穴をあけて平縫いで縫う。外側の上端は、はみ出した分をカットする。

*出来上がり寸法 20.5×17cm

*実物大型紙は付録A面に掲載。

*材料 成牛ヌメ革……約28デシ
ハラコ風ヘアカーフプリント（以下「ハラコ」）……約8デシ
凹マグネット用当て革（厚さ1mm程度の薄い革。またはフェルトでも可）……2.5×2.5cm
マグネットホック（直径1.8cm）……1組
そのほかに革用染料

*型紙

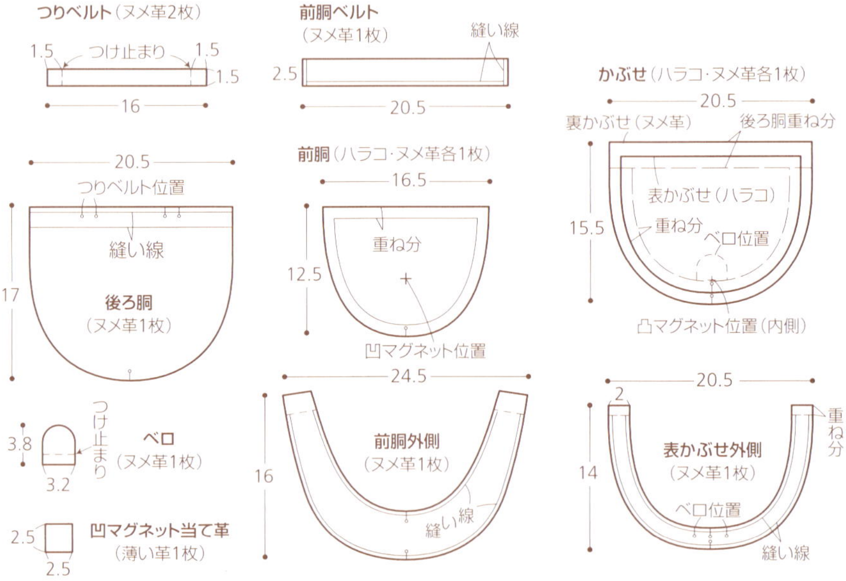

カットワークのベルト

作品8ページ

*出来上がり寸法 3.5 ×93cm

*ベロと尾錠通しの実物大型紙は付録A面に掲載。

*材料 成牛ヌメ革（厚さ2mm）……約11デシ
ハラコ風ヘアカーフプリント（以下「ハラコ」）……約2デシ
尾錠（2.5cm幅）……1個

*製図

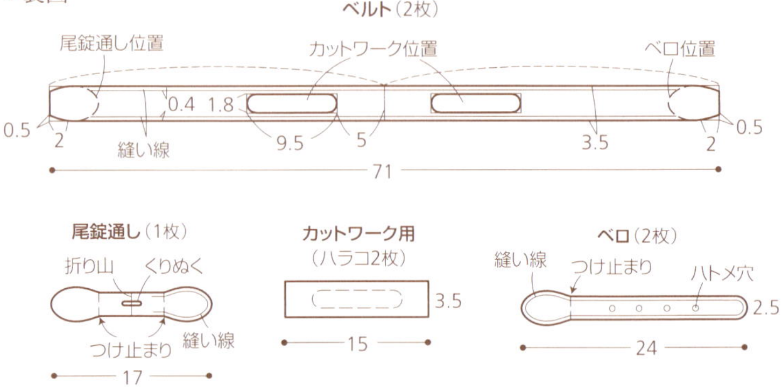

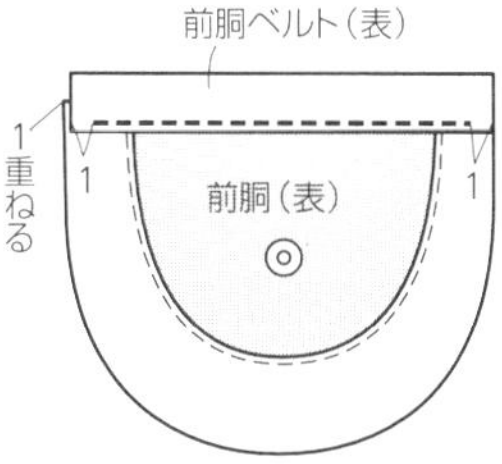

3 前胴ベルトは周囲のコバに色さしをして磨いておく(p.68参照)。前胴の上端に前胴ベルトを1cm重ねてはり、縫い線を引いて穴をあけ、平縫いで縫う。

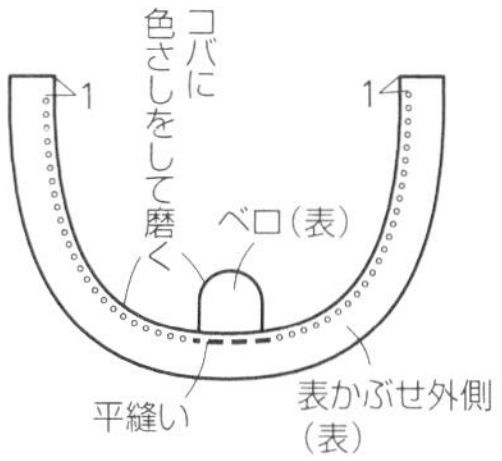

4 ベロの周囲と表かぶせ外側の革の内側のコバに色さしをして磨く。表かぶせの内側に縫い線を引き、中央にベロをはって穴をあけ、ベロを平縫いで縫い止める。

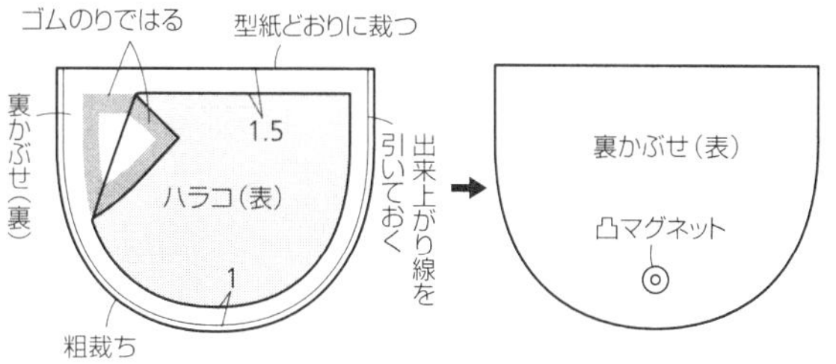

5 粗裁ちした裏かぶせと、ハラコの表かぶせを外表にしてはり、裏かぶせ側から凸マグネットをつける。

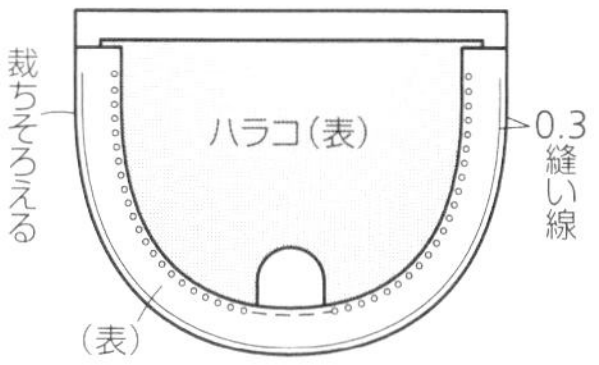

6 5の上に4を重ねてはる。裏かぶせの外周の余分をカットし、縫い線を引く。

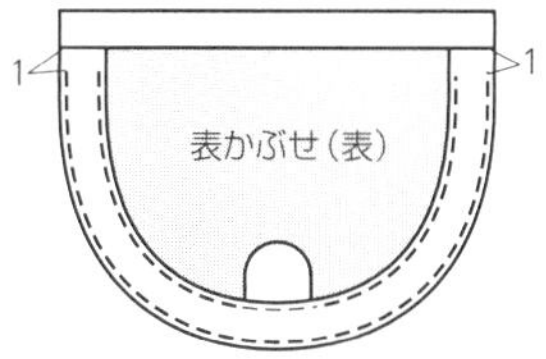

7 縫い線に穴をあける。4で穴をあけた内側は、その穴にもう一度目打ちを打って、裏かぶせまで穴を通す。ベロつけ位置を除いて平縫いで縫う。外側の縫い線は3枚重ねて目打ちを打つ。

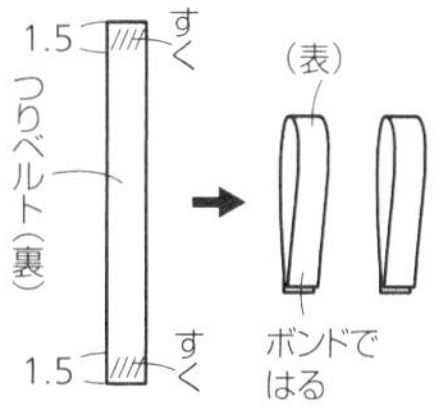

8 つりベルトは周囲のコバに色さしをして磨き、両端を約1.5cmずつすく(p.57参照)。つりベルトは2つ折りにしてボンドではる。

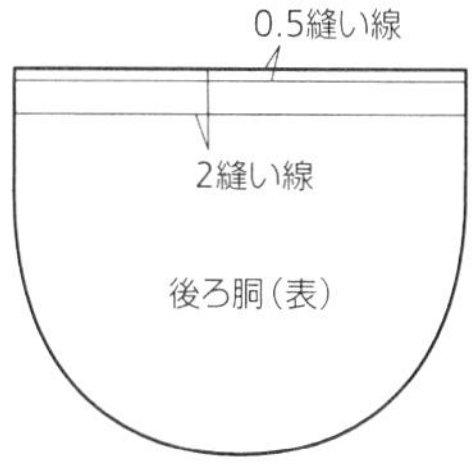

9 後ろ胴の上端のコバに色さしをして磨き、縫い線を引く。0.5cm幅の縫い線はねじネンで、2cm幅の線は丸ぎりで引く。裏面はかぶせの重ね分を荒らしておく。

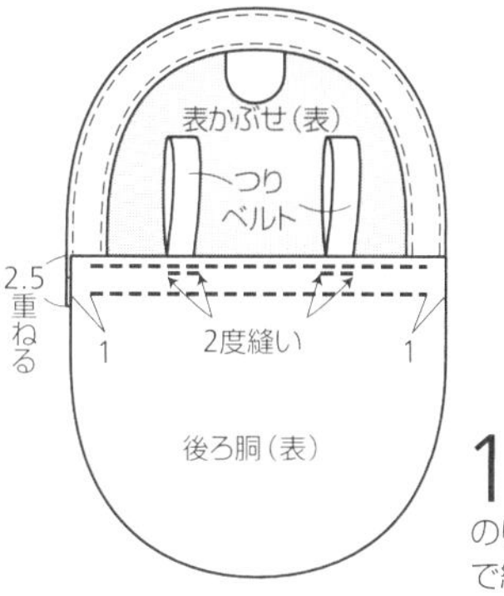

10 かぶせに後ろ胴を2.5cm重ね、つりベルトをはさんでゴムのりではる。縫い線に穴をあけ、平縫いで縫う。

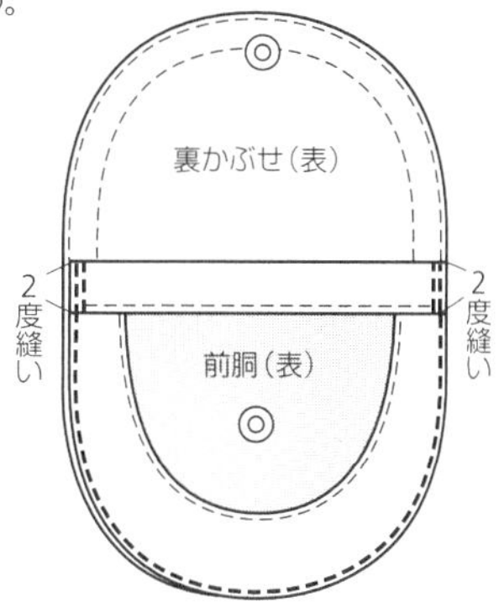

11 後ろ胴と前胴の裏面の外回りののりしろを荒らし、ゴムのりをつけて外表にはる。縫い線を引いて穴をあけ、平縫いで縫う。最後に胴、かぶせの周囲のコバにやすりをかけ、色さしをして磨き、出来上がり。

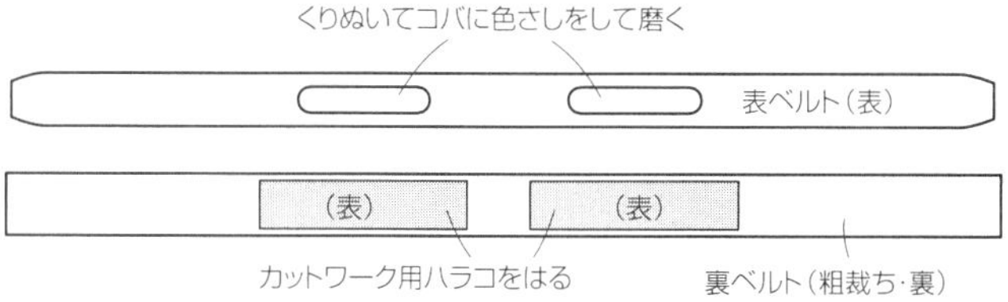

1 表ベルトはカットワーク位置をくりぬき、その切り口に色さしをし、磨く(p.68参照)。裏ベルトは粗裁ちをし、裏面にカットワーク用のハラコをゴムのりではる。

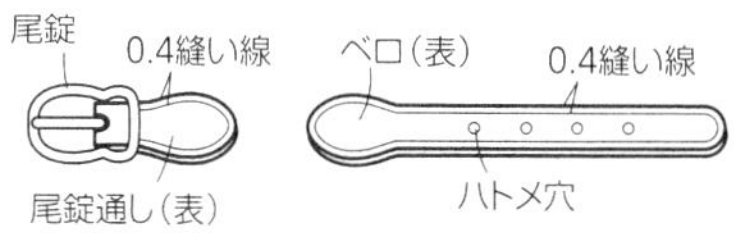

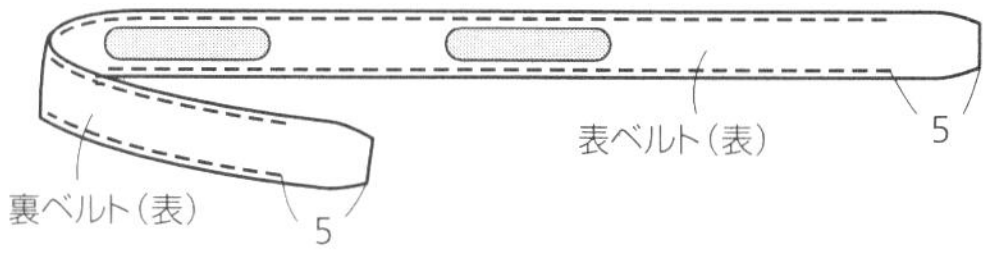

2 表、裏ベルトの裏面を荒らし、ゴムのりをつけて外表にはり合わせる。裏ベルトの周囲の余分を裁ち落とし、やすりをかけてから、色さしをしてコバを磨く。次に縫い線を引き、目打ちで穴をあけて平縫いで縫う。

3 尾錠通しは尾錠の針を通す穴をくりぬき、尾錠を通して外表に折ってゴムのりではる。ベロは2枚を外表に合わせてはり、ハトメ穴をあける。どちらも周囲のコバにやすりをかけ、色さしをして磨き、縫い線を引く。

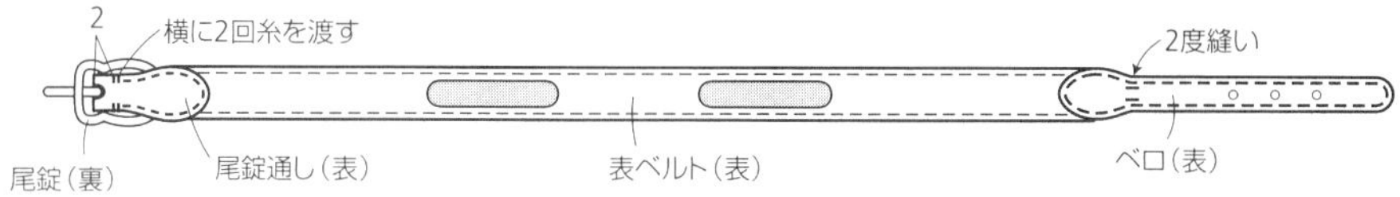

4 表ベルトの端に尾錠通し、ベロを重ねてゴムのりではる。縫い線に目打ちで穴をあけ、平縫いで縫う。出来上がり。

書類封筒

作品18ページ

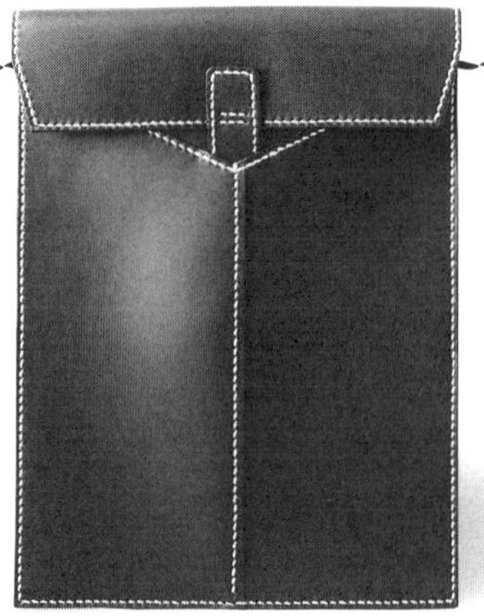

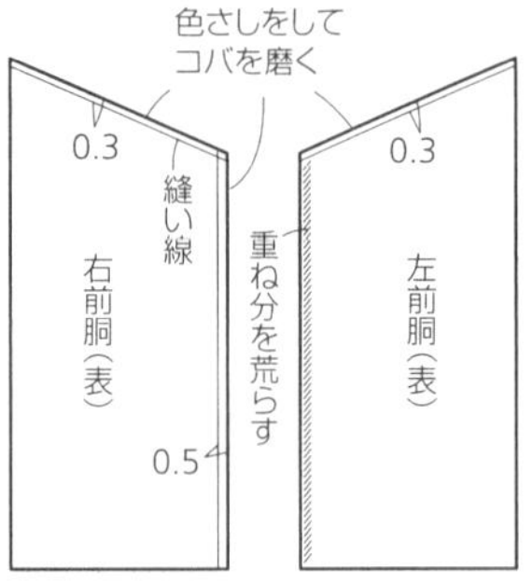

1 前胴の上端と中央側のコバに色さしをして磨き（p.68参照）、縫い線を引く。右前胴は裏面、左前胴は表面の重ね分を荒らす。

＊実物大型紙

＊出来上がり寸法 25×34cm

＊材料 成牛ヌメ革（厚さ2mm）……約27デシ
アメ豚（厚さ0.5mm）……約6デシ
そのほかに革用染料

＊製図

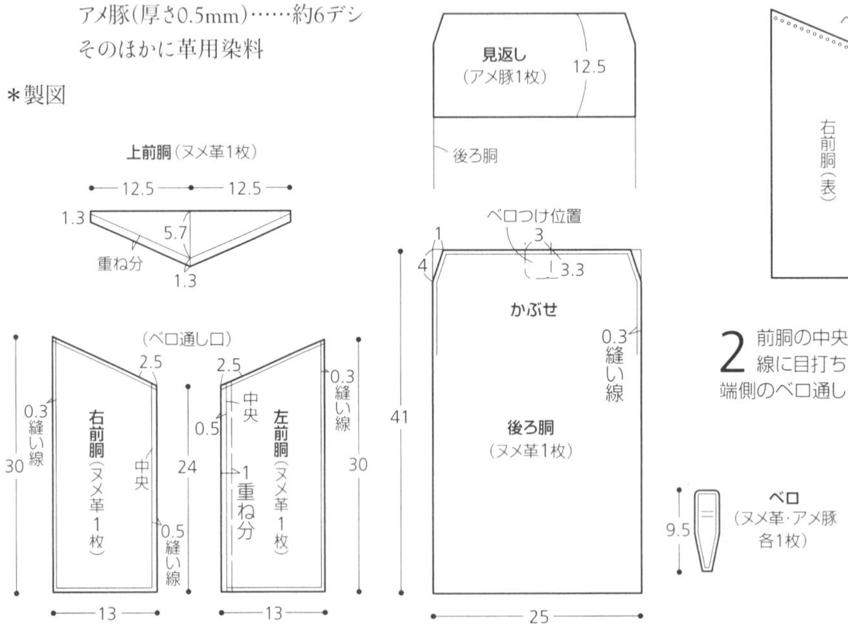

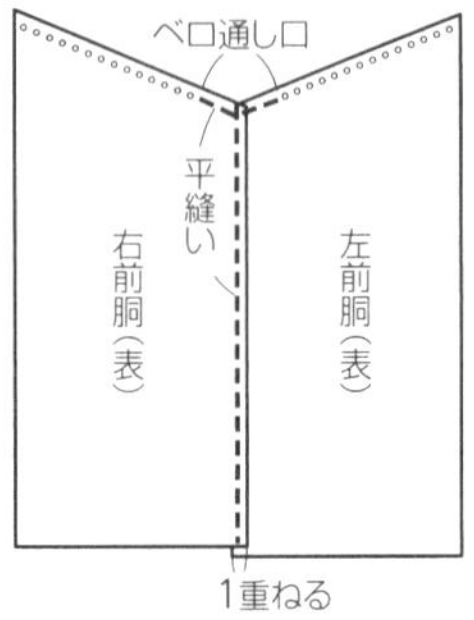

2 前胴の中央を1cm重ねてはり、縫い線に目打ちで穴をあける。中央と上端側のベロ通し口を平縫いで縫う。

名刺入れ

作品13,18ページ

＊出来上がり寸法（閉じた状態）7.5×11cm

＊材料 成牛ヌメ革（厚さ1.5mm）……約6デシ　アメ豚（厚さ0.5mm）……約6デシ
そのほかに革用染料

＊製図

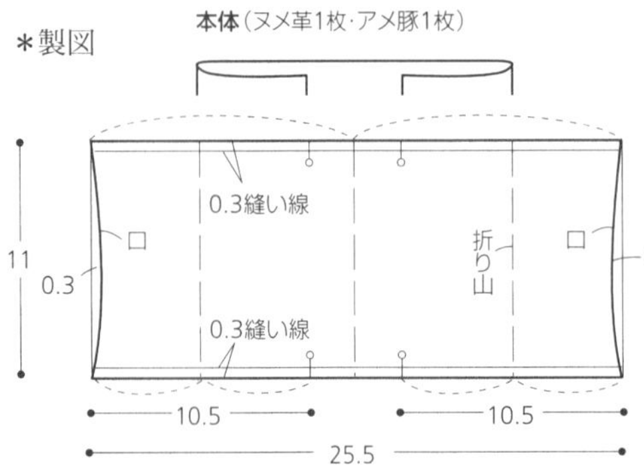

1 ヌメ革、アメ豚を粗裁ちし、2枚を外表にボンドではり合わせる。

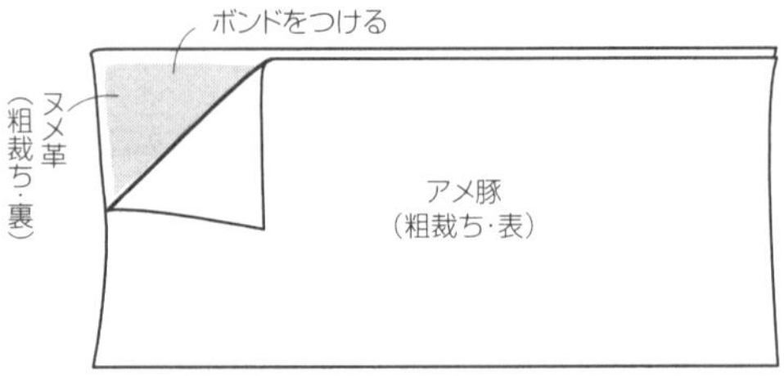

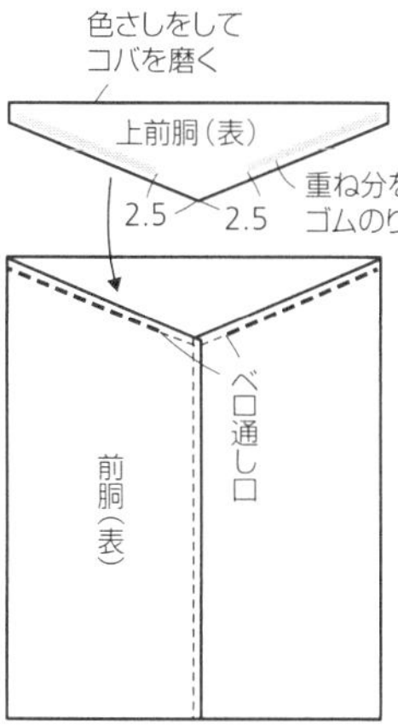

3 上前胴に下の胴を重ねてはる。このときベロ通し口にはゴムのりをつけないように注意する。下の胴の穴にもう一度目打ちを打って穴を下まで通し、ベロ通し口を除いた部分を平縫いで縫う。

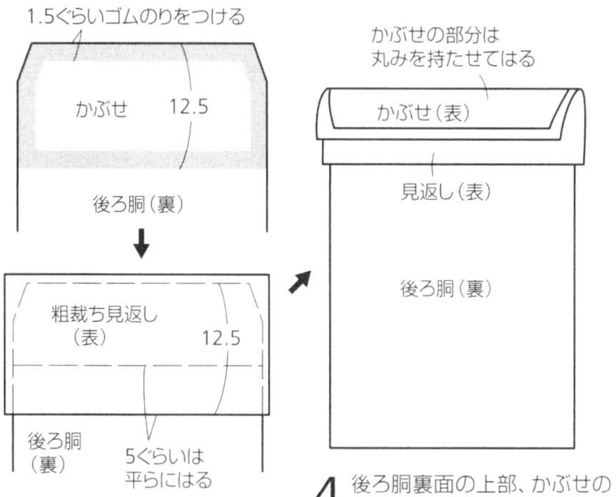

4 後ろ胴裏面の上部、かぶせの部分にゴムのりをつけ、粗裁ちの見返しをはる。下から5cmぐらいは平らにはり、そこから上はかぶせに丸みを持たせながらはる。

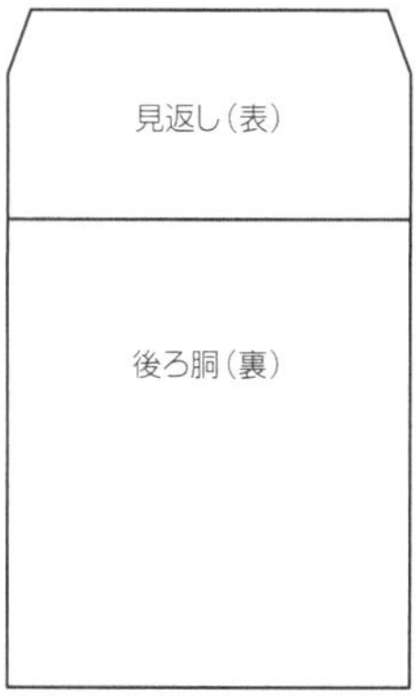

5 後ろ胴に合わせて見返しの余分を包丁で裁ち落とす。

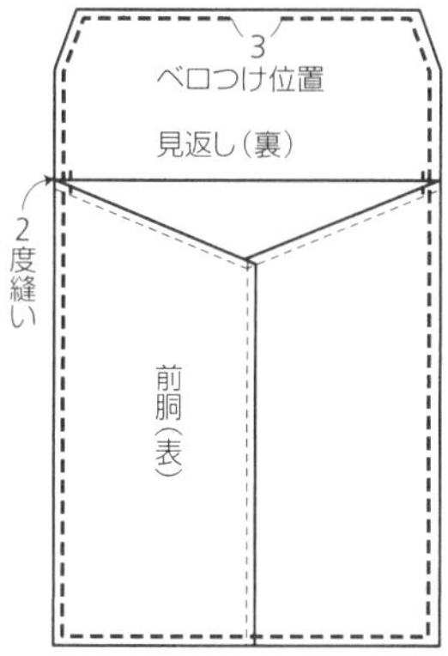

6 後ろ胴に前胴を重ねてはる。かぶせ中央のベロつけ位置を残して周囲に穴をあけ、平縫いで縫う。コバはやすりをかけ、染料をつけて磨く。

7 ベロを作る。革と粗裁ちのアメ豚を外表に合わせてはり、アメ豚の余分をカットしてコバに色さしをして磨く。周囲に縫い線を引き、穴をあけて平縫いで縫う。

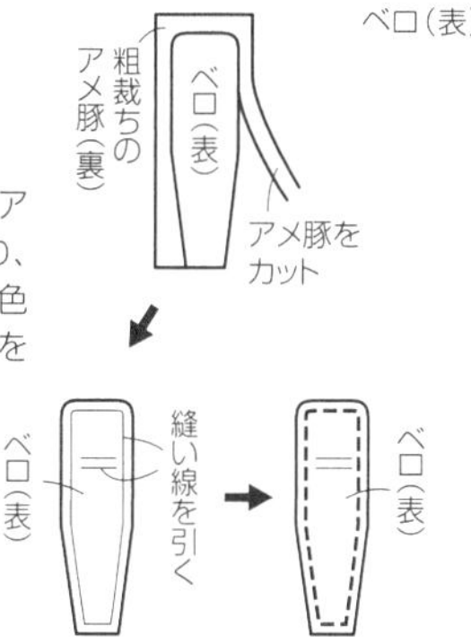

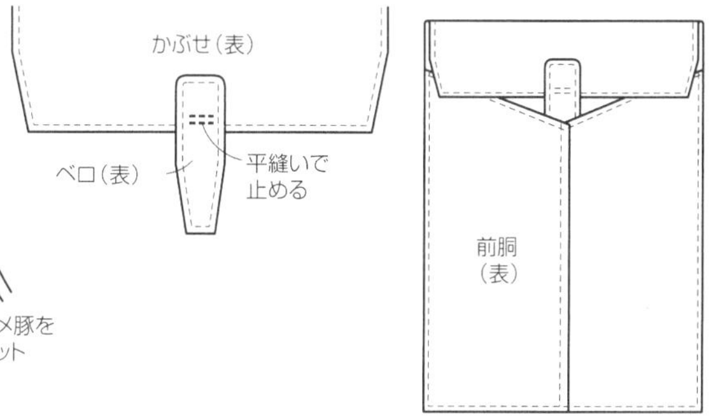

8 ベロのアメ豚側の縫い止め位置だけを荒らし、そこにボンドをつけてかぶせ表面にはる。縫い止め位置に2本目打ちで穴をあけ、平縫いで縫い止める。出来上がり。

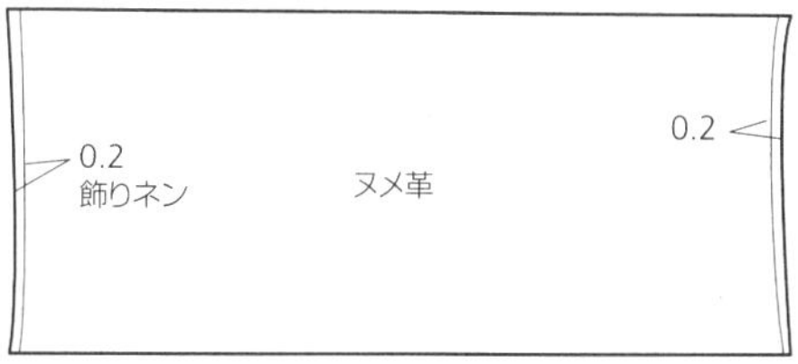

2 型紙どおりに本裁ちをする。口側のコバに色さしをして磨き(p.68参照)、飾りネンを入れる。

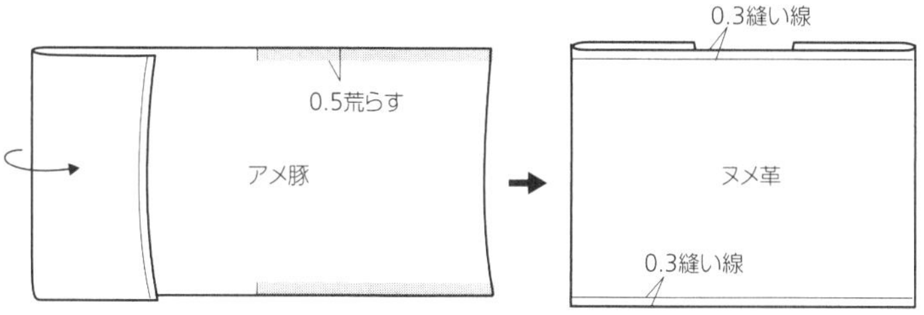

3 上下の端を、口から合印まで荒らし、ボンドをつける。両側とも口を合印に合わせて折り、はり合わせる。ヌメ革側に縫い線を引く。

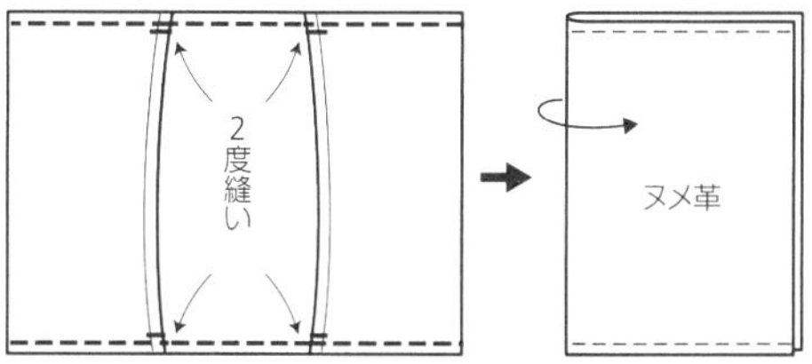

4 縫い線上に目打ちで穴をあけ、平縫いで縫う。コバにやすりをかけ、色さしをして磨く。半分に折り、重しで押さえるなどくせづけをして出来上がり。

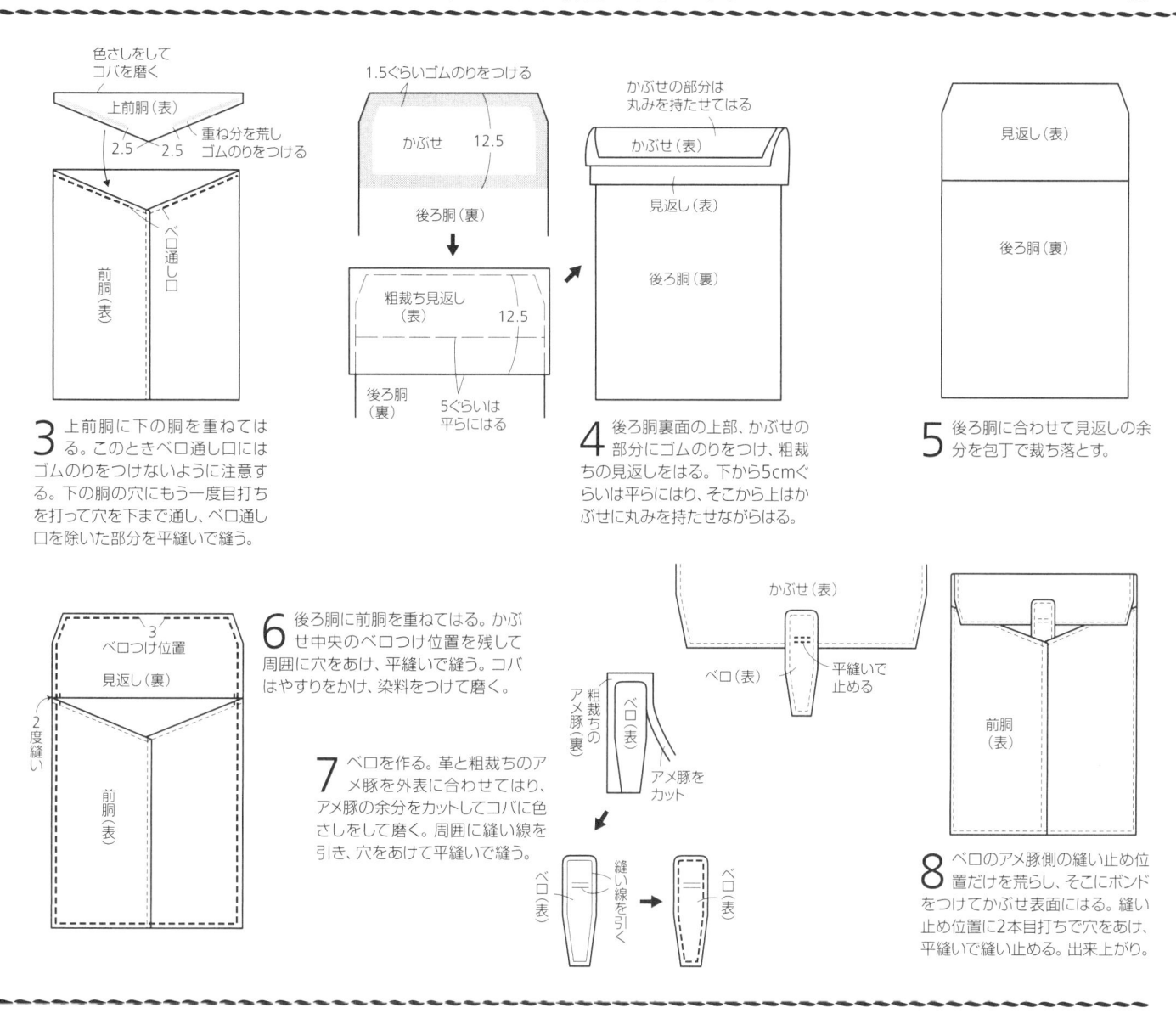

バッグ形キーケース

作品17ページ

＊出来上がり寸法 8.5×8.5 cm

＊材料 成牛ヌメ革（厚さ1.8㎜）……3デシ
キーケース用金具……1組

この作品の金具は、底を丸くした特注品。一般に市販されているのは底が平らで、縫い終わってから両端を別金具で挟んで押さえるタイプ。本体を縫ってから、金具を中に入れて固定する点は同じです。私もふだん、このタイプで作ったキーケースを使っていますが、金具が表に出るのがいやなので、小さい革を当ててカバーしています。

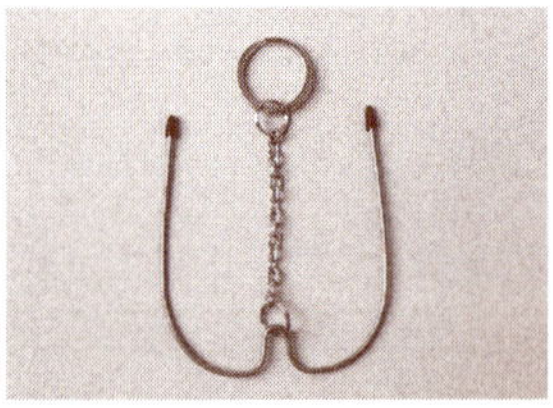

●この作品に使った金具

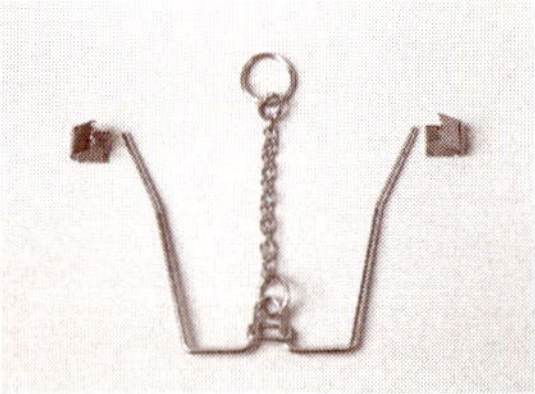

●一般的な金具

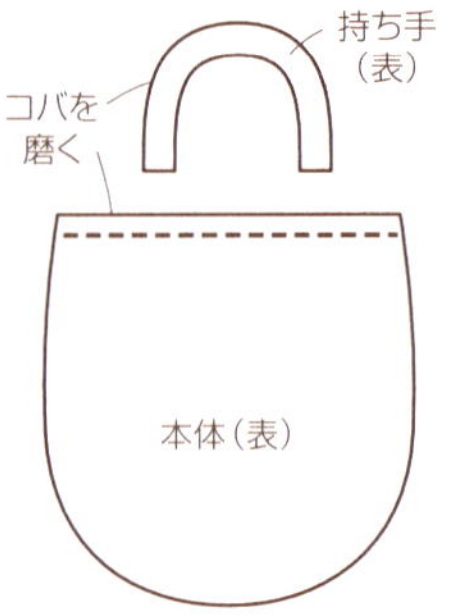

1 本体の上端と持ち手周囲のコバを磨く。2枚とも本体の上端に縫い線を引いて目打ちで穴をあけ、平縫いで縫う。

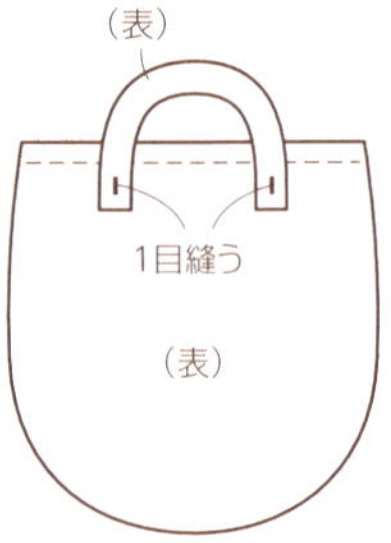

2 本体表面の持ち手つけ位置と、持ち手端の裏面を荒らし、ゴムのりをつけて本体の表面に持ち手をはる。2本目打ちで2穴あけ、1目縫って止める。もう1枚も同じように作る。

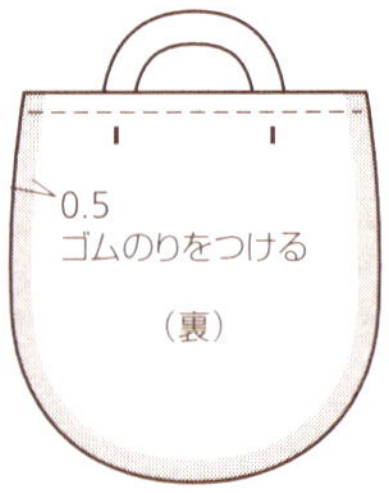

3 本体の裏面の外回りを荒らし、ゴムのりをつける。

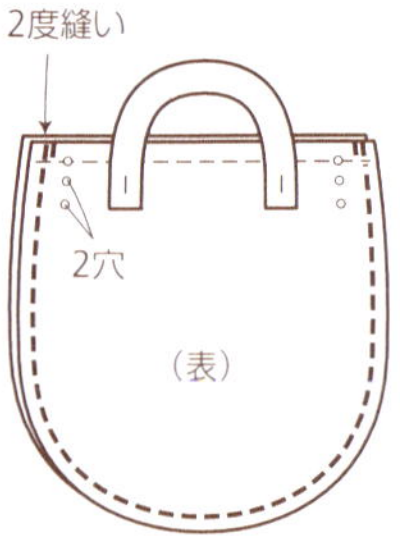

4 2枚を外表にはり合わせ、縫い線を引いて穴をあけ、平縫いで縫う。口の両端は縫い目から1目内側に、縦に2穴あけておく。外回りはやすりをかけてコバを磨く。

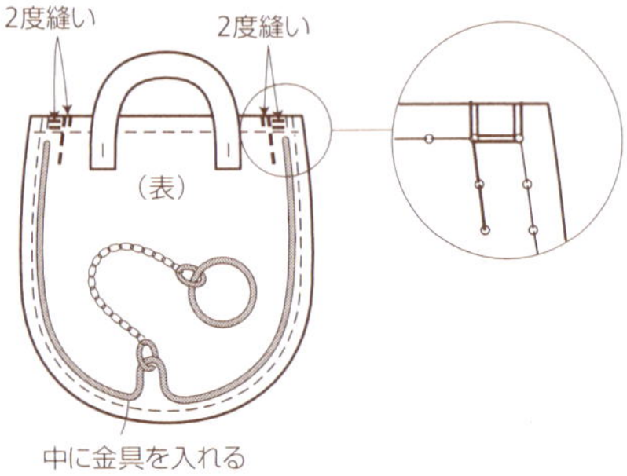

5 本体の中にキーケース用の金具を入れ、金具の先を挟み込むようにして両端を縫って押さえる。出来上がり。

＊実物大型紙

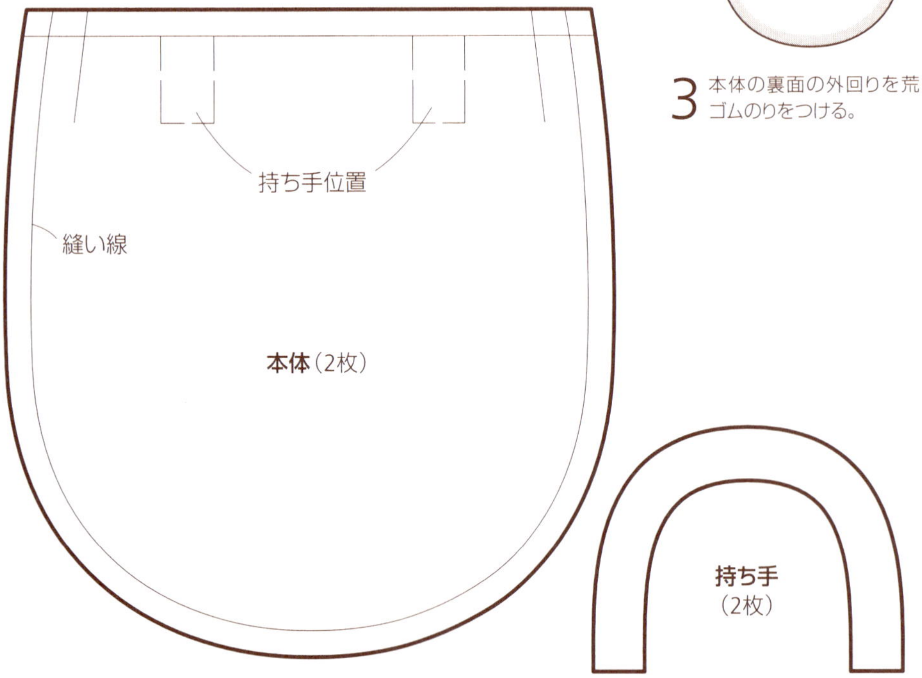

何日も何か月も悩みぬき、ようやくたどり着いた造形は、型紙に集約される。工房の壁に連なる型紙は「デザイン」という名の、宝の山。

父・吉田吉蔵から受け継ぐもの

私のカバン作りの師は、父・吉田吉蔵です。
生涯、手縫いを愛し続けた父からは多くのことを学びました。

●カバンを縫うときには、いつもきちんとネクタイを締めていた。
（1990年ごろ、浅草の工房で）

私の工房は東京・浅草にあります。付近には革屋さんやはきもの問屋さん、靴工場などが軒を連ねています。父がカバンを縫っていたこの工房で、私は父が入院して引退するまでのほぼ10年にわたり、マンツーマンでカバン作りの手ほどきを受けました。父亡き後、いつのまにか父の座っていた席に私が座ってカバンを縫っています。

カバンの記憶

明治39（1906）年、神奈川県寒川町に生まれた父は、12歳のときに上京してカバン職人としての修業を始め、昭和10（1935）年に独立、神田須田町に「吉田鞄製作所」（現在の株式会社吉田の前身）を創業しました。私は昭和17（1942）年、まだ店と自宅が同じ建物だったころに吉田吉蔵・千香の次女として生まれました。

戦争が始まり父が徴兵されると、母の機転により神田万世橋の倉庫に店の革材料一式を預け、家族で両親の故郷に疎開しました。後にこのことが事業の再開に大変役立ったそうです。疎開先では、ミシンが運び込まれ職人さんがカバンを縫っていた、そんなおぼろげな記憶があります。

終戦後、復員した父は疎開先と東京を行き来しつつ店の建て直しに奔走していました。そんな折、姉と私に東京のおみやげとして買ってきてくれたのが、グレーベージュのフェルトに花のアプリケが施してある小さなバッグ。もののない時代に、信じられないようなかわいらしいバッグ、うれしくてたまりませんでした。その後も両親からはいろいろな贈り物をもらいましたが、もらったときの感動はこのときのバッグがいちばんかもしれません。

温かい人柄と進取の精神

一家そろって東京に戻るころには、カバンの制作より経営者としての仕事が主になっていた父は、職人さんや取引先を訪ねて回る多忙な日々を送っていました。父がカバン職人さんたちのところに出向くとき、家で遊んでいるとよく「一緒に行かないか？」と声をかけてくれました。母が帳簿つけや家事に追われて忙しく、なかなか子どもをかまう余裕がないのを見て、父なりに気を遣ってくれていたのでしょう。おてんばで好奇心旺盛だった私は、職人さんのそばに座り、仕事を見せてもらうのが大好きでした。

父は経営者としては開拓者精神に富む人だったようです。おそらく「バッグデザイナー」という職業の必要性を意識したのも父が初めてではないでしょうか。早くから「商品企画」の重

●「これだけは大事にしてくれ」。持てる技の集大成ともいえるトランクは、父の仏前に飾っている。(吉蔵作)

要性を感じていたようで、地方の商業高校の新卒者を呼び寄せて美術大学に入学させ、デザイナーとして育てました。

また、新しい素材やデザインを求め、当時としてはまだ珍しかったヨーロッパの品物を置く銀座、青山、自由が丘の店に「市場調査」と称して、しょっちゅう出かけていました。もちろん高校生の私もついてゆきました。この「社会見学」で目にするものは、何もかもが新鮮で刺激的。「この素材は……」と商品を検分しながらひとりつぶやく父をよそに、華やかな装いの世界にうっとりとしたものです。

もの作りは帽子からスタート

ところで、私がカバン作りを本格的に始めたのは20年ほど前のこと。もの作りのキャリアは、帽子からスタートしました。

高校3年の夏休み、デパートの手芸品売り場で偶然、麦わら帽子用のストローと出会いました。店員さんがその場で木型を持ってきてくれて、ボンネットスタイルの麦わら帽子を2日で作りました。自分で帽子が作れるなんて！　それが夢のようで、どうしても帽子作りをしたいと思い、卒業後は洋裁学校(山脇服飾美術学院)と帽子の学校(サロン・ド・シャポー)に通いました。5人の子どもを持つ親としては、娘を2つの学校に通わせるのは経済的にも大変だったのだと思います。当時の父はいい顔をしませんでした。でも、少女時代に外交官の家庭で行儀見習いをしていたハイカラな母が「私がなんとかするから、帽子の学校にも通いなさい」と、そのときだけは父に抵抗して応援してくれた。そのおかげで、洋裁学校ではさまざまな手工芸の素材と技法について学び、帽子の学校では立体的な型出しの方法、人の体に沿ってデザインする技能を身につけることができました。作品に革を使う際には、吉田の職人さんに革すきのしかたや扱い方を聞きにゆきました。

また、ヨーロッパへの研修旅行にも行きました。海外旅行がまだ珍しかった当時、貴重な経験をさせてくれたことも両親に感謝しています。

卒業後は帽子のデザイナーとしてコマーシャルやウエディング、ショーなどの仕事に携わりましたが、30歳のとき、出産を機にいったん休業しました。私にとって帽子は夢のあるもの。おしめを洗いながら作りたくはないと思って、長男の生まれる1週間前にすべての仕事を終えました。

子育て後、父の工房へ

子育てにひと段落ついたころ、自分のペースで仕事を再開できないかと考え、予定の立てやすいウエディングの仕事だけをぽつぽつと始めました。ちょうどそのころ父は、皮革振興会

●ハンドル、駒合わせと、カバン作りのいろいろな技術が入った習作。父が作った原型に、スカラップやカギをつけてアレンジした。(久仁子作)

の理事長として忙しく立ち働いていました。東神田の実家に寄ると、仕事から帰った父が趣味でカバンを縫いながら「皮革工芸の技術はめざましく向上したのに、デザインがついてこない」とこぼしている。そして私に鞄協会と通産省(当時)の主催するカバン製作技術の研修を受けてみないかと言うのです。私の中にも帽子とペアでカバンを作りたいという気持があり、その研修とともに、浅草の工房で、父によるマンツーマンの指導を受けることにしました。

「味のあるカバンを作りなさい」

浅草の工房では、家では見たことのない父の横顔を知ることが出来ました。朝から晩まで膝を並べて針を運びながら、仕事のこと以外にも本当にいろいろ話してくれました。戦争に行っていたときのことや、「いつも正直に、まじめに、前向きに生きろ」という人生訓などを。私がうまくできなかったときには、決して「ダメ」とは言わず、縫い上がった作品を見ながら「ここのところは苦労したね」と言いました。「ここをこうしろ」と教えるのではなく、自分の仕事を「見せる」ことに重点を置いた指導でした。

人柄はまじめでしたが、カバン作りにおいては遊び心旺盛で、技巧をきわめた「名人」というよりは、「クリエイター」タイプ。たとえば、縫い合わせのふくらみの出し方、美しいまちのラインを出すための革のすき方、磨いたときにいい味が出るようなコバの落とし方など、いろいろな技術も「デザインのためにある」という考え方の持ち主でした。父の口ぐせは「技術は研鑽を積めば向上する。だからうまく作ろうとする必要はない。自分にしか作れない、味のあるカバンを作りなさい。そして常に使う人の身になって考えるように」。私はデザインするとき、いつも「カバンの常識」に縛られないよう心がけています。そんなところが父に似ているのかな、と思います。

父の晩年、実家でふと母が「お父さんの使っている道具って、お父さんがいなくなっちゃったら、どうなってしまうのかしら」ともらしました。私は何の気なしに「大丈夫よ、私が使うから」と答えていたようです。そのときは「父の手縫いを継ぐ」という確固たる意志があって答えたわけではないのですが、今思えば、父の築き上げてきたものを残したいという気持が芽生えつつあったのでしょう。

平成6(1994)年、父は最期まで針を手もとから離さぬまま逝きました。まさに「一針入魂」を体現した生涯だったと思います。

数日後、浅草の工房にひとり戻り「お父さんの遺したものをどうやって継いでいこう?」と立ちつくしました。でも、誰にも作れない、見たこともないカバンを作ることができたら、きっと父は喜んでくれる……。そのとき胸に抱いた思いを励みにして、今日まで試行錯誤を続けてきました。これからも父の遺した技術と「一針入魂」の精神を受け継いで、私なりの手縫いの世界を創り出していこうと思っています。

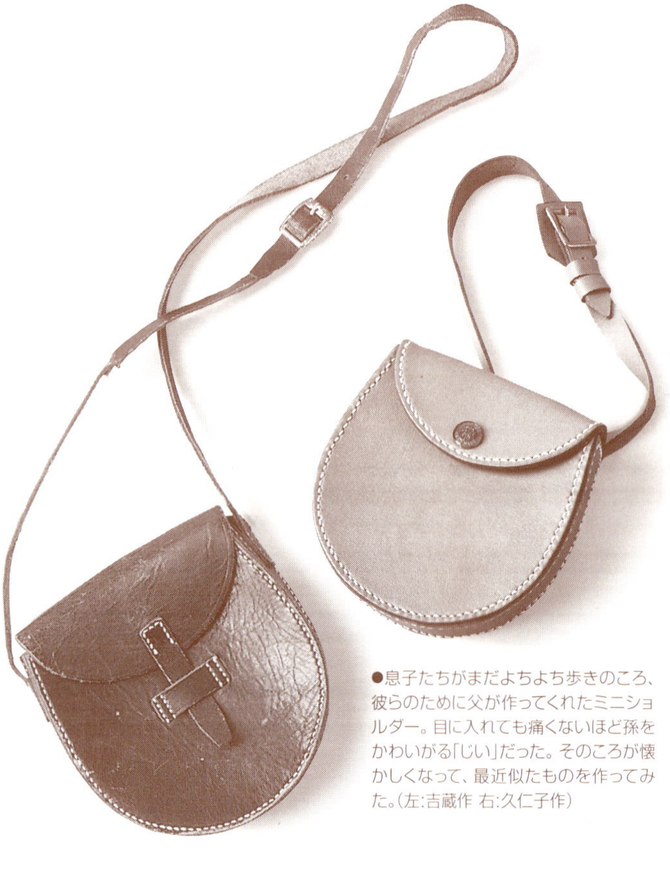

●息子たちがまだよちよち歩きのころ、彼らのために父が作ってくれたミニショルダー。目に入れても痛くないほど孫をかわいがる「じい」だった。そのころが懐かしくなって、最近似たものを作ってみた。(左:吉蔵作 右:久仁子作)

ふだんの仕事

工房のある浅草が古くから革産業の伝統を担う町だとすれば
週2回出勤するショップのある表参道は、流行の最先端をビビッドに感じる街。
この2つの街を行き来して、私は仕事をしています。

私は浅草の工房を本拠としながら、表参道にある吉田カバン直営店の手縫い商品に関する仕事にも携わっています。直営店「クラチカ ヨシダ 表参道」では、お店の一角にあるガラスばりのスペースで、コインケースのような小物をメインにハンドメイドの商品を作っています。このスペースは、吉田カバンの原点である革の手縫いに込められた思いを忘れないように開設されました。型出しや素材選びは時間をかけてじっくり浅草で。表参道では、浅草で下準備をしておいた材料で商品を作っています。

表参道では、ガラスの向こうにお客様がいらっしゃるので緊張しますが、プロとして商品を作ることはもとより緊張を強いられるもの。自由に好きなカバンを作っているだけでは得られない達成感を味わえるのが、商品作りの醍醐味かもしれません。

また、2011年3月には工房を改築し、手縫いの技術を伝えるために教室を開きました。同じ建物の1階は、父・吉蔵から受け継いだ道具や型紙を展示する記念館になっています。

2つの街で革の手縫いを見近に感じていただければ幸いです。

上●トランクなど箱形のカバンに主に使われる「駒合わせ」を、ハンドバッグに応用した。手縫いの堅牢なイメージと、かわいらしいフォルムを融合させた作品。
中●ボリューム満点の高級革、オーストリッチをふだん使いにと考えたもの。オーストリッチは個性が強すぎて、シンプルな縫い目だけではバランスが悪い。型出しに半年近くかかった思い出深い一品。
下●箱形のカバンは難しいけれど、手縫いでなければ作れないもの。トランクなどの重厚なイメージとは違う箱形カバンを作りたくて、小さなショルダーに仕立てた。
＊すべて参考商品
＊直営店での野谷さんの作業日に関しては店舗まで問合せを。「クラチカ ヨシダ表参道」電話｜03-5464-1766

吉田吉蔵記念館

吉蔵氏ゆかりの道具や作品が展示されている。2階には野谷さんによる手縫いの教室も。

〒111-0024 東京都台東区今戸1-4-7
営業時間｜12:00～17:00
定休日｜日・月・祝日。
電話｜03-3876-4655
＊お盆・年末年始等臨時休館あり。来館前に問合せを。

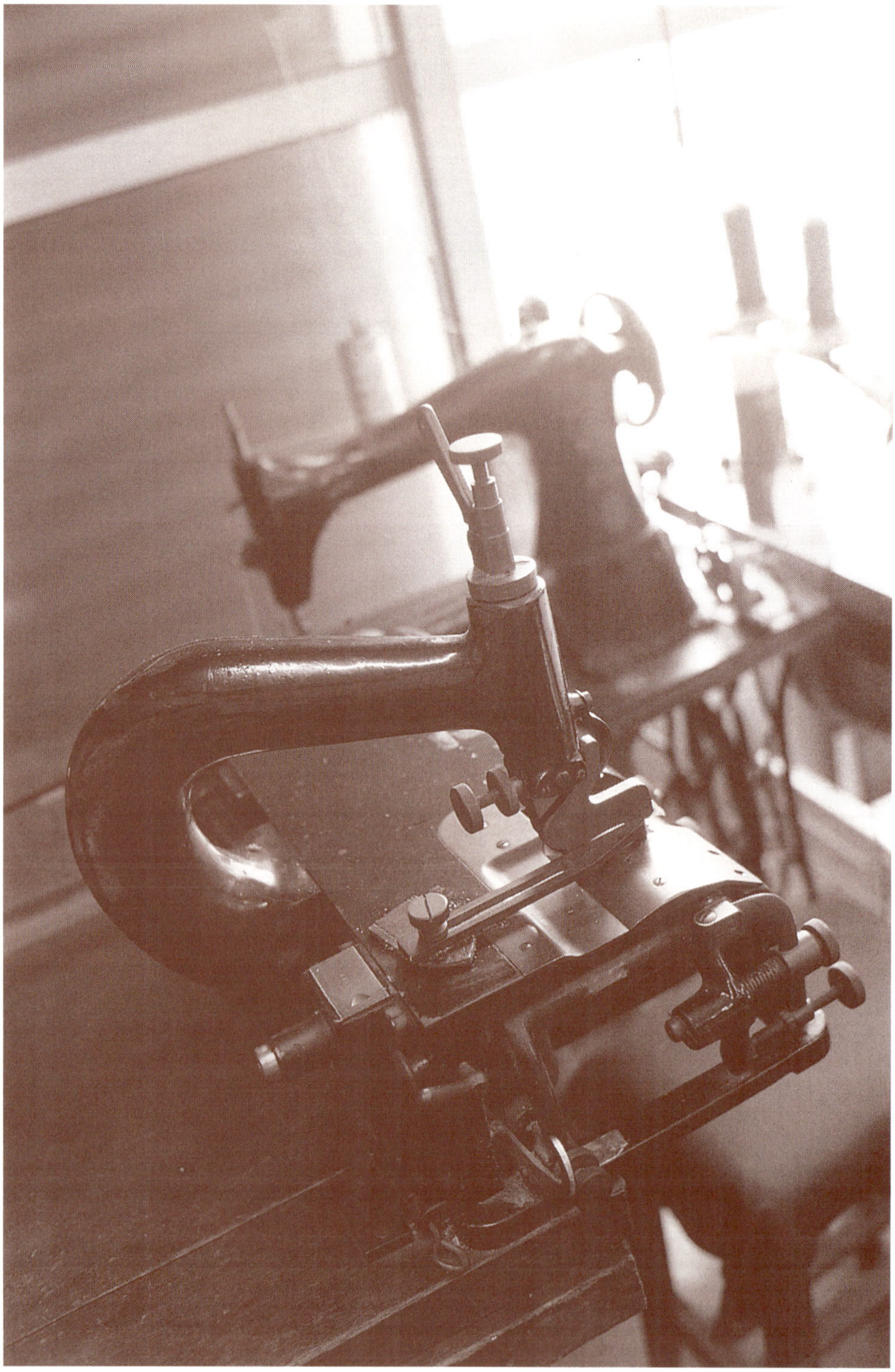

昔から工房で使っている足踏みミシンと革すき機。型の古い機械の、丸みのあるデザインが好き。いくら眺めても飽きることがない。

用具・材料店ガイド

革や用具・材料は、大きな手芸店などでも扱っていますが、
商品が豊富にそろう専門店に行けば、簡単に欲しいものが見つかります。
中でも革関係の問屋さんが点在する浅草や浅草橋周辺は、私自身よく利用するエリア。
専門店は豊富な品ぞろえと商品知識が魅力。わからないことはどんどん相談しましょう。
プロ・一般を問わず利用しやすいお店の一部をここに紹介します。

革専門店

✻こだわりのヌメ革に出会える

革の素朴さを追求し、創業以来ヌメ革にこだわり続ける革屋さん。環境に悪影響のない100%植物性タンニンなめしと、革の素肌をつぶさない染料染めを追求。また、製造者の顔が見える国内製革品にこだわり、革本来の風合いを生かす表面仕上げ手法を重視するなど、ヌメ革への愛情を感じるお店です。一枚革での販売。

ナガブチ

〒111-0024 東京都台東区今戸1-5-9
営業時間｜9:00～17:00　定休日｜土日祝日
FAX｜03-3875-6954
eメール｜kabunaga@jcom.home.ne.jp

✻東京都内有数の品ぞろえを誇る

ヌメ革のようなシンプルな革からカラフルでファンシーな革まで、約500種類もの革を扱っている革専門店。エナメルやヘアプリントなどの加工革や爬虫類革など、他店では見かけない珍しい革にも出会えます。原則として一枚革ごとでの販売ですが、購入前にサンプルを送るなど、個々の相談に対応してくれます。ベタすき(p.22、51参照)は1枚400円から。店頭のリーズナブルな端革のワゴンは要チェックです(革すき不可能なものもあり)。

フジトウ商事

〒111-0032 東京都台東区浅草6-21-12
営業時間｜9:00～17:00　定休日｜土日祝日（第1・第3土曜日は営業）
TEL｜0120-241054　FAX｜03-3873-4300
ホームページ｜http://www.fujitou.co.jp

＊掲載の情報は2017年7月現在のものです。

革・材料・用具全般

✻多様なサービスが魅力の大手材料店

革はもちろん、革工芸の道具や材料が何でもそろうレザークラフトショップ。カタログには手縫いキット、国内外の革工芸の本などを含む、およそ700点にも及ぶ商品が掲載され、そのほとんどが通販で購入できます（要問い合わせ）。全国各地に取引店を網羅しているのも心強い。本社地下の教室では各種革工芸講座も多数開催しています。革すきは、ベタすき1枚700円から、コバすき1辺100円から（持ち込み可）。

協進エル

〒111-0054 東京都台東区鳥越2-10-8
営業時間｜9:00〜17:30　定休日｜土日祝日
TEL｜03-3866-3221　FAX｜03-3866-3226
ホームページ｜http://www.kyoshin-elle.co.jp

✻気さくに相談できる雰囲気

革や道具選びの相談にのってくれるなど、個人商店ならではの親切ていねいな対応が魅力。店内の1階には店主自らが選びぬいた革、材料、道具、ショップオリジナルの工具、手縫い用糸などが並び、2階では手縫い教室やミシン仕立て、染めの教室を開催。これから革で小物やバッグを作ってみたい人はぜひ問い合わせを。

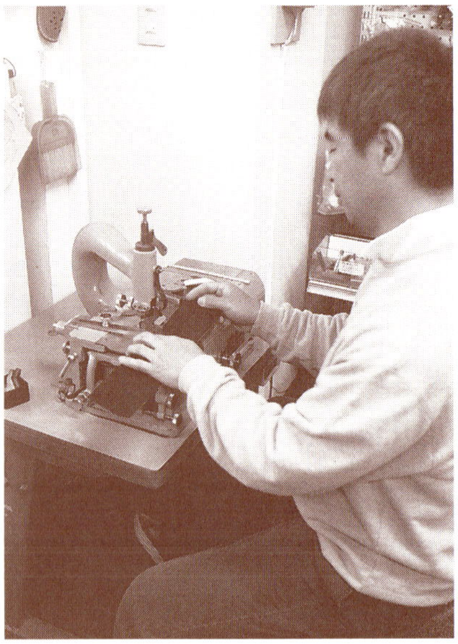

レザーメイトさとう

〒111-0052 東京都台東区柳橋2-8-5
営業時間｜9:30〜18:00（月〜金。土曜日は17:30まで）　定休日｜日祝日
TEL｜03-3866-0166　FAX｜03-3866-0167
ホームページ｜http://www.w-up.com/sato

column

革すきの頼み方と注意点

革全体を均一な厚さにすく「ベタすき」、革の周囲を同じ幅にすく「コバすき」（p.51参照）など、自分ですくのが難しい革すきは、専門店で機械ですいてもらいます。コバをすく場合は、折る、重ねるなどの用途に応じてすき方も違うので、まずはお店の人に「どんなものをどんなふうに作りたいか」を伝え、相談しながらすいてもらいましょう。できれば、同じ素材、厚さの端革を持っていき、試しすきしたほうが失敗しません。

また、あくまで革は天然素材なので、人為的なミスでなくとも、もとの革の状態によっては薄くすくことで穴があいてしまったり、キズがついてしまうこともあります。事前にお店の人と確認をしておくと安心です。

その他専門店

✼手頃な価格で職人手作りの道具がそろう

数代前は鍛冶屋さんだったという老舗。職人さんによる手作りの道具は、量産品とは使い心地が違います。目打ちは1目750円で7目なら5250円。また、針と柄を別に購入することもできる丸ぎり（250円から）や菱ぎり（750円から）もおすすめ。焼印・刻印のオーダーメイドにも対応。

ひうちや

〒111-0032 東京都台東区浅草6-1-16
営業時間｜9:00〜17:30　定休日｜土日祝日
TEL｜03-3876-0841　FAX｜03-3876-0842

✼しん材、裏地、口金なら

バッグ用の仕立て材料がそろう、服飾専門学校の生徒さんも通う店。しん材、口金、持ち手、裏地の種類が豊富で、革だけでなく、布のバッグを作るのが好きな人にもおすすめ。しん材はウレタン材、不織布など、素材も厚さも各種そろいます。選び方がわからなくても、端革を持参して何を作るのかを伝えればアドバイスしてもらえます。

角田商店

〒111-0054東京都台東区鳥越2-14-10
営業時間｜9:00〜17:30　定休日｜土日祝日
TEL｜0120-971-657　FAX｜03-3866-8365
ホームページ｜www.towanny.com

✼カバン用金具のことならお任せ

店内に入ると、両側の棚には金具が入った箱がずらり。カシメ、Dカン、尾錠、差し錠など、常時6000種類以上がそろうので、希望の金具がきっと見つかるはず。カシメはどのサイズも1袋200円。店頭にないものでも品番やカタログで、または絵を描いて送れば探してくれます。オリジナル金具もあり。

三洋商会

〒111-0055 東京都台東区三筋1-1-17
営業時間｜9:00〜17:30　定休日｜土日祝日
TEL｜03-3851-5144　FAX｜03-3864-9808
※ブリーフケース持ち手の帯鉄（p.66）も三洋商会で扱っている。

野谷久仁子《のたに くにこ》

昭和17(1942)年、東京・神田に生まれる。
父は株式会社吉田(吉田カバン)創業者・吉田吉蔵。
帽子デザイナーとして活躍した後、
父から革の手縫いカバンの手ほどきを受け、
現在吉田カバン直営店の手縫い商品の企画、制作を手がける。
モットーは「味のあるカバン」作り。
ホームページ http://www.kunikosfactory.com/

作品制作協力|藤田敬子、鶴田泰明、野谷昌臣
撮影|浅井佳代子(カバー、p2〜25、96)、筒井雅之(p26〜95)
作り方解説|百目鬼尚子
本文トレース|day studio
取材協力|広田順子(p23、p93〜95)
校正|山内寛子
編集|福田直子
ブックデザイン|鈴木成一デザイン室(西村真紀子)

手縫いで作る革のカバン

2004年9月15日 第1刷発行
2022年6月25日 第27刷発行

著者 野谷久仁子

発行者 土井成紀

発行所 NHK出版
〒150-8081 東京都渋谷区宇田川町41-1
電話 0570-009-321(問い合わせ) 0570-000-321(注文)
ホームページ https://www.nhk-book.co.jp
振替 00110-1-49701

印刷・製本 凸版印刷

ISBN978-4-14-031129-5 C2077 Printed in Japan
乱丁・落丁本はお取り替えいたします。定価はカバーに表示してあります。